AF363756

COURS COMPLET

D'HARMONIE

ET DE COMPOSITION,

D'APRÈS

UNE THÉORIE NEUVE ET GÉNÉRALE

DE LA MUSIQUE,

Basée sur des principes incontestables, puisés dans la nature, d'accord avec tous les bons ouvrages-pratiques, anciens ou modernes, et mis, par leur clarté, à la portée de tout le monde ;

DÉDIÉ A M. AUGUSTE DE TALLEYRAND,

CHAMBELLAN DE S. M. L'EMPEREUR ET ROI,

PAR JÉRÔME-JOSEPH DE MOMIGNY.

TOME II.

A PARIS,

Chez l'Auteur, en son magasin de Musique, Boulevard Montmartre, n°. 20.

1806.

COURS COMPLET

D'HARMONIE

ET DE COMPOSITION.

CHAPITRE XXXI.

*Analyse de la seconde Reprise de l'Allegro mo-
derato du Quatuor de Mozart. (Pl. 30, fig. B.)*

C'est particulièrement dans la première partie de
la seconde Reprise d'un grand Morceau, qu'un bon
compositeur se fait connaître. C'est-là, sur-tout, que
le génie a besoin de s'appuyer sur la science; c'est-là
que l'on doit développer tout ce que l'Harmonie a
de richesse, tout ce que le Contrepoint a de profondeur, et enfin tout ce que l'art magique des
transitions a d'inattendu et de ravissant.

Mais c'est aussi dans la seconde Reprise d'un grand
Morceau, que celui qui n'a pas fait de bonnes études
musicales est forcé de révéler, malgré lui, sa misère
et son impuissance. Il peut encore en imposer à la
foule ignorante par du fracas désordonné, par des
transitions forcées; mais le véritable connaisseur ne
peut pas plus être la dupe de ce charlatanisme, de ce
vain bruit, de cette fausse science, que du mauvais

latin que *Molière* a très-spirituellement mis dans la bouche de Sganarelle.

Quand on veut asseoir un jugement sur un Morceau de Musique, il faut examiner d'abord si l'auteur y a peint ce qu'il devait peindre, et à quel point il a saisi et pouvait pousser la vérité d'expression, d'après les moyens que lui fournit son art. Il faut voir ensuite si le style en est pur, correct, si chaque vers est bien cadencé, si chaque période est bien arrondie, si chaque voix ou Partie y demeure dans ses véritables limites. Finalement, il faut voir si l'ensemble a tout l'effet que le sujet comporte ; et pour assigner à un auteur la place qu'il mérite d'occuper dans l'opinion publique, il faut considérer encore quel degré de génie naturel et quel acquis suppose le Morceau, d'après lequel on le juge.

Pénétré de ces idées, passons à l'analyse de la seconde Reprise du Quatuor, *pl.* 30, *fig.* B.

Le début de cette seconde Reprise est, pendant deux mesures, le même que celui de la première, à l'exception qu'au lieu de *Ré ré*, *ré ré*, *ut* ♯ *ré*, *ré ré*, c'est *Mi* ♭ *mi* ♭, *mi* ♭ *mi* ♭, *re mi* ♭, *mi* ♭ *mi* ♭.

Quoique le Ton de *Ré* mineur touche, sur le clavier, au Ton de *mi* ♭ majeur, il y a cependant fort loin de l'un à l'autre pour la sensation qu'ils causent. De plus, cet Accord parfait majeur *Mi* ♭ *sol si* ♭ *mi* ♭, n'est pas ici celui d'une Tonique, c'est celui d'une Dominante ; car il faut observer que le *si* ♮ de la mesure précédente est un *ut* ♭, et que cet *ut* ♭, que *Mozart* a pourtant écrit *si* ♮, pour occasionner plus de surprise, s'annonce comme la sixième note du Ton de *Mi* ♭ mineur, prise dans l'accord de septième diminuée de la note sensible *ré fa la♭ ut♭* ; mais comme cet accord n'est pas suivi de l'accord parfait mineur *mi♭ sol♭ si♭*, mais de l'accord parfait majeur *mi♭ sol si♭*, celui *ré fa la♭ ut♭*, que nous avions pris d'abord comme un accord de septième diminuée de la note sensible du Ton de *mi♭* mineur, est incontestablement l'accord de la quarte chromatique du Ton de *la♭*. Mais sommes-nous en *la♭* majeur ou en *la♭* mineur? C'est ce qu'on ignore encore, puisque l'accord de la dominante est le même en mineur qu'en majeur; mais on tarde peu à savoir à quoi s'en tenir, puisque l'*ut♭*, en se présentant, atteste qu'on est en *la♭* mineur. Cependant, ce n'est pas pour long-tems; car je vois dans la seconde partie de la troisième mesure un *sol♭* à la Basse qui semble vouloir nous conduire en *si♭* mineur. Mais le *mi♭* de l'accord de septième de la Dominante du ton de *si♭*, *fa la ut mi♭*, qui se change tout à coup en un *ré✳*, nous mène en *la* mineur, au lieu de nous conduire en *si♭* mineur.

Au moyen de ce *ré✳*, substitué à *mi♭*, l'accord de septième de la Dominante, *fa la ut mi♭*, est transformé en celui de septième diminuée et tierce diminuée de la quarte superflue chromatique du Ton de *la* mineur, qui est *ré✳ fa la ut*, et qui se présente ici sous la forme de sixte superflue, ajoutée à un accord parfait majeur, *fa la ut ré✳*. Ainsi, le *fa* de la Basse devient sixième note du Ton de *la* mineur, au lieu de demeurer dominante du Ton de *si♭*.

Le passage de *mi♭* à *ré✳*, en changeant ainsi de Ton, est une transition *enharmonique*.

Quoique l'on parle beaucoup du genre enharmonique, il n'y a cependant pas, à proprement parler,

de genre de Musique de cette nature : il n'y a que
des *transitions* enharmoniques. Et quoique *J. J.
Rousseau* répète, peut-être d'après de graves auteurs, mais à coup sûr d'après de pauvres musiciens,
*que le genre enharmonique est le premier qui ait
été pratiqué chez les Grecs*, il faut bien se garder
d'en rien croire ; *car c'est comme s'il affirmait que
les premiers objets qui ont frappé les yeux des
Athéniens, sont ceux qu'on ne peut appercevoir
qu'à l'aide d'un microscope*, ce qui est méconnaître
la nature de notre organisation. En effet, les *enharmoniques* sont à-peu-près, pour notre oreille, ce
que les objets *microscopiques* sont pour la vue.

On pourrait comparer aussi les enharmoniques aux
homonymes. On sait qu'un homonyme est un mot
dont le son et quelquefois l'orthographe représentent
plusieurs objets différens, tel que le mot *son*, qui
signifie également le *son* d'une cloche ou d'une corde
d'instrument quelconque ; le *son* qu'on tire de la
farine, et le pronom possessif masculin *son*, comme
dans cette phrase : le *son* de *son* violon ne vaut pas
le *son* de ma farine. C'est ainsi que sur le Piano le
mi^b et le *ré*✳ sont représentés par la même touche.
Il n'y a point de transition, quand cette touche ou
toute autre n'est prise que sous une seule acception ;
mais dès que les deux acceptions sont immédiatement employées, et qu'au moyen de cet emploi on
change de Ton, alors il y a transition enharmonique,
soit que l'on passe de *ré*✳ à *mi*^{b}, ou de *mi*^{b} à *ré*✳ ;
et ainsi de suite à l'égard de toutes les autres touches.

Pourquoi, demandera-t-on peut-être, à la place
de *mi*^{b}, *Mozart* n'a-t-il pas écrit un *ré*✳, ainsi que

vous l'avez indiqué, en écrivant *re* * sur le *mi* ♭ qui précède le *mi* ♮? C'est pour que l'exécutant reste sur le *mi* ♭, et n'aille pas chercher un *ré* * qui semblerait une discordance, et qui tourmenterait l'oreille au lieu de la surprendre agréablement.

Ceci nous prouve que nous devons peu regretter les Pianos à quarts de Ton, si compliqués et si difficiles à fabriquer et à jouer, et réfute ce que beaucoup de théoriciens ont avancé à cet égard.

Puisque l'enharmonique n'est, si je puis m'exprimer ainsi, qu'une espèce de pont volant et merveilleux, à l'aide duquel on passe, d'une façon presque magique, d'un climat dans un autre fort éloigné, cela nous dit assez qu'il faut être très-réservé dans l'emploi qu'on peut en faire. *En abuser, c'est afficher les prétentions d'un écolier, plutôt que montrer la science d'un grand maître.* Mais avançons.

Mozart, qui avait composé presque toute sa première reprise dans le style libre, commence ici à s'asservir à un motif, après les deux premières mesures de la seconde Reprise.

Ce sujet, c'est la seconde mesure de son début qui le fournit : *Mi* ♭ *ré mi* ♭ *mi* ♭ *mi* ♮.

Après que le premier Violon l'a fait entendre deux fois, la Basse s'en empare, et le fait entendre à son tour trois fois, mais en *la* mineur ; l'Alto devient l'écho de la Basse à la distance d'une demi-mesure, en répétant le même dessein en *imitation serrée* et à l'octave. Il poursuit ensuite avec le même sujet, mais en le resserrant et en montant diatoniquement, *fa* * *mi fa* * *fa* *, *sol* ♮ *fa* * *sol sol* * *sol* *.

Sur cette Basse et cet Alto, qui ne présentent qu'un sujet accessoire, le second violon fait entendre, n°. 1, le motif principal, *la sol* ut si mi,,* imité à la seconde et *alla stretta*, c'est-à-dire d'une manière serrée, par le premier violon : *si ♮ la ré ut fa*, n°. 2. C'est-là de la véritable science ; elle n'a pas, pour tout mérite, un froid calcul ; mais elle est d'une expression sombre et vraie qui pénètre jusqu'au fond de l'ame ; ce qu'on doit attribuer également au rhythme, au mouvement et aux intonations de ce passage.

Mozart, à ces mots, *voilà le prix de tant d'amour!* reprend le style libre jusqu'au cinquième vers exclusivement.

Comme l'indignation de la reine de Carthage éclate dans la Musique du troisième vers musical ! et comme la dernière syllabe du mot *amour* est heureusement placée sur le *si♭*, pour exprimer la douleur que Didon ressent de s'être imprudemment abandonnée à cette passion à l'égard d'un parjure ! La seconde fois qu'elle répète ce mot, elle ne peut l'achever, parce qu'elle est suffoquée par le chagrin qui l'accable. C'est ici que la Partie d'Alto, qui représente sa sœur ou sa confidente, prend la parole pour adresser au Troyen les reproches que *Didon* n'a plus la force de lui faire elle-même.

Mozart invente-t-il pour cela un nouveau sujet ? Il se garde bien de montrer cette stérile abondance, si contraire à *l'unité*, et qui annonce un écolier ; mais, en grand contrepointiste, c'est son premier motif qu'il replace ici, non simplement et comme il a déjà été entendu ; car ce ne serait que du rabachage ; mais élaboré de nouveau et d'une manière à en faire résulter un grand effet.

Dans la première période de cette seconde *Reprise*, il n'avait pris pour sujet qu'une des mesures de son premier motif, et c'était la seconde de ces deux mesures ; ici il en prend deux, la première et la seconde. *La La*, *la la*, *sol* la*, *la la*.

Après la première mesure, une imitation, serrée à la seconde de ce même sujet, se fait entendre au second violon. La Basse entre un demi-soupir après, et fait entendre un motif accessoire pour accompagnement. Ce motif de la Basse est une imitation, quant au rhythme, de l'accompagnement qui se trouve à l'Alto et au second violon dans les premières mesures de la seconde Reprise.

Dans les trois premières mesures de la Reprise, *Mozart* aurait pu placer des blanches au second violon et à l'Alto, ainsi qu'il l'a fait à la Basse ; mais il est probable qu'il a préféré d'y mettre un demi-soupir et trois croches, de peur que ce passage ne devînt languissant.

Didon jetant sur *Enée* un regard d'indignation, lui dit : *Fuis, malheureux* ! C'est l'imitation abrégée de celle du second violon, à la seconde, au dessus, et *alla stretta*.

La Basse, qui pendant ce tems a poursuivi son motif accessoire, s'empare à son tour du sujet principal, et dit : *Ré Ré*, *ré ré*, *ut* ré*, *ré ré*.

Le motif accessoire de la Basse passe alors dans l'Alto ; l'imitation serrée à la seconde, ou plutôt à la neuvième au-dessus du sujet principal qui est à la Basse, se reproduit au second violon : *mi♭ mi♭*, *mi♭ mi♭*, *ré mi♮*, *mi♭ mi♭*, et ensuite au premier Violon, une mesure après : *fa* fa**, *fa* sol*.

On doit remarquer la graduation du sujet du cinquième vers. Ce sujet se trouve successivement porté sur six degrés consécutifs de l'échelle musicale, en partant de *la* jusqu'au *fa*✳ inclusivement. L'Alto commence à *la*, le second violon à *si*♭, le premier Violon à *ut*✳, la Basse à *Ré*, le second Violon à *mi*♭, et le premier à *fa*✳.

Un écolier aurait mis dans la même partie toutes ces imitations du même sujet ; alors on n'eût plus entendu qu'une espèce de gamme au lieu de ce dialogue si serré, si pressant et si admirable. Au moment où Mozart abandonne ce sujet, l'Alto se saisit de l'imitation d'un motif, qui a déjà été entendu, et vers la fin de la première Reprise, et dans le *lien* qui unit cette Reprise à la seconde : *ré sol si*♭ *si*♭ *si*♭. Ce dessein accessoire est aussitôt imité par le second Violon, tandis que le premier Violon fait entendre cet autre sujet si expressif, cet élan de l'âme, *Ré*, *ut si*♭ *la*, *sol fa mi*.

Dans cet endroit, *Didon*, voyant que son dédain n'agit pas assez puissamment sur le cœur d'*Énée*, a de nouveau recours à la prière, et lui dit : *Non, reste encore* ! et facile à s'abuser elle ajoute (en aparté) : *Il paraît s'attendrir* !

Pour adapter convenablement des paroles à ce passage, il fallait bien imaginer cet aparté ; car le sujet précédent n'ayant aucune connexion avec celui sous lequel sont ces paroles, il eût paru un défaut, tandis qu'il est une beauté réelle.

Mozart, toujours attentif à ne pas multiplier les sujets sans nécessité, place ici le même dessein accessoire qu'il vient de faire entendre à l'Alto et au second Violon. Ce dernier imite alors le sujet principal à la quinte au-dessous par ces notes : *Sol*, *fa mi ré ut si*^b *la.* Puis, *Didon* dit une seconde fois, mais un degré plus bas que la première : *Non*, *reste encore*! (huitième vers.)

Le second Violon imite également le chant à la quinte au-dessous par ces notes : *Fa*, *mi ré ut si*^b *la sol.*

Mozart évite ici une troisième répétition, qui serait un défaut, et qu'on nomme *Rosalie* ou troisième *révérence* (1), et, sans abandonner son motif accessoire, dans l'Alto, il resserre dans les deux violons son sujet principal, ce qui donne à cet endroit plus de mouvement et de chaleur.

Les grands intervalles que franchit le premier violon, ajoutent beaucoup aussi à l'effet de ce vers, et peignent d'une manière bien sensible le désordre qui règne dans l'ame de *Didon.*

Au neuvième vers, les yeux pleins de larmes d'amour, *Didon*, qui adressait à *Enée* cette prière : *A l'objet qui t'adore, rends la vie et le bonheur*, s'interrompt tout-à-coup au milieu de ce dernier mot, comme frappée d'une lumière soudaine, mais fatale, qui l'éclaire sur les sentimens et les projets du fils d'*Anchise*; puis lui dit : *Non, déchire mon cœur, ingrat!*

Dans la Musique du neuvième vers, les cadences harmoniques se resserrent au point que, vers la fin, elles ne sont plus composées que de deux croches chacune, et ce vers se termine même par des cadences mélodiques en doubles croches, ce qui donne

---

(1) En faisant allusion aux trois révérences d'usage, du moins autrefois, quand on arrivait dans une assemblée.

au style de cette Période une chaleur étonnante qui transporte l'ame et la ravit à elle-même.

Le motif que *Mozart* emploie au dixième vers est le même que celui qui vient d'être entendu comme dessein accessoire dans le courant de la troisième période.

Il faut observer que depuis le septième jusqu'au dixième vers, la Basse *a été assujétie à un dessein*, composé d'une croche et d'une noire pointée, *si♭ sol, si♭ ut, mi ut, mi fa, la fa, la si♭, ré si♭, ré mi*, et que dans cette Basse il y a deux voix en une seule ; car une Partie pourrait faire *si♭ sol, si♭ ut*; l'autre, *mi ut, mi fa*, etc. Mais ayant déjà disposé des trois Parties supérieures, *Mozart* s'est vu forcé de faire dire à la Basse, toute seule, ce qui aurait pu être dit par l'Alto et la Basse alternativement.

Aux notes *sol ré, sol ut**, les cadences harmoniques se resserrent et ne durent plus qu'une demi-mesure chacune. Au dixième vers la basse cesse d'être contrainte.

Dans l'Alto, et au-dessus de la tenue de Basse, est le dessein accessoire et harmonique *ut * mi la la la*. Ce dessein est successivement imité par les deux violons : *la ut * mi, mi mi mi : ut* mi la, la la la la*. Dans cette cadence le dessein principal est *la si♭*. Dans la suivante, c'est *si♭ ut**, puis *ut * ré*; en conséquence, on voit que le premier Violon fait entendre le motif accessoire immédiatement avant le sujet principal, et qu'il fait l'office de deux Parties.

La première partie de la seconde Reprise finit avec le complément de la quatrième période, car la cinquième n'est qu'une petite période conjonctionnelle, en un mot un lien qui unit la première partie de cette Reprise à la seconde.

Deuxième Partie de la seconde Reprise.

La deuxième partie de la *seconde Reprise* de ce Morceau est la répétition exacte du commencement de la première Reprise jusqu'à l'accord de fausse quinte et sixte majeure *ut ✳ mi sol si ♭*, sur le *mi* de la Basse qui termine la huitième période. Et depuis cet endroit jusqu'à la fin du Morceau, ce n'est que la suite de la première Reprise transportée de *fa* majeur en *ré* mineur, mais avec les modifications nécessitées par ce changement de Mode, et quelques autres différences fort légères dictées par le goût ou par la sensibilité.

Ainsi donc, comme on divise un édifice en trois parties, le dôme et les deux ailes, et un sermon en trois points, de même un grand Morceau de Musique se divise en trois *parties* ; ces parties se subdivisent en *périodes* ; ces périodes en *vers* ; ces vers en *phrases* ; ces phrases en *propositions* ; ces propositions ou cadences en *membres*.

Pour mettre plus de précision dans le discours, je distinguerai les périodes en *périodes capitales*, et en *périodes inférieures* ; j'admettrai quatre sortes de Périodes capitales ; celles de *Début*, celles de *verve*, les *Mélodieuses* et les *traits*.

Trois sortes de Périodes inférieures ; les intermédiaires, les *complémentaires* et les conjonctionnelles *ou les liens*.

Les Périodes de *Début* sont celles par lesquelles on commence un Morceau. Cette Période commence ordinairement aussi la troisième Partie du discours musical.

La Période de *verve* est celle qui se place ordinairement après le début et une Période intermédiaire douce. Cette Période de verve est pleine de vigueur, et termine assez souvent la première grande Portion de la première Reprise.

Les Périodes *Mélodieuses* sont celles qui sont chantantes par excellence.

Les Périodes que je nomme *traits*, sont celles qui servent à montrer la dextérité, l'habileté de l'exécutant.

Les Périodes intermédiaires sont toutes celles qui se placent entre les capitales, et qui ne sont ni complémentaires, ni conjonctionnelles.

Les Périodes *complémentaires* sont celles qu'on emploie pour rendre un sens plus complet.

La Période complémentaire sert donc en quelque sorte de corniche ou de cadre à la période qui la précède.

Les Périodes *conjonctionnelles* sont de grands *liens* qui servent à unir ensemble deux périodes qui, le plus souvent, ne pourraient pas être immédiatement placées l'une après l'autre, sans que l'oreille n'en fût choquée, ou du moins peu satisfaite.

Des Périodes de la première Reprise.

La Période de début de l'*Allegro moderato*, *fig.* 30, est divisée en deux grands vers, qui sont attachés par un lien semi-harmonique, *ré fa mi / mi ré ut ♯*.

La seconde Période est de la classe des *intermédiaires*. Elle est attachée à la première par un lien mélodique, *la fa ré la*.

Elle est aussi divisée en deux vers, attachés l'un à l'autre par le *lien mélodique la sol* la sol* la sol* la*. Le cinquième, le sixième, le septième et le huitième vers, compris dans cette Période, forment cependant une petite période à part. C'est-là ce que je nomme une période complémentaire.

On doit remarquer que *Mozart*, au lieu de terminer cette période complémentaire, selon l'usage, par le repos de la Dominante, fait habilement entendre le ton de *fa* majeur sur la dernière note de Basse de cette Période.

Ce que j'ai indiqué comme troisième Période de ce Morceau, en faisant abstraction de la petite Période complémentaire qui la précède, est encore une Période intermédiaire. Elle finit avec le dixième vers ; car le onzième et le douzième forment une période complémentaire de celle-ci.

La période indiquée comme étant la quatrième, n'est pas précisément une période de verve, parce qu'elle n'a pas assez de fracas ; mais elle peut cependant être considérée comme telle, soit à cause des imitations serrées, soit à cause de la chaleur avec laquelle les Parties se répondent, soit enfin par rapport à l'exaltation, à l'abandon qui règnent dans le chant du quatorzième vers.

Un petit lien mélodique attache cette Période à la cinquième, qui est une *Période mélodieuse*.

Celle-ci est composée de deux grands vers, qui sont le quinzième et le seizième du Morceau. Chacun de ces deux vers est quadruplement césuré.

Première césure ou coupure du quinzième vers, *fa mi, fa si♭, la la sol.*

Seconde césure, *fa* sol la sol si♭, la ré ut si♭ la.*

Troisième césure, *fa mi*, *fa si♭ la la sol.*

Quatrième césure, *fa mi ré ré ut*, *si♭ la sol fa.*

Les trois notes *fa mi ré* de la quatrième césure, sont une espèce de lien qui unit cette césure à la précédente.

Il y a dans le second Violon et dans l'Alto un lien accompagnateur à chaque césure, tel que *ré fa fa fa*, *fa fa fa*, etc. Ils sont employés à remplir les vides du chant.

Un lien semi-harmonique unit le quinzième au seizième vers.

Ce seizième vers est la variation, la broderie du quinzième.

Il y a deux espèces principales de broderies; *la broderie libre*, qui s'attache moins au dessein du chant qu'à l'harmonie qu'il comporte naturellement; et *la broderie assujétie*, qui s'astreint à suivre le chant dans tous ses contours. Celle que *Mozart* a employée ici est la broderie libre. Cette variation du quinzième vers tient lieu d'une période *trait*, dont *Mozart* a dédaigné de faire usage dans ce *Morceau*, sans doute à cause de la gravité de son sujet. Cette espèce de répétition du quinzième vers a pour but aussi de rendre la quatrième période d'un plus grand carré. C'est ce qu'en terme de rhéteur on appelle arrondir une période et la rendre plus nombreuse.

La sixième Période est une des *complémentaires*; et la septième Période est de la même classe. C'est pourquoi elle fait longueur. *Mozart* eût mieux fait, je pense, de retrancher l'une ou l'autre de ces Périodes, ou la moitié de chacune; mais il était bien aise de donner un peu de relief au rôle du second violon et à celui de l'Alto. C'est ainsi qu'en rehaussant l'importance de quelques personnages secondaires, par complaisance pour les acteurs, on nuit à l'intérêt principal d'une pièce.

La huitième période est encore une *complémentaire*; mais de l'espèce très-courte, de celles qu'on emploie pour conclure. *Mozart* se sert du motif accessoire *ut fa la, la la la*, de cette petite période, pour en former un lien qui rattache la fin de cette première Reprise à son commencement : ce lien forme réellement aussi une petite période inférieure, quoiqu'elle ne soit pas désignée comme telle *pl*. 50, *fig*. A, où elle semble faire partie de la période précédente.

Cette période conjonctionnelle se modifie à la deuxième fois, pour annoncer le Ton qui commence la seconde Reprise.

Des Périodes de la seconde Reprise.

La période qui commence la seconde Reprise n'est pas une simple période de début, où l'auteur s'abandonne à son génie; mais l'une de celles où le génie est asservi à un *dessein*. Cette période, qui semblait devoir finir avec le premier vers, est augmentée d'un *supplément*, qui contient tout le second vers, et d'un complément qui ne finit qu'où le cinquième vers commence; ce qui rend cette Période très-nombreuse.

La seconde Période est une des intermédiaires; mais elle est contrepointée d'une manière si savante, qu'elle se place, par son mérite, au rang des plus belles périodes capitales.

Tome II. 26

La troisième période a plus d'exaltation encore, sans avoir moins de profondeur. Cette période intermédiaire, ainsi que la précédente, sont du nombre de celles qu'on chercherait en vain dans la plupart des auteurs ; car il faut qu'on sache que le plus grand nombre d'entre eux n'a qu'une très-faible teinture de l'art profond du Contrepoint, et semble absolument étranger à cette vigueur de génie qu'alimente un grand savoir.

Le complément de cette période est lui-même une petite période, qui sert comme de cadre à la précédente, mais non à la manière des cadres de la peinture qui tirent leur nom de leur figure carrée, et qui entourent un tableau de tous les côtés, car un cadre de l'espèce que je nomme période complémentaire ne touche à la période qu'elle complète que d'un seul côté, ce qui fait que les Italiens ont appelé *coda* (queue) une ou deux périodes qu'on ajoute pour terminer plus complètement un Morceau.

La cinquième période est conjonctionnelle, puisqu'elle attache la première à la seconde partie de la deuxième Reprise.

La première Reprise et la seconde partie de la deuxième Reprise sont en quelque sorte comme les deux ailes d'un édifice. La première partie de la deuxième Reprise est entre les deux autres Parties, comme un dôme entre deux pavillons latéraux. La partie de cette période de début, sous laquelle sont ces mots : *Ingrat! je veux me plaindre, et non pas l'attendrir*, me paraît sublime.

On a donné plusieurs définitions du sublime ; c'est, selon moi, *un bon mot de l'ame*. L'esprit seul ne peut rien produire de sublime ; aussi ne dit-on pas d'un mot, quelque spirituel qu'il soit, qu'il est sublime ; mais on dit qu'il est fin, piquant, ingénieux. En général le sublime est l'expression de ce qu'éprouve une ame noble dans une situation marquante.

Dans une position grave, mais qu'il veut ridiculiser, l'esprit enfante une épigramme. Dans une position d'un grand intérêt, une grande ame se peint par un mot sublime.

La septième période répond à la seconde de la première reprise ; mais ici j'en ai séparé le complément : il forme la huitième période.

La neuvième période répond à la troisième de la première Reprise; j'en ai aussi séparé le complément: il forme la dixième période.

La quatrième Période de la première Reprise est le pendant de la onzième de celle-ci.

CHAPITRE XXXII.

De la Composition à une seule Partie.

Veut-on savoir pourquoi personne ne s'est avisé encore d'enseigner la Composition à une seule Partie? C'est que, d'une part, l'on est imbu qu'un Chant, qu'un Morceau à une seule Partie est purement l'ouvrage du génie et du goût, et que, de l'autre, on ignore beaucoup de choses qu'il est nécessaire de connaître pour bien enseigner ce genre de Composition. Ne voulant éluder aucune question, quelque difficile qu'elle soit, mais cherchant au contraire et de bonne foi à les résoudre toutes, je me suis déterminé à reprendre pour ainsi dire mon ouvrage sous œuvre. C'est pourquoi, à partir de ce chapitre, un ordre plus rigoureux va régner dans la distribution des matières, dans l'exposition des principes et dans l'enchaînement des conséquences. Je numéroterai même chaque petit article, comme cela est d'usage dans les livres de géométrie et de physique, pour faire mieux distinguer chaque objet, et renvoyer plus commodément de l'un à l'autre.

Si l'on rit, avec raison, de ce géomètre qui, assistant à une tragédie de *Racine*, demande à son voisin : *Qu'est-ce que cela prouve?* ce serait se montrer bien superficiel que de se moquer de même de l'homme qui après de longues études dirait: *Tout, même dans les beaux-arts, est susceptible d'être démontré.* Doit-on, en effet, se croire en droit d'assurer que telle chose n'a point de principes, parce qu'on ne lui en connaît pas encore? N'est-on pas autorisé plutôt, par mille exemples, à penser le contraire?

Qu'est-ce qui fait que tant d'hommes écrivent sur la littérature et les beaux-arts plus en discoureurs qu'en véritables démonstrateurs? C'est que l'un est beaucoup plus facile que l'autre. Il suffit d'avoir un sentiment sourd de la vérité pour faire des phrases sur un sujet; mais pour l'expliquer il faut avoir des idées beaucoup plus nettes et plus approfondies; il faut pouvoir remonter au principe.

Les mots *génie*, *goût* et *instinct* ne sont le plus souvent, dans les livres de théorie, que des expressions à l'aide desquelles l'auteur cherche à cacher son ignorance.

Les théoriciens ont un autre moyen pour se tirer d'affaire, quand ils sont au bout de leurs faibles raisonnemens ; c'est de renvoyer à l'étude des bons modèles. Rien n'est plus commode que cela pour l'auteur ; mais pour le lecteur ? L'étude des chefs-d'œuvre est excellente sans doute, puisque beaucoup d'hommes qui se sont immortalisés n'avaient presque fait que celle-là ; mais si ces mêmes hommes eussent trouvé une théorie bien faite, ne leur aurait-elle pas épargné beaucoup de tems et des efforts prodigieux ? Renvoyer ses lecteurs à l'analyse des bons modèles, sans les aider puissamment dans cette analyse et de manière à prouver que soi-même on l'a faite avec tout le soin et toute la sagacité que l'on est en droit d'exiger dans un homme qui se propose d'éclairer les autres, n'est-ce pas montrer à-la-fois que l'on ignore et les choses et soi-même, et n'est-ce pas montrer que l'on n'a pris la plume que pour satisfaire ses prétentions à passer pour maître, tandis que l'on aurait dû rester silencieusement parmi les écoliers ?

Ce que je dis ici est moins pour prouver que je suis capable de remplir ma tâche, que pour marquer que j'en connais l'étendue. Si je ne la remplis pas, du moins je tâcherai d'éviter, autant qu'il me sera possible, que l'on m'applique à moi-même les réflexions que je fais sur les autres, et que l'on puisse répéter après m'avoir lu : *Nous n'avons pas encore de théorie de la Musique.*

1. La Musique est une langue, et chaque Morceau de Musique est un discours plus ou moins étendu.

2. Les *élémens* du discours musical ne sont pas tous les *sons* pris indistinctement, mais seulement

ceux, plus leurs octaves, qui forment le système musical représenté *fig.* A, *pl.* 31.

Les *sons* qui composent ce système sont tous produits dans chaque Ton par une seule corde, qui, une fois mise en vibration, résonne ensuite d'elle-même, non-seulement dans toute son étendue, ce qui lui fait rendre le son le plus grave qu'elle peut produire, mais aussi dans toutes les parties Harmoniques de cette étendue, comme en autant de cordes séparées. La corde qui produit ainsi, par ses divisions naturelles, le vrai système musical, est la Dominante.

Pour ne pas répéter ici ce que j'ai déjà dit sur ce sujet, relisez la page 11 et les suivantes, et les chapitres XIV et XXII.

3. Dans la Mélodie ou l'art de former un Chant, ces *élémens* ou *notes* se lient, se combinent, se marient deux à deux ou trois par trois, et forment ainsi ce que je nomme des *Propositions musicales.*

4. Je distingue trois genres de *Propositions* : les simples, les complexes et les elliptiques.

5. Les *Propositions simples* sont composées de deux notes, égales ou inégales en durée.

La première note est l'Antécédent de la Proposition ; la seconde en est le Conséquent.

6. Les *Propositions complexes* sont composées de trois notes, égales ou inégales en durée.

7. Tantôt c'est l'Antécédent de la *Proposition complexe*, qui est composé de deux notes, comme *fig.* F et H, *pl.* 31, et tantôt c'est le conséquent, comme *fig.* BBBB, *pl.* 31.

8. Les *Elliptiques* sont les Propositions qui n'ont qu'un seul nombre et le plus souvent qu'une seule

note; telle est l'*ut*, qui forme la première proposition de la *fig.* 5, *pl.* 31, et le *fa* qui suit la blanche *sol*. Les ellipses d'une Cadence complexe, dont le conséquent est double de l'antécédent, telles que la première de la *fig.* L, *pl.* 32, sont plus rares.

9. Il y a trois classes de Propositions simples, les *Rhythmiques*, les *Conjointes* et les *Disjointes*.

Les *rhythmiques* ont leur deux membres sur le même degré de l'échelle et sur la même touche du clavier; elles sont formées du même son, qui se fait entendre deux ou trois fois de suite, comme *fig.* B et BB, *pl.* 31.

Les *conjointes* sont celles dont les deux membres sont posés sur deux degrés qui se touchent, comme *sol la*, *si ut*, et les suivantes, *fig.* C, *pl.* 31.

Les *disjointes* sont celles dont les deux membres ne sont pas posés sur deux degrés conjoints, comme *sol ut*, et toutes celles de la *fig.* D, *pl.* 31.

10. Il y a cinq classes de *Propositions complexes* : les rhythmiques, les conjointes et les disjointes, les semi-disjointes et les conjointes alternes.

Les *rhythmiques* sont celles qui sont composées du même Son, répété trois fois et sur le même degré, comme *ut ut ut*, et les trois suivantes, *fig.* E, et EE. On pourrait regarder aussi ces propositions comme deux; l'une elliptique et l'autre simple.

Les *conjointes* sont celles dont les trois membres sont sur trois degrés conjoints, comme les quatre de la *fig.* F, *pl.* 31.

Les *disjointes* sont celles qui sont composées de trois notes posées sur trois degrés qui ne se touchent pas, comme *fig.* G.

Les *semi-disjointes* sont celles dont la note du

milieu n'est conjointe qu'à l'une des deux autres, comme *fig.* H , *pl.* 31.

Les *conjointes alternes* sont celles dont la première et la troisième notes sont sur des degrés adhérens, mais séparées par la note du milieu, qui ne doit être conjointe avec aucune des deux autres ; telles sont celles que présente la *fig.* L.

11. Les propositions s'ellipsent pour commencer, *en frappant*, un Morceau ou une phrase qui, sans ce retranchement, commencerait en *levant*. L'*ut* qui commence la *fig.* K , *pl.*, forme à lui seul une Proposition, parce qu'il n'est point lié avec ce qui suit ni avec rien de ce qui précède, et parce que son antécédent n'est pas employé. Il en est de même du *sol* par lequel commence la *fig.* L.

DE LA MESURE.

12. La Mesure est un des plus grands mystères de la Musique. Il est inimaginable qu'étant si bien *sentie* elle soit si mal *connue*, et que personne enfin n'ait su encore la bien définir.

J. J. Rousseau dit que c'est *la division du tems ou de la durée en parties égales* ; mais ce grand homme n'a jamais rien dit de moins réfléchi, de plus inconséquent que cela ; et c'est ce que nous allons prouver.

Si la Mesure était la division du *tems* ou de la *durée*, le tems, par lui-même étant divisible en autant de parties égales que l'on en peut concevoir, il s'ensuivrait qu'un Morceau de Musique ne serait pas plutôt à deux tems qu'à trois, qu'à cinq, qu'à sept, qu'à deux tems et un quart ou qu'à trois tems et demi.

Il en résulterait aussi que tel tems ne serait pas le Frappé plutôt que le Levé, et qu'il n'y aurait ni cadences, ni tems forts, ni tems faibles. Or, comme tout cela est absurde, il est clair que la définition de *Rousseau* l'est aussi.

Qu'est-ce donc, enfin, qu'une Mesure?

Ce n'est, au fond, que la durée d'une Proposition musicale.

13. Qu'est-ce qu'un Tems?

C'est la durée de l'un ou de l'autre des deux membres de la Proposition.

14. Quand les deux membres de la Proposition sont égaux en durée, la Mesure est à *deux Tems égaux*, soit que les Propositions soient simples, comme celles de la *fig.* B, *pl.* 31, ou complexes, comme celles de la *fig.* I de la même planche.

15. Quand les deux membres de la Proposition sont inégaux en durée, la Mesure est à deux tems inégaux, ou, si l'on veut, à trois tems égaux. Cela arrive, premièrement, quand l'Antécédent n'a que la moitié de la durée du Conséquent, comme dans les Propositions de la *fig.* BB, *pl.* 31, et dans celle BBBB; et secondement, quand le Conséquent n'a que la moitié de la durée de l'Antécédent, comme dans les diverses Propositions de la *fig.* BBB, *pl.* 31.

16. Des deux membres qui composent une Proposition musicale, quel est celui qu'il faut désigner par la chûte de la main ou du pied? C'est le second membre, le Conséquent.

Pourquoi donc appelle-t-on le *frappé* le premier Tems de la Mesure? Parce que les Musiciens en parlent d'après leurs yeux et non d'après leur tact, ou leur jugement, ou leur oreille. Ce qui les fait mal raisonner à cet égard, c'est qu'ils croient qu'une Mesure est renfermée entre deux Barres. Mais cela n'est-il pas ainsi? Non assurément; car la Barre, au lieu d'être placée après chaque Proposition, se met au contraire entre l'Antécédent et le Conséquent de chacune d'elles, c'est-à-dire au milieu de la durée de la Proposition, quand les deux membres en sont égaux, comme *fig.* B, *pl.* 31, et après le tiers, ou après les deux tiers quand les deux tems en sont inégaux, comme *fig.* BB et BBB.

Pourquoi la Barre, qui semble devoir être un signe de Ponctuation, est-elle placée ainsi? C'est ce que les maîtres ni les livres ne savent nous dire. On ne sait même à qui attribuer l'invention de ces Barres, ce qui ne fait rien à la science, mais dénote du moins l'ingratitude des hommes; car on aurait dû, ce me semble, conserver le nom de celui qui a imaginé ce moyen, et nous apprendre les motifs qui l'ont déterminé à placer la Barre ici plutôt que là?

Tout ce qu'on peut dire en faveur de la place qu'occupe la Barre de Mesure, c'est qu'en l'employant on a dû avoir en vue de signaler l'endroit où la *chûte du sens musical*, où la *cadence* se fait sentir, et qu'on a cru devoir placer ce signe indicateur de cette chûte avant la cadence elle-même. Sa vraie place, du moins pour l'oreille, serait sur la note où la chûte s'opère, sur le Conséquent de chaque Proposition; mais l'œil s'y oppose, parce que cela embrouillerait la lecture de la Musique. Nos yeux voudraient cette Barre après chaque proposition, comme on place la virgule après le mot qui termine un sens subordonné, et le point après un sens principal. Il en serait ainsi probablement, si les grands Musiciens pratiques eussent été en même tems de grands hommes pour la théorie. Mais l'instinct et l'acquis musical se sont presque toujours trouvés d'un côté, tandis que les lumières et la réflexion étaient de l'autre. Il n'est pas étonnant, d'après cela, que nous ayons eu Musique de si beaux exemples et de si misérables préceptes.

17. Ce que l'on appelle le *premier tems* est donc par-tout *le second Tems*, à moins que le Morceau ne soit conçu ou écrit d'une manière irrégulière. Cette méprise serait de peu de conséquence, si elle n'avait que le seul inconvénient d'appeler premier Tems ce qui est le second Tems de la Mesure ; mais elle serait de nature à bouleverser toutes les idées sur le *phrasé*, si les Musiciens n'étaient heureusement assez peu conséquens, à cet égard, pour raisonner d'une façon et agir d'une manière toute opposée. Oui, par bonheur, ceux d'entre les hommes qui sont véritablement appelés par la nature à cultiver cet art divin, s'en rapportent beaucoup plus, dans l'exécution de la Musique, à leur propre sensibilité qu'aux notions insuffisantes ou fausses qu'ils tiennent des maîtres ou des livres, sans quoi ils feraient de perpétuels contre-sens.

Mais le *sentiment musical*, ce guide si puissant des bons Musiciens, n'est pas suffisant pour les conduire toujours bien. J'ai vu plus d'un virtuose, dont j'admirais le tact à beaucoup d'égards, se tromper quelquefois sur le phrasé, et de grands violons appliquer mal certains coups d'archet fort à la mode, et bons en eux-mêmes, mais insupportables quand ils sont employés à contre-sens des Propositions mé-

lodiques. Tout cela prouve enfin le besoin de principes et de règles, et que c'est peu de *sentir*, qu'il faut
connaître, pour que ce qui échappe au tact naturel
ne puisse échapper au raisonnement.

La découverte des Propositions musicales est une
des plus heureuses et des plus importantes que j'aie
faites. Il eût pu s'écouler mille ans encore avant qu'on
en eût eu l'idée. C'est par elle que je vais expliquer
la nature des *tems forts* et des *tems faibles*, que
Rameau appelait *tems bons* et *tems mauvais*.

Qu'entendent les théoriciens, quand ils nous disent qu'il y a des *tems forts* et des *tems faibles* ? Ils
veulent dire qu'il y a des *tems* qui sont nécessairement des Levés et d'autres qui sont des Frappés.

Mais pourquoi y a-t-il des Levés et des Frappés ?

C'est ce qu'ils ne savent pas, puisqu'ils ignorent
et la nature et jusqu'à l'existence de la Proposition.
Ils en ont cependant un sentiment confus, qu'ils rendent par le mot Cadence.

Selon les règles établies et connues, le *tems fort*
est le *Frappé*, le *tems faible* est le *Levé*. Dans la
Mesure à quatre tems, il y a deux *tems forts*, le
premier et le troisième; et deux *tems faibles*, le second et le quatrième.

Dans la Mesure à trois tems, on compte aussi deux
tems Forts, le premier et le troisième; le second tems
seul est faible. (*Voyez* le *Dictionnaire de Musique*
de *J. J. Rousseau.*)

Si l'on veut désigner par *tems fort* celui qui se fait
le plus sentir, celui qui a fait trouver le mot *Cadence*, on a raison de dire que c'est le *frappé*; mais
si l'on veut dire en même tems que la note qui tombe
sur le *tems fort* doit être attaquée plus fortement que

l'autre, c'est une erreur très-grave. Il en est de même si, par *tems fort*, on prétend indiquer le premier Tems de la Mesure, l'*Antécédent* de la Proposition musicale ; car, comme nous venons de le prouver, ce qu'on nomme le premier Tems de la Mesure en est incontestablement le second, à moins qu'on ne nie qu'une Mesure ne soit une Proposition musicale, ce qui serait absurde. C'est aussi se tromper fortement, que de dire qu'il y a deux *te s forts* dans la Mesure à trois tems ; savoir, le premier et le troisième, car deux tems de la même nature ne peuvent se suivre, par la raison que l'un des tems forts détruirait nécessairement le sentiment de l'autre.

18. Il n'y a pas deux *tems forts* ni *deux faibles* dans la Mesure à trois tems, mais un *tems fort* plus *long* ou plus *court* de moitié que le *tems faible*, selon la nature des Propositions qui composent le Morceau ; et c'est précisément pourquoi je dis qu'il n'y a que deux sortes de Mesures, celle à deux tems égaux en durée, et celle à deux tems inégaux.

Dans l'une ou l'autre de ces Mesures, le *tems fort* est le Frappé ; le *tems faible* est le Levé.

Cependant, comme le sentiment musical et le raisonnement nous portent à forcer chaque Antécédent de Proposition, afin qu'il se lie mieux au Conséquent, et pour que l'on comprenne où commence un sens musical, je serais d'avis que l'on nommât l'Antécédent de chaque Proposition tems fort, *et chaque Conséquent* tems faible : *par ce moyen, on ne serait pas tenté de forcer le Conséquent au lieu de forcer l'Antécédent, ce qui est un contre-sens manifeste.* Il conviendrait peut-être mieux encore de *supprimer totalement* les épithètes

de tems forts et de tems faibles qui ne désignent pas
bien l'*action* et le *repos*, ou le Levé et le Frappé,
pour leur substituer dans tous les cas celles d'Antécédent et de Conséquent, qui conviennent beaucoup
mieux à la chose, et doivent plaire aux gens qui raisonnent. Pour les machines, celles de Levé et de
Frappé sont suffisantes et plus claires que celles de tems
fort, ou de tems bon, de tems faible ou tems mauvais, qui sont propres à faire naître des idées fausses.

19. La Musique était-elle mesurée avant qu'on
ne fît usage des Barres adoptées pour séparer une
Mesure de l'autre? Oui certainement; car il est de sa
nature d'être mesurée, puisque c'est-là une des
choses qui la distinguent essentiellement du Plain-
chant. L'invention des Barres est même peu ancienne,
et ne remonte guère qu'à deux siecles tout au plus.

Il y a plusieurs manières de mesurer la Musique.
Non-seulement un Morceau peut être conçu à deux
tems ou à trois tems égaux, mais il pourrait être fait
de manière que ces deux Mesures alternassent d'un
bout à l'autre. Un Morceau pourrait avoir aussi
des repos non périodiques.

Les repos périodiques sont ceux qui se font régulièrement sentir après un certain nombre de Mesures. Les non périodiques seraient ceux qui vien-
draient, tantôt après deux ou après trois, quatre,
cinq, ou un plus ou moins grand nombre de Mesures, et toujours sans uniformité ni symétrie.

De plus les Barres, au lieu de séparer chaque Mesure, chaque Proposition de celle qui la précède et
de celle qui la suit, peuvent n'être mises que de deux
en deux propositions ou de trois en trois, de quatre
en quatre, ou de huit en huit, ou de seize en seize

mesures naturelles, selon la durée de ces propositions ou mesures. (*Voyez* les *fig.* M, N, O, *pl.* 31.)

Qu'a-t-on en vue en plaçant ces jalons, ces signes
conducteurs, ces barres de Mesure, enfin ? C'est de
rendre l'exécution de la Musique plus facile et plus
sûre ; c'est de venir au secours du *sens* ou du *tact*
musical. Mais pour remplir ce but il ne faut ni trop
multiplier, ni rendre trop rares ces signes auxiliaires.
Voici le Principe sur lequel il faut se régler : *plus
la durée d'un tems de Musique se rapproche de
celle d'une de nos pulsations naturelles, et plus
il est analogue à notre nature et facile à saisir.*
Il ne faut donc pas qu'un Tems dure plus d'une pulsation, ni qu'il y ait plus de quatre de ces Tems en
une seule Mesure, ni qu'une Mesure dure moins
d'une pulsation ; car au-delà de quatre pulsations
par Mesure elles deviennent trop peu sensibles ;
et, plus courtes qu'une demi-pulsation, elles deviennent trop fatigantes à marquer avec la main
ou avec le pied.

La durée d'une Mesure étant trouvée, le nombre
des Propositions qu'elle peut renfermer l'est aussi.
C'est ce qu'il faut faire connaître par des exemples. Je
choisis, à cet effet, l'air si connu : *Ah ! vous dirai-je,
maman*, non que les paroles aillent bien sous la Note,
car il s'en faut de beaucoup que cela soit, mais parce
que cet air, comme Musique seulement, est très-
régulier, et parce que, par sa pureté et sa simplicité, il a le mérite fort rare d'être un *air primitif.*
J'écris d'abord cet air comme *fig.* R, *pl.* 31.)

Il est très-régulièrement écrit ainsi, parce que
chaque Proposition y dure une Mesure, et que,
comme nous l'avons dit, une Proposition et une

mesure sont foncièrement la même chose. Mais quoique dans le principe la Proposition musicale et la mesure soient absolument une seule et même chose, cependant, dans la pratique ces deux choses peuvent différer l'une de l'autre, du moins pour nos yeux, parce qu'on donne le nom de Mesure à la durée de deux, de quatre, de huit, et d'un plus grand nombre de Propositions, comme à celle qui n'en contient qu'une seule, ou même une demie ou un quart.

Par exemple, dans la *fig.* 5, *pl.* 31, Mesure et Proposition ne sont pas synonymes, puisqu'il y a deux Propositions dans chaque Mesure. Dans la *fig.* 10, il y a quatre Propositions dans chaque Mesure, ainsi que dans la *fig.* Y, qui n'est que le même exemple que la *fig.* X, mais écrit à la moderne, avec des *Croches* au lieu de *Noires*.

Je dis encore que l'air *Ah! vous dirai-je maman* est bien écrit *fig.* R, parce qu'en cet exemple chaque *Antécédent* se trouve en *levant*, et chaque Conséquent en *frappant*, pour les yeux comme pour l'oreille, et parce que les deux repos d'hémistiche, les blanches *sol* et *ut*, se trouvent, l'un à la quatrième Mesure, l'autre à la huitième, et que tous deux commencent en frappant.

La Musique est versifiée et rhythmée.

20. La Musique n'est pas seulement cadencée ou mesurée, c'est-à-dire composée de Propositions équivalentes en durée ; mais elle est de plus *versifiée* et souvent *rhythmée*.

21. *La Musique est* versifiée, *parce que le retour de ses repos principaux est périodique*, c'est-

à-dire que ces repos sont à la même distance l'un de l'autre, comme ici les blanches *sol* et *ut*. Elle est souvent *rhythmée*, parce que souvent les petits repos intermédiaires entre ceux d'hémistiche sont pareillement symétriques entre eux. Ainsi donc, de la symétrie des repos principaux résulte la versification musicale, et de la symétrie des petits repos intermédiaires entre les grands, résulte le *rhythme*. Et c'est ce que personne encore n'a su expliquer avec netteté. Aussi les idées qu'on a du rhythme sont-elles vagues et indéterminées.

L'air *Ah! vous dirai-je*, *maman*, est rhythmé, parce que les Propositions du second hémistiche répondent exactement à celles du premier, prises une à une.

Ainsi, *ut*, marqué n°. 1, répond à *fa*, marqué n°. 5, parce que cet *ut* forme une Proposition elliptique, c'est-à-dire sans Antécédent, ainsi que le *fa* n°. 5.

La seconde Proposition *ut sol*, répond à la sixième *fa mi*; car chacune des deux est une Proposition simple; la troisième, *sol la*, répond à la septième, *mi ré*; et la quatrième Proposition, *sol la*, à la huitième, *ré ut*.

22. La place que les antécédens, les conséquens, et les repos d'hémistiche occupent dans la *fig*. R, prouvent incontestablement que cet Air a été conçu régulièrement et à deux tems, parce qu'écrit de cette manière, tout y est symétrique.

Qu'on essaie de l'écrire à trois tems, aussitôt le désordre remplace l'ordre.

1°. Des deux repos d'hémistiche, formés par les deux blanches *sol* et *ut*, l'un, le *sol*, est encore en frappant ; mais l'*ut* commence en levant et au troisième tiers de la Mesure , ce qui oblige à écrire cet *ut* blanche avec deux noires attachées l'une à l'autre par une liaison , pour faire connaître qu'elles ne font qu'une seule et même note.

Voilà donc déjà une grande irrégularité , un *repos en l'air*.

2°. Non-seulement la première Proposition , *ut* , ne répond plus à la cinquième , parce qu'il s'en trouve une de moins dans chaque hémistiche , mais elle ne répond pas même à la quatrième , qui commence cependant le second hémistiche , et cela , parce que le *fa* devient alors le premier Antécédent d'une Proposition complexe , *fa fa mi* , au lieu d'être le conséquent d'une Proposition elliptique , comme dans la *fig*. R.

Nota. Les Barres ou traits qui sont au-dessus des notes , marquent comme les Propositions sont formées , *fig*. R , et celles de dessous marquent les métamorphoses qu'elles éprouvent *fig*. S , où la Mesure à trois tems est substituée à celle à deux tems.

3°. Toutes les Propositions du premier hémistiche sont dérangées , et par rapport à elles-mêmes et par rapport à leurs analogues qui devraient se trouver dans le second hémistiche , et réciproquement celles du second par rapport à elles-mêmes et à celles du premier.

Ce *vers* musical cesse aussi d'en être un , parce que ses hémistiches sont irréguliers en eux-mêmes , et réciproquement l'un envers l'autre.

23. Le premier Hémistiche est irrégulier en lui-même , parce qu'un Hémistiche doit être composé

d'un nombre pair et même quarré de Propositions ou Mesures, et que celui-ci est composé de deux mesures et deux tiers, au lieu d'être composé de deux ou de quatre mesures. Il est irrégulier par rapport au second Hémistiche, parce que le second commence en levant, tandis que celui-ci commence en frappant, et de plus parce que le défaut de rapport que l'on trouve au commencement de ces Hémistiches comparés l'un à l'autre, se prolonge jusqu'à la fin.

Le second Hémistiche est irrégulier en lui-même, parce qu'au lieu d'être composé de deux nombres semblables de mesures, tels que deux fois une ou deux fois deux, il est composé de deux mesures, plus deux tiers, l'un au commencement de l'hémistiche, et l'autre à la fin, et parce que le repos se trouve en levant au lieu d'être en frappant.

Ce second Hémistiche est irrégulier, par rapport au premier, parce qu'aucune des propositions qui le composent ne répond à celle du premier hémistiche à laquelle elle doit répondre, pas même la principale, qui est celle qui termine l'Hémistiche.

Donc la *fig.* S est, de tout point, irrégulière.

Cependant, d'après la définition que *J. J. Rousseau* donne de la Mesure, non-seulement la *fig.* S, mais les *fig.* T et V seraient régulières ; car dans chacun de ces exemples *le tems y est divisé en parties égales*, puisqu'il y a seize Tems dans chacun, ainsi que dans la *fig.* R.

La Mesure n'est donc pas la division du tems, mais la durée d'une proposition musicale ; et si la facilité, la grace et la sûreté de l'exécution exigent que l'on multiplie ou diminue le nombre des Barres, ce qu'on appelle improprement diminuer le nombre des mesures, jamais au moins on ne peut régulièrement écrire à deux tems ce qui est véritablement conçu à trois, ni à trois ce qui est conçu à deux.

Mais si l'on ne peut écrire l'Air de la *fig*. R comme il l'est *fig*. T et U, parce que les Propositions musicales y sont toutes, ou à peu près toutes dénaturées, ne pourrait-on du moins se servir de ces sortes de Mesures?

J. J. Rousseau prétend qu'un nommé *Adolphati* fit à Gênes, en 1750, un essai assez heureux de la Mesure à cinq tems, dans l'air d'Ariane, *Se la sorte mi condanna;* mais il faut observer que cette mesure n'avait pas été regardée comme une et simple, parce que notre nature se refuse à cela; mais comme composée et renfermant, dans ses cinq tems, une mesure à deux tems et une à trois tems; ce qui prouve qu'il n'y a que ces deux mesures qui nous soient naturelles; et que si la mesure à cinq tems peut être sentie, comme étant tour à tour une mesure à deux tems et une à trois, ou l'inverse, elle a dû être rejetée, non-seulement comme inquiétante et difficile dans l'exécution, mais comme étant sans charme pour l'auditeur, parce qu'elle n'offre que des propos interrompus. Par la même raison, la mesure à sept tems ne pouvant pas être admise comme mesure une et simple, mais comme une mesure composée d'une à quatre et d'une à trois, ou l'inverse, doit également ment être rejetée.

24. Si notre organisation, notre manière de sentir ne s'opposait pas à l'admission de toute autre mesure que celles à deux tems simples ou à deux tems doubles ou quadruples, et de celles à trois tems simples ou doubles, ou triples ou quadruples, il n'y

aurait rien de si facile à notre esprit que d'en imaginer de toute espèce, et on l'aurait fait il y a long-tems;
mais à cet égard, comme par rapport au système des
sons diatoniques et chromatiques, et même aux sec-
tions ou divisions des tems, nous sommes absolument limités par la nature.

Des compositeurs pleins de goût ont hasardé, de
loin en loin, cinq croches au lieu de quatre, sept ou
neuf doubles au lieu de huit, quatorze ou dix-sept
au lieu de seize; mais ce qu'ils ont fait à-propos et
avec autant de sobriété que d'adresse, les écoliers, qui
aiment toujours à copier ce qui est bizarre, le font
avec autant de profusion que de gaucherie, et de manière à faire dire : Voilà des enfans qui ne connaissent pas les limites des possibles, et qui ignorent que
telle chose qui est une beauté lorsqu'elle est à sa
place, est un défaut quand elle se trouve où elle ne
devrait pas être. Rien de plus aisé que de dénaturer
les tems, mais rien n'est moins facile que de substituer heureusement des cinquièmes à des quarts, des
septièmes à des huitièmes.

25. Ce qu'on écrit à deux tems simples, comme
fig. R, peut aussi s'écrire à deux tems doubles ou à
quatre tems simples, comme *fig.* 5, ou à huit tems
simples ou à quatre tems doubles, comme *fig.* X
et Y. Mais alors on ne commence pas le Morceau
en frappant, comme *fig.* R, parce que ce qui doit
être absolument en frappant, ce sont les repos. Pour
que ces repos se trouvassent en frappant, *fig.* 5, il
a fallu commencer, non en frappant, mais à la seconde demi-mesure ; et, *fig.* Y, il a fallu commencer au second quart de la Mesure.

C'est la facilité et la sûreté de l'exécution qui doivent

faire adopter l'une ou l'autre de ces manières d'écrire un Morceau, ce qui dépend du mouvement qui rend la durée des Propositions plus ou moins longue.

26. On se permet cependant assez souvent dans la mesure à quatre tems de placer les repos au troisième tems, au lieu de les faire tomber au premier; mais cela est plus autorisé par des exemples donnés par d'habiles maitres que par les véritables principes.

Haydn a commencé, en frappant, son beau Quatuor en *ré* mineur; il en résulte que le repos de son premier vers et celui de beaucoup d'autres vers du même Morceau se trouvent au troisième tems, au lieu d'être en frappant. (Voyez *fig. Z*, *pl.* 31.) S'il eût écrit ce vers comme *fig. ZZ*, il eût évité cet inconvénient, et cela eût été d'autant mieux fait, que tout semble indiquer que ce vers doit être phrasé comme il est marqué *fig. ZZ*, et non comme *fig. Z*, vu les liaisons qui se trouvent du *la* au *ré* et du *mi* au *la*.

Depuis la quatrième Proposition jusqu'à la fin du vers, les deux figures s'accordent.

Pourquoi ne l'a-t-il donc pas écrit ainsi?

Pour trois raisons. D'abord, pour entrer en frappant; ensuite parce qu'il regarde le troisième tems de la Mesure à quatre tems, comme équivalent au premier; et en troisième lieu, parce que de cette manière il a la faculté de pouvoir placer dans le courant du Morceau un vers ou une Période qui cadence d'une autre manière, ce qui peut par fois répandre un peu de variété.

Il faut remarquer cependant que si *Haydn* et beaucoup d'autres se permettent de finir plusieurs vers et quelques périodes au troisième tems, ils ne prennent guère cette liberté à l'égard des périodes qui terminent une Reprise , ce qui prouve qu'ils ne regardent pas le troisième tems comme un parfait synonyme du premier , mais qu'ils considèrent au contraire le premier tems comme formant un plus grand repos.

27. On devrait, en écrivant, éviter soigneusement tout ce qui peut nuire à la facilité , à la sûreté de l'exécution, et tout employer pour la rendre le plus approchant de la perfection qu'il est possible.

La Mesure ou le cadencé du Morceau est ce qui doit occuper le premier. On ne doit pas écrire en une mesure ce que les Musiciens sentent naturellement devoir en faire deux. Toutes les Mesures où la foule des Musiciens est obligée de battre deux fois , doivent être écrites autrement ; car pourquoi a-t-on adopté les Barres de mesure ? N'est-ce pas pour en rendre l'exécution plus facile et plus sûre ? Si cela est , pourquoi renoncer à une partie de cet avantage , en ne mettant de Barres que la moitié de ce qu'il en faut pour remplir ce but ? C'est une contradiction.

Dira-t-on que quand les barres sont trop rapprochées, l'exécution est plus hachée ? Mais apprenez à vos élèves et à tous ceux qui exécutent, que l'on ne doit pas *tracer sur le visage du Morceau tous ces jallons* qui n'existent pas dans la Musique , pas plus que la virgule ou le point dans notre pensée ni dans les mots du discours ; mais que ces barres de Mesure ne sont là que pour guider notre faiblesse, et que bien loin de révéler l'existence de ces Barres d'une manière fatigante , pour notre auditoire , nous devons au contraire nous appliquer à lui cacher que cet échafaudage existe , comme on cherche à effacer les lignes qu'on a tirées pour s'aider à écrire droit ou dans les proportions.

28. L'à-plomb établi de gros en gros par la Mesure, doit recevoir ensuite plus de perfection du phrasé.

Qu'est-ce que le *Phrasé ?* Ce n'est pas seulement le *Cadencé* ; car le cadencé tient à faire discerner un antécédent d'un conséquent. Le Phrasé est l'art de subordonner, l'une à l'autre, toutes les propositions qui forment un même sens, de manière à ce qu'elles ne fassent qu'un tout. C'est l'art de l'ensemble pour chaque sens séparé de la Période.

29. Pour bien exécuter un Morceau, c'est peu de bien mettre ensemble les propositions qui composent chaque phrase en particulier ; il faut, de plus, subordonner les phrases et les périodes l'une à l'autre, et les mettre ensemble de manière à ce qu'elles ne forment elles-mêmes qu'un seul grand tout, car l'unité doit régner dans l'ensemble général comme dans chaque proposition prise à part.

Mais pour mettre de l'unité dans l'exécution, il faut d'abord qu'elle existe dans la composition.

Nous dirons quels sont les moyens par lesquels on parvient à cette unité lorsqu'il en sera tems. Nous n'irons pas plus loin ici, à cet égard, pour ne pas empiéter davantage sur ce qui doit suivre.

30. Quand un élève se perd dans une mesure à quatre tems doublés, telle que *fig.* A , *pl.* 32 , parce qu'elle est trop longue et parce qu'il n'en sent pas la *cadence*, on doit lui faire supposer qu'elle est écrite à deux tems doubles, comme *fig.* B , ou à deux tems simples, comme *fig.* C ou E, ou à quatre tems simples, comme *fig.* D , *pl.* 32. Ce qui doit

décider à employer l'une de ces différentes manières d'écrire le même Morceau plutôt que l'autre, c'est la sûreté et la commodité de l'exécution.

OBSERVATION.

Une Mesure renferme le plus souvent plusieurs propositions; on voit cependant quelquefois aussi une Proposition occuper plusieurs Mesures. La *fig.* EE, présente une proposition qui dure huit mesures; celles EEE en durent deux chacune. (*Pl.* 32.)

On sent la Musique, mais la sait-on ?

31. Personne encore ne s'est avisé de dire à un écolier : dans cette phrase d'*Haydn*, *fig.* A., *pl.* 32, qui forme l'hémistiche du premier vers de cet *Allegro vivace*, il y a huit propositions musicales qu'on pourrait écrire comme *fig.* C. Dans ces huit Propositions, les deux premières sont elliptiques, parce qu'elles n'ont pas d'antécédent : les cinq suivantes sont des Propositions ou Cadences simples; et la huitième est complexe, parce qu'elle est composée de trois notes. Cependant, si on n'a pas dit tout cela à l'élève, ou l'équivalent, on ne lui a pas enseigné cette phrase, on ne la lui a pas expliquée, analysée, on lui a seulement montré comme on l'exécute. On lui a dit : Je fais comme cela, ce qui est parler à son oreille, mais non à son jugement. On a donné l'exemple, bien ou mal; mais le précepte est encore à énoncer, et, cependant, sans préceptes, il n'y a pas de véritable enseignement. Je sais bien qu'on n'ignore pas, jusqu'à un certain point, la science des Accords ni celle du Contrepoint, mais jusqu'à ce que la Théorie de la

Musique soit au moins au niveau de la pratique, et jusqu'à ce qu'elle s'accorde en tout avec ce qui est bien dans les ouvrages de nos grands maîtres; enfin, jusqu'à ce que nous connaissions à fond depuis le premier jusqu'au dernier élément de la Musique, et l'art *raisonné* de les lier l'un à l'autre, pour en former un tout achevé, je dirai qu'on *sent* la Musique, mais qu'on ne la *sait* pas.

C'est au *tact, qui est le jugement des sens*, et au *raisonnement, qui est le tact de l'esprit*, tous deux perfectionnés par un long exercice, à nous donner cette théorie désirée; car rien n'est véritablement bien dans les beaux-arts que ce qui satisfait, à-la-fois, et le sentiment et la raison.

32. Pour terminer l'article des Mesures, nous dirons qu'on peut poser en principe que nous n'avons le sentiment de la Mesure qu'autant que nous savons distinguer l'antécédent du conséquent, le tems fort du tems faible; en un mot, le *cadencé*, soit machinalement, soit tout à-la-fois, et par le *tact naturel* et par la réflexion ou le raisonnement.

Celui qui est mal organisé pour la Musique, est celui qui n'en peut saisir le cadencé, ou celui qui ne peut apprécier la justesse des sons, soit en eux-mêmes, soit dans leur succession, soit dans leur ensemble, ou celui qui manque à-la-fois d'aptitude pour ces deux choses, qui constituent essentiellement l'art d'*Orphée*.

Quand un élève ne sent pas le Cadencé d'un *Adagio* à trois tems, tel qu'on en voit deux Mesures, *fig.* F, *pl.* 31, il faut supposer que chaque tems est une Mesure entière à deux tems, et que le Morceau est écrit, comme *fig.* G, *pl.* 31.

53. On ne peut diviser un Tems *en deux parties égales*, qu'autant que le Tems que l'on partage ainsi est celui d'une mesure à deux tems égaux, simples ou doubles, ou quadruples, ou celui d'une mesure simple à trois tems, comme les tems de la *fig.* I, *pl.* 32, sans quoi on détruirait le cadencé du Morceau, on le dénaturerait, comme le chimiste dénature ce qu'il décompose.

On ne peut donc diviser en deux parties les tems de la Mesure à six huitièmes de ronde $\frac{6}{8}$, parce que chacun des deux tems de cette mesure est triple, en lui-même, puisque la Mesure à $\frac{6}{8}$ est la réunion en une, de deux mesures à $\frac{3}{8}$. Par conséquent, chaque tems de cette mesure étant lui-même une mesure à trois tems égaux, il ne peut donc être divisé qu'en trois portions égales, ou en deux inégales, l'une une fois plus longue ou plus courte que l'autre.

Le vers musical qui compose la *fig.* H, *pl.* 32, ne peut donc être écrit régulièrement que de cette manière, ou comme *fig.* K ou *fig.* L, ou bien, en substituant trois noires ou trois blanches aux trois croches, ce qui ne change rien au fond de la chose, mais à la forme et pour nos yeux seulement.

54. Qu'arrive-t-il lorsqu'on écrit, comme *fig.* I, les quatre mesures qui composent la *fig.* H? Il arrive que les quatre mesures de la *fig.* I durent, proportions gardées, autant que six de la *fig.* H, et qu'en outre la plupart des notes, qui sont unies par le lien du mariage, font divorce pour se remarier avec d'autres, ce qui dénature l'Air, quoiqu'il reste composé des mêmes notes que la *fig.* H.

55. D'où il résulte qu'il y a trois choses distinctes qui constituent éminemment la Musique, considérée

seulement comme Mélodique et à une seule Partie ; savoir : les Sons, leur durée et leur mariage, ou la réunion de ces Sons en Propositions.

La *fig.* I, *pl.* 52, ne peut retracer exactement l'air de la *fig.* H, car ni la nature ni le nombre des propositions ne sont le même dans l'une et l'autre de ces deux figures, soit que l'on scande la *fig.* H comme *fig.* K ou comme *fig.* L.

Pourquoi la *fig.* H a-t-elle deux manières d'être scandée ou *propositionnée* ?

Parce que dans la mesure à deux tems inégaux, le conséquent peut être plus court ou plus long de moitié que l'antécédent, ce qui donne lieu à marier les notes de la *fig.* H comme il est indiqué par les chiffres qui sont dessus, ou comme il est indiqué par ceux de dessous, ou, ce qui revient au même, comme *fig.* K ou comme *fig.* L.

Dans la *fig.* K, l'antécédent est double, en durée, et en notes du conséquent dans les Propositions *sol ut ut*, *sol mi mi*, *ut sol sol*, qui sont les deuxième, troisième et quatrième du premier hémistiche, et dans la seconde proposition du deuxième hémistiche, *sol mi ré*.

Au contraire, dans la *fig.* L, les Propositions *ut ut sol* et *mi mi ut*, qui sont la troisième, la quatrième du premier Hémistiche, le Conséquent y est double de l'Antécédent et en notes et en durée, puisqu'il est composé de deux croches et l'antécédent d'une seule.

Pourquoi ces deux exemples, K et L, ne sont-ils pas dissemblables dans leurs propositions depuis le commencement jusqu'à la fin ? C'est qu'il en est qui sont conçues ou assises d'une manière qui ne laisse pas d'alternative ; telles que celles *fa si* et *ré ut*, qui sont la troisième et la quatrième du second Hémistiche de la *fig.* K comme de la *fig.* L.

Le *fa* étant une brève précédée d'une longue, il doit naturellement se lier avec la note suivante, et d'autant mieux, que ce *fa* se trouve sur le tems Levé, qui est la véritable place de l'antécédent : il en est de même de celle *ré ut*.

La *fig.* K offre pour première Cadence la Proposition *sol* qui est l'ellipse d'une cadence dont le conséquent est de moitié plus court que l'Antécédent, et semblable à celle de la *fig.* KK.

La *fig.* L présente l'ellipse d'une cadence complexe, dont l'antécédent est de moitié plus court que le Conséquent, et pareille à celle de la *fig.* LL.

La cinquième cadence du premier hémistiche, *fa mi*, est la même dans la *fig.* K que dans la *fig.* L ; c'est que le premier hémistiche, finissant au troisième tems, on est obligé, malgré que ce soit contre l'ordre habituel, de faire cadencer le second avec le troisième tems, parce que cet air est conçu de cette manière, et manque, en cet endroit, de régularité.

37. Quoique la *fig.* I ne rende pas exactement l'air de la *fig.* H, on peut néanmoins en faire usage telle qu'elle est, parce qu'elle n'a point d'irrégularité en elle-même, mais seulement relativement à l'air de la *fig.* H. Je dis qu'elle n'a point d'irrégularité en elle-même, parce que les propositions y sont régulièrement assises, et parce qu'elle est bien versifiée ; car chaque hémistiche y est composé de deux mesures. C'est un portrait qui manque de ressemblance avec l'original, mais qui, considéré à part et comme tableau, n'est point défectueux.

On demandera peut-être pourquoi le *fa* et le *si*, qui forment la troisième et la quatrième proposition du second hémistiche, forment deux propositions au lieu de n'en former qu'une simple, comme dans les exemples K et L. C'est la manière dont elles sont assises qui oblige à scander ainsi ces deux notes. Pour rendre la chose plus sensible, il faut supposer le Morceau écrit à $\frac{2}{4}$, comme *fig.* M; alors le *fa* se trouvant en frappant, il est tout simple qu'il ne cadence pas avec la note qui est sur le Levé qui suit. Mais pourquoi ce frappé ne cadence-t-il pas avec le Levé qui précède? Parce que le Levé qui précède remplissant toute la mesure, il est, dans la première partie de sa durée, conséquent de la proposition précédente *mi ré*, et n'est antécédent de la proposition *ré fa* que dans la seconde moitié; mais comme la seconde moitié de cette Note ne se fait pas entendre comme une Note séparée de la première moitié, comme *ré ré* ou *ré-é*, mais seulement comme prolongation assez faible de la première, elle n'est presque pas sentie, et d'autant moins, qu'il convient de respirer entre ce *ré* et le *fa* qui suit, et de ne faire même qu'une croche de cette noire. En conséquence, le *fa* s'isole totalement du *ré*, et forme une proposition elliptique : le *si* qui suit forme ce qu'on nomme une *Syncope*.

De la Syncope.

38. Je distingue trois sortes de *Syncopes :* la parfaite, l'imparfaite, et la demi-syncope.

La parfaite a lieu sur une Note qui est à elle seule, et sans ellipse, l'antécédent et le conséquent d'une

Proposition : c'est, si l'on veut, une quatrième espèce de Proposition musicale. Pour que la syncope
parfaite ait lieu, il faut qu'une note commence dans
un Levé et finisse dans un Frappé. Il en serait ainsi,
du moins, si chacune des propositions, qui contient
une mesure réelle, était séparée de sa voisine par
une Barre.

Telles sont les neuf *Syncopes* de l'exemple Q,
pl. 52, qui pourraient être écrites comme dans la
partie de dessous, *fig.* QQ ; celles de la *fig.* R, qui
pourraient être écrites comme dans celle RR et les
deux de la *fig.* S, comme celles de la *fig.* SS.

La *syncope imparfaite* est celle qui, semblable
aux quatre syncopes que présente la *fig.* T, désignées par les chiffres 1, 2, 3, 4, a lieu sur une Note
qui commence après un silence au second tems d'une
mesure à trois tems, et se prolonge dans tout le
troisième tems, ou seulement durant une Partie de
ce tems.

La *fig.* TT est là pour la preuve du syncopement
des notes qui sont désignées *fig.* T, par 1, 2, 3, 4.

La *demi-syncope* est celle qui est formée par une
Note qui, par la place qu'elle occupe dans la Mesure, ne peut laisser ignorer qu'elle est l'antécédent
d'une Proposition, et qui étant suivie d'un silence,
se trouve sans autre conséquent que ce silence même.
(Voyez *fig.* U, *pl.* 52, chaque Note y forme une
demi-syncope, sol, la, si, ut, ré, mi.) Chaque
note isolée qui n'est pas au premier tems de la mesure est réellement une *demi-syncope ;* telles sont
toutes celles de la *fig.* V, *pl.* 52.

59. On trouve encore dans la syncope une preuve
incontestable que toute Proposition ou Cadence mu-

sicale est une mesure réelle; car il ne peut y avoir de syncope sans un tems fort et un tems faible, ou, en d'autres termes, sans un antécédent et un conséquent; et dès qu'il existe un antécédent et un conséquent qui se suivent, il existe aussi une mesure; donc toute proposition est une mesure. C'est ce que prouvent aux yeux les exemples QQ, RR, SS, *pl.* 32.

CHAPITRE XXXIII.

De l'Unité de Ton et de Voix dans les Propositions et dans leur enchaînement.

39. Tout ce qui sort de l'Unité de Ton et de Voix blesse notre jugement. Il est inconcevable combien, à cet égard, la dialectique de notre ame est fine et déliée. Je dis la dialectique de notre ame et non la sensibilité, la finesse de notre oreille; car, comme j'ai déjà eu l'occasion de l'observer, ce n'est pas notre oreille qui répugne à telle suite ou à tel ensemble de notes, c'est notre ame elle-même; penser le contraire, ce serait admettre que nos sens sont le siége de la mémoire et du jugement; que nous avons cinq ames puisque nous avons cinq sens, et que chaque individu, comme le fut un moment la France, est gouverné par cinq directeurs, ce qui supposerait nécessairement que le Créateur, *qui est l'unité même*, en nous formant, ce serait montré aussi inconsidéré, aussi absurde que nos demi-anarchistes en nous donnant un *directoire* composé de

cinq membres égaux en puissance. La raison s'oppose à l'admission d'une semblable hypothèse ; car nous donner cinq sièges de jugement et de volonté, c'est placer cinq individus en un seul ; ce qui est pis que de faire de chacun de nous un monstre à cinq têtes, puisque l'unité morale est plus nécessaire encore à un animal que l'unité physique.

En effet, si sur cinq têtes qu'aurait un individu, il n'y en avait qu'une seule qui eût la faculté de juger et de commander, cet individu ne serait point un monstre au moral, puisque l'unité morale ne serait point détruite en lui ; il ne serait un monstre qu'au physique. Mais si au contraire les cinq têtes de cet être supposé pensaient et ordonnaient, les deux unités étant également détruites en lui, il serait alors un monstre au moral comme au physique. On sent que si un tel être existait, il serait continuellement tiraillé en sens contraire. C'est ce qui arrive dans tous les états où il y a plusieurs pouvoirs réels et rivaux ; et c'est-là précisément ce qui a fait le tourment des états républicains.

L'Histoire, autant que la théorie, nous démontre que si ces corps monstrueux en politique, que l'on nomme *aristocraties* et *démocraties*, ont pu jouir de quelque repos et de quelque bonheur, ce n'a jamais été que dans les tems où il s'est heureusement trouvé pour eux que sur toutes les têtes qu'avait le monstre aristocratique ou démocratique, une seule jugeait et ordonnait. D'où il faut conclure qu'une république est toujours un monstre ou surchargé de têtes inutiles et qui le défigurent, ou, ce qui est pis, de têtes qui mettent ce monstre continuellement en guerre avec lui-même. Osons enfin le dire après l'avoir long-tems pensé, le *Consulat français* lui-même aurait été une monstruosité en politique, telle que le serait en Musique l'admission de trois Toniques en un seul Ton, si la supériorité de pouvoir du premier Consul n'en avait, autant que possible, corrigé le vice. Mais pour le bonheur et la gloire de la France, cette difformité a disparu : un génie aussi actif que vaste et puissant, une volonté aussi ferme qu'éclairée, une tête capable de commander à l'univers, en un mot un chef digne de régner sur les Français, a enfin rétabli parmi nous l'unité politique, et *Napoléon le Grand*, prouve mieux que jamais aux hommes qu'il n'est qu'un seul véritable gouvernement, le monarchique.

Puisque l'Unité, le premier de tous les principes, s'oppose à ce que nous accordions à nos sens la faculté de se ressouvenir et de juger, nous devons penser que, semblables en quelque sorte aux conducteurs d'électricité, ils ne sont que des agens au moyen desquels notre ame est mise en communication avec les objets qui sont hors de nous et qui lui échapperaient sans cette heureuse entremise ; et de ce que notre ame est le seul juge en Musique comme en autre chose, il s'ensuit que ce qui est faux en Musique, comme en tout ce qui est du ressort du jugement, n'est que ce qui est inconséquent et déraisonnable. D'où nous concluons que la Musique doit avoir une logique. Elle en a une en effet, et nous allons en développer les principes dans les chapitres qui vont suivre.

CHAPITRE XXXIV.

De la Logique de la Musique.

40. Comme la Logique proprement dite, la *Logique de la Musique* est l'art de former des Propositions, et de les lier entre elles pour en composer des phrases, des périodes et des discours ou Morceaux.

41. Les élémens du discours sont les Propositions.

Les élémens des Propositions sont les cordes.

Une corde ou un son est donc un premier élément en Musique.

42. Les cordes qui composent dans chaque Ton le grand système musical pratique, sont au nombre de vingt-sept, lesquelles, au moyen du *Tempérament*, se réduisent à douze. C'est ce que tout le monde a ignoré jusqu'ici; car personne avant nous n'avait su développer le grand système musical.

43. Trois sortes de cordes composent le *grand système musical*, les diatoniques, les chromatiques et les enharmoniques.

44. Les *Cordes diatoniques* sont au nombre de sept : ces sept notes en *ut* majeur comme en *la* mineur, sont en montant de quinte, *fa, ut, sol, ré, la, mi, si*, et en descendant *si, mi, la, ré, sol, ut, fa*.

45. Les *Cordes chromatiques*, sont au nombre de dix : cinq ascendantes, *fa* ut* sol* ré* la**, et cinq descendantes *si♭ mi♭ la♭ ré♭ sol♭*.

46. Les *Cordes enharmoniques* sont pareillement au nombre de dix, cinq ascendantes : *mi*✳ *si*✳ *fa*⁺ *ut*⁺ *sol*⁺, et cinq descendantes : *ut*♭ *fa*♭ *si*♭♭ *mi*♭♭ *la*♭♭.

47. Total, vingt-sept Cordes qui forment seize quintes ascendantes ou seize quartes descendantes, (1) *fa ut sol ré la mi si*, *fa*✳ *ut*✳ *sol*✳ *ré*✳ *la*✳, *mi*✳ *si*✳ *fa*⁺ *ut*⁺ *sol*⁺.

Seize quintes descendantes ou seize quartes ascendantes, *si mi la ré sol ut fa*, *si*♭ *mi*♭ *la*♭ *ré*♭ *sol*♭, *ut*♭ *fa*♭ *si*♭♭ *mi*♭♭ *la*♭♭. (Voyez les *fig.* A et B *pl.* 34.)

48. Les cordes diatoniques sont les cordes fondamentales, les seules absolument nécessaires pour établir un Ton et composer un discours musical quelconque. Les cordes chromatiques ne sont chromatiques que par leur co-existence dans le même Ton avec les diatoniques ; comme les enharmoniques ne sont enharmoniques que par leur co-existence dans le même Ton avec les cordes diatoniques et avec les chromatiques.

49. Il n'y a que dix cordes chromatiques, parce que dans le Genre diatonique il n'y a que cinq intervalles d'un ton en montant, et cinq en descendant.

Par le moyen des cordes chromatiques qui s'intercallent entre ces cinq tons, l'octave se trouve toute divisée en semi-tons.

---

(1) C'est pour me conformer aux idées plus généralement reçues, que j'ai représenté ces vingt-sept cordes comme formant seize quintes, mais il est plus exact, *dans le système des tétracordes*, de les placer à la quarte l'une de l'autre, et de prendre en descendant ce qui est en montant.

50. Le *genre enharmonique ne procède pas par quart de ton, comme on le dit communément*, car le quart de ton n'est pas un intervalle musical (1); il n'y a en Musique que des semi-tons; les enharmoniques sont un peu plus petits que les chromatiques, et ceux-ci un peu plus petits que les semi-tons diatoniques, mais la différence des uns aux autres est si peu considérable, que quoiqu'il n'y ait sur tous les instrumens *tempérés*, tels que le Piano-forte, l'Orgue et autres, qu'une seule espèce de semi-tons, on ne laisse pas que d'y pratiquer les trois genres, comme on peut le voir par l'exemple C, *pl.* 34.

51. Les cordes diatoniques peuvent, sans sortir de l'unité de Ton, former entre elles des propositions *conjointes*, ascendantes ou descendantes, et chaque corde diatonique peut être l'antécédent ou le conséquent d'une de ces propositions.

Par exemple, *ut* peut être l'Antécédent de la Proposition *ut ré* ou de celle *ut si*, et le conséquent de celle *si ut* ou de celle *ré ut*.

52. Les cordes chromatiques, au contraire, ne peuvent former entre elles des Propositions *conjointes*, sans déraisonnement. C'est pourquoi dans l'exemple C, *pl.* 34, il n'y a pas une seule proposition chromatique qui n'ait pour antécédent ou pour conséquent une corde diatonique.

---

(1) Les théoriciens trouvent commode de supposer que le genre enharmonique procède par quart de Ton, mais pour peu qu'ils fussent musiciens, ils se hâteraient bientôt de renoncer à une telle erreur, si on les régalait d'une Musique en quarts de ton.

53. Dans toute proposition conjointe, une corde qui appartient au *chromatique ascendant* doit avoir pour conséquent la corde diatonique qui est un semi-ton au-dessus, ou elle doit en être le conséquent.

Ainsi, en *ut* majeur, *fa*✕ a pour conséquent le *sol* dans la proposition *fa*✕ *sol* et il en est le conséquent dans la proposition *sol fa*✕.

54. Dans toute proposition conjointe, une corde qui appartient au *chromatique descendant* doit avoir pour conséquent la corde diatonique qui est un semi-ton au-dessous, ou elle doit en être le conséquent: comme, en *ut* majeur, *si*♭ *la*, *la si*♭.

55. Dans toute proposition conjointe, une corde qui appartient à l'*enharmonique ascendant* doit avoir pour conséquent la corde chromatique qui est un semi-ton au-dessus, ou doit en être le conséquent : en *ut* majeur *fa*⁺ *sol*✕ *sol*✕ *fa*⁺.

56. Dans une proposition conjointe, une corde qui appartient à l'*enharmonique descendant* doit avoir pour conséquent la corde chromatique qui est un semi-ton au-dessous, ou elle doit être le conséquent de cette corde : en *ut* majeur, *si*♭♭ *la*♭, ou *la*♭ *si*♭♭.

Observation. L'*enharmonique descendant* n'est point en usage, parce qu'au moyen du Tempérament on y substitue le chromatique ascendant qui est plus naturel, puisqu'il est plus près du diatonique.

Application des règles précédentes.

Dans la *fig.* D, *pl.* 34, la proposition chromatique *ut*✕ *ré*✕ est fausse, puisque l'*ut*✕ qui doit avoir pour conséquent le *ré* diatonique a le *re*✻ chromatique. Ce *re*✻ est donc un déraisonnement, une faute de logique (53).

Dans la même figure, la Proposition *mi*ᵇ *re*♮, où le *mi*ᵇ chromatique a *re*ᵇ pour conséquent, est pareillement une faute, puisque ces deux cordes sont chromatiques et conjointes (54).

Dans la *fig*. E, la dernière Proposition *si*✻ *la*✻ est un déraisonnement, car le conséquent du *si*✻ enharmonique est l'*ut*✻ chromatique et non le *la*✻, puisque toute corde enharmonique ascendante doit être l'Antécédent de la corde chromatique qui est un semi-ton au-dessus, ou en être le Conséquent (55).

Toutes ces fautes sont des déraisonnemens, par ce que la conséquence de chacune de ces Propositions est fausse, et elle est fausse parce qu'elle sort de l'Unité de Ton.

57. Quand on ne compose qu'à une seule Partie, on n'est pas plus libre de faire succéder telle proposition à telle autre, que quand on compose à plusieurs. On doit dans tous les cas être conséquent et s'asservir à la logique musicale. Ceux qui croient pouvoir imaginer des chants à leur fantaisie, ignorent qu'ils sont conduits par cette logique qui est pour ainsi dire innée en nous, et qui est la raison et le jugement à l'égard des sons.

58. Il n'est pas nécessaire que les Notes qui sont naturellement en harmonie, frappent simultanément pour former un accord. Elles peuvent non-seulement former cet accord en se faisant entendre l'une après l'autre, mais même lorsqu'on fait entendre successivement aussi les Notes intermédiaires entre celles qui sont en harmonie.

Pour entendre l'accord que forme la tierce *ut mi*, il n'est donc pas nécessaire que ces deux notes frappent à-la-fois ou immédiatement l'une après l'autre comme *ut mi*, mais le *ré* peut même se faire entendre entre deux sans détruire cette harmonie naturelle, comme dans la *fig.* F.

59. Cette faculté naturelle s'étend à toutes les notes qui peuvent se mettre en Harmonie. La Gamme *ut ré mi fa sol la si ut* qui est défectueuse comme Gamme mélodique élémentaire, ne l'est point comme remplissage mélodique de l'accord *ut mi sol ut*.

60. Il y a deux sortes de remplissage, l'harmonique qui consiste à compléter un accord, et le mélodique qui consiste à remplir par les notes intermédiaires l'intervalle qu'il y a entre deux notes harmoniques.

Le remplissage mélodique est diatonique ou chromatique. Il est diatonique quand on ne se sert que des cordes diatoniques, et il est chromatique quand on se sert des cordes chromatiques conjointement avec les diatoniques. Pour mettre plus de précision dans les termes, nous appellerons ce dernier remplissage diatono-chromatique, car on ne peut jamais supprimer le diatonique ; c'est le seul véritable genre de Musique : les deux autres n'en sont que les nuances plus ou moins rapprochées.

61. Deux cordes de remplissage de suite, ne détruisent pas l'Harmonie, puisque dans *ut ré mi fa sol la si ut*, *fig.* G, *pl.* 34, les notes de remplissage *la* et *si* ne détruisent pas l'Harmonie qui existe entre le *sol* et l'*ut*.

62. Mais deux notes de remplissage qui ne seraient pas suivies d'une note d'Harmonie, comme *la si* dans

la *fig*. H, sont une faute, puisque cet exemple présente le faux accord *ut mi sol si* où se trouve la septième majeure qui n'est point harmonique, et ne peut par conséquent former un accord.

C'est alors que le troisième ton plein de suite, sort de la voie musicale. Cette voie se termine ici à *la*. Il faut donc mettre un *sol* à la place du *si* qui sort de cette voie, ou, si on veut la prolonger, cette voie musicale, il faut faire le *si♭*, comme *fig*. I, *pl*. 34.

63. Si l'on regardait *si la sol fa mi re* comme l'accord *si sol fa ré*, remplis mélodiquement, l'exemple H ne serait-il pas régulier? Non, puisque le *si* ne serait pas suivi de sa note conséquente qui serait alors *ut*. D'après cela, l'exemple K est donc fautif. Pour le rendre très-régulier il faudrait, dans les six premières croches, substituer *ut* à *la*; et, dans les six dernières, faire *fa mi ré* à l'octave au-dessus, ainsi que le dernier *ut*, et comme *fig*. L. Alors le *si* serait préparé par l'*ut* qui le précède, et sauvé (1) par celui qui termine l'exemple, car il faut bien faire attention qu'il reste dans l'oreille jusques-là. Semblable à une proposition principale, qui est coupée par plusieurs propositions incidentes, le *si* se trouve en cet exemple séparé de l'*ut* qui est son conséquent.

Section II.

64. Le plus petit intervalle mélodique est le semiton, le plus grand est le ton.

---

(1) Quoique je n'approuve pas l'expression *sauver*, je m'en sers de tems en tems parce que c'est celle qui est en usage.

65. Le plus petit intervalle Harmonique est la seconde majeure, le plus grand la neuvième majeure.

66. Dans un Chant, les Propositions sont *Mélodiques* ou *Harmoniques*. Elles sont Mélodiques quand l'Antécédent n'est qu'à un semi-ton du conséquent. Comme *si ut*, *ut si*, *mi fa*, *fa mi*, parce que le semi-ton ne forme jamais un intervalle harmonique.

67. Quand l'Antécédent est à un ton du Conséquent, la Proposition peut être Mélodique ou Harmonique. Mélodique, si les deux notes qui forment une seconde majeure ne se trouvent pas dans le même accord. Ainsi, lorsque sur l'accord *ut mi sol* un chant fait *sol*, *la sol*, *la sol*, ou *ut*, *ré ut*, *ré ut*, ou *mi*, *fa mi*, *fa mi*, la proposition est mélodique. Mais quand *sol fa*, *sol fa*, se font entendre sur l'accord *sol si ré fa*, alors la Proposition est Harmonique, parce que le *sol* et le *fa* sont tirés de l'accord *sol si ré fa*.

68. Il y a des intervalles qui ne sont ni Mélodiques ni Harmoniques, tel est la septième majeure, comme *ut si*, la quarte superflue, comme *ut sol**, la quarte mineure, comme *ut* fa*, la tierce maxime, comme *ut mi**, et la septième superflue *ut si**. Ces intervalles ne peuvent sans déraisonnement s'employer dans une même proposition, mais seulement en passant d'un conséquent à l'antécédent de la Proposition qui suit, comme dans *si ut*, *sol* la*, où l'on passe d'*ut* à *sol**, mais non pas dans la même Proposition, car l'une de ces deux notes ne peut être le conséquent de l'autre.

CHAPITRE XXXV.

De la Basse-continue.

69. Toutes les Parties sont astreintes aux lois de la Logique, mais le Dessus et la Basse, en leur qualité de Parties principales, sont soumis en outre à quelques règles particulières. De ces règles, les unes regardent l'ensemble du Dessus avec la Basse, les autres concernent la Ponctuation naturelle de la Musique.

Avant d'entrer plus amplement en matière, écoutons l'immortel J.-J. Rousseau parler de la Basse-continue : il dit :

« Après avoir exposé sommairement la manière
» de composer une Basse-fondamentale, il resterait
» à donner les moyens de la former en Basse-conti-
» nue ; et cela serait facile, s'il ne fallait regarder
» qu'à la marche diatonique et au beau Chant de
» cette Basse. Mais ne croyons pas que la Basse,
» qui est le guide et le soutien de l'Harmonie, l'ame
» et pour ainsi dire l'interprète du Chant, se borne
» à des règles si simples ; il y en a d'autres qui
» naissent d'un principe plus sûr et plus radical, prin-
» cipe fécond, mais caché, qui a été saisi par tous
» les artistes de génie, sans avoir été développé par
» personne. Je pense en avoir jeté le germe dans
» ma lettre sur la Musique française. J'en ai dit assez
» pour ceux qui m'entendent, je n'en dirai jamais
» assez pour les autres ».

Voilà ce qui s'appelle éluder la question avec esprit,

mais il y a dans cette manière de faire plus de finesse que de bonne foi. On sent bien que cet auteur qui a traité dans tous ses détails l'article Copiste de Musique, n'aurait pas manqué, s'il avait cru s'en bien tirer, de traiter avec plus d'étendue encore l'article Basse-continue dont il sent si bien l'importance.

« *Il serait facile*, dit notre philosophe, *de don-* » *ner les moyens de transformer une Basse-fon-* » *damentale en Basse-continue, s'il ne fallait re-* » *garder qu'à la marche diatonique et au beau* » *chant de cette Basse. Mais ne croyons pas que* » *la Basse qui est le guide et le soutien de l'Har-* » *monie, l'ame et pour ainsi dire l'interprête du* » *chant, se borne à des règles si simples.* »

Si ces règles étaient si simples que le prétend Rousseau, quelqu'un avant ou après lui les aurait tracées sans doute; mais puisque ni lui ni personne ne s'en est encore avisé, il faut croire que cela est beaucoup moins facile que ne feint de le croire celui qui en parle ainsi. La Basse n'est pas non plus l'interprête du Chant, mais l'un de ses interprêtes, car chaque Partie en est un. C'est l'Harmonie qui est l'interprête du Chant, ou pour mieux dire *c'est elle qui en modifie et détermine la signification* (1). Nous convenons avec Rousseau que pour qu'une Basse-continue soit bonne, il ne suffit pas qu'elle soit chantante, car ce n'est là qu'une des qualités qui peuvent la rendre agréable et intéressante; ce qui la rend véritablement bonne, c'est son parfait accord

____

(1) C'est ce qui sera bientôt suffisamment développé.

avec le chant, et comme harmonie et comme expression.

« *Il y a d'autres règles*, continue-t-il, *qui nais-*
» *sent d'un principe plus sûr et plus radical, prin-*
» *cipe fécond, mais caché, qui a été senti par*
» *tous les artistes de génie, sans avoir été déve-*
» *loppé par personne.* »

Oui, l'instinct musical a tenu souvent lieu du
savoir aux hommes de génie pour leur faire trouver
la vraie Basse, mais quelquefois aussi elle leur est
échappée, ainsi que beaucoup d'autres choses non
moins essentielles, et leur ignorance a percé à travers
leur génie; et Rousseau lui-même, malgré qu'il parle
ici de la Basse-continue avec l'éloquente chaleur qui
lui est propre, n'a pu nous cacher dans son *Devin
du Village* qu'à cet égard il n'était pas sorcier.

70. *Ce principe radical, fécond, mais caché, qui
n'a été développé par personne*, ce principe que
l'on cherche encore, c'est l'*Unité.*

Que l'on ajoute une Basse à un Chant, ou que l'on
y ajoute deux, trois, quatre Parties, plus ou moins,
il faut toujours que ces deux ou trois ou quatre Parties forment un tout et un seul tout.

Mais comment faut-il s'y prendre pour arriver à
ce but; voilà ce que l'instinct et le tâtonnement ont
fait trouver à bien des gens, mais c'est sur quoi personne n'a encore assis de principes ni déduit de conséquences, et c'est cette tâche que nous avons à
remplir ici.

71. Quand deux parties marchent à-la-fois, elles forment entre elles des accords ou intervalles; cela posé,
il suit que s'il y avait un intervalle ou accord qui fût

assez un pour que deux Parties différentes qui chemineraient à cet intervalle l'une de l'autre, ne formassent qu'un seul et même tout, on aurait résolu le problème.

Est-il un intervalle semblable? Oui, et c'est l'Octave. La nature nous a même épargné toute espèce de recherche à cet égard, en conformant les femmes et les enfans de manière qu'ils chantent naturellement à l'Octave des hommes faits, quand ils croyent chanter à l'unisson de ceux-ci. Dans cette conformation, on doit reconnaître l'une des intentions bienfaisantes de la nature, dont le dessein est visiblement d'établir par-là une harmonie vocale et douce entre les sexes et les âges.

L'Octave est donc la consonnance la plus parfaite, parce que c'est celle qui a le moins de *binité*, qui est le moins deux possible, et par conséquent celle qui a le plus d'Unité.

72. Mais l'*octave* a-t-elle toute la *variété* que peut comporter l'*Unité*? N'y a-t-il pas un intervalle qui soit suffisamment un pour que deux Parties puissent marcher parfaitement à cet intervalle, et ne former qu'un tout, mais un tout qui ait un peu plus de *binité* ou de variété que l'*octave*?

Oui, et cet intervalle est la *double octave*, ensuite la *triple octave*, mais en faisant abstraction des octaves de l'octave, c'est la Tierce qui est l'intervalle que nous cherchons ici, mais ce n'est qu'au dépens d'une portion de l'Unité que l'on peut la substituer à l'octave. Mais est-ce la tierce majeure ou la tierce mineure que l'on peut continuellement employer sous un Chant? Ni l'une ni l'autre exclusivement, mais l'une et l'autre dans l'ordre où elles sont placées dans la voie musicale, telle, en *ut* majeur diatonique, que $\frac{\text{si ut ré mi fa sol la}}{\text{sol la si ut ré mi fa}}$, où l'on ne trouve pas deux tierces majeures diatoniques de suite, qui y détruiraient l'Unité, mais bien deux tierces mineures et non pas trois.

73. A supposer que lassé des Octaves et des Tierces, comme le confesseur de Louis XIV l'était de manger toujours des perdrix, l'homme cherchât encore une consonnance plus variée que la tierce, quelle est celle qu'il trouverait?

La Sixte, qui est le renversement de la Tierce.

A l'égard des sixtes la voie musicale est renversée, elle est alors $\frac{\text{sol la si ut ré mi fa}}{\text{si ut ré mi fa sol la}}$, où l'on voit qu'il n'y a point deux sixtes mineures de suite, comme il n'y a pas deux tierces majeures de suite dans la voie musicale directe.

74. Rassasié d'octaves, de tierces majeures ou mineures, de sixtes mineures ou majeures, si l'homme, qui désire sans cesse, demandait à la nature une quatrième consonnance, l'obtiendrait-il? Non. Mais la *quinte* que l'on dit être *une consonnance parfaite*, qu'en faites-vous donc? Ce qu'elle est, la tierce de la tierce, et ne consonnant absolument qu'avec elle ou avec l'octave de cette tierce.

Pour se convaincre que la Quinte n'est pas une consonnance, il n'y a qu'à essayer de faire marcher deux Parties à cet intervalle l'une de l'autre, comme $\frac{\text{sol la si ut ré mi la}}{\text{ut ré mi fa sol la si}}$, et alors ceux qui ne sentent pas son défaut d'Unité quand une seule quinte se fait entendre, reconnaîtront indubitablement ce défaut, en entendant une série de ces Quintes.

En effet, cela n'est pas consonnant du tout.

Qu'est-ce donc qui a pu faire dire à tant d'habiles

gens que la Quinte est une consonnance, et une consonnance parfaite ? C'est qu'ils n'ont considéré la quinte que dans l'accord parfait. Ils ont dit : tout ce qui est dans l'accord parfait est consonnant; la quinte est dans l'accord parfait, donc la quinte est consonnante; et appliquant le même dilemme à la *quarte*, ils ont également conclu que la *quarte* est consonnante, puisqu'elle fait partie de tout accord parfait dont la note fondamentale est doublée par son octave, comme dans *ut mi sol ut*.

Voilà ce qui fait connaître comment la quinte et la quarte ont été mises au rang des consonnances; mais comment se fait-il qu'elles soient placées parmi les consonnances parfaites ? Voici par quel raisonnement on a été conduit à affirmer cette seconde erreur. On s'est dit : l'octave est une consonnance parfaite, parce qu'elle ne varie point en mineure et en majeure comme le font la tierce et la sixte, donc la quinte et la quarte, qui ne peuvent varier sans cesser d'être admissibles dans un accord parfait, sont aussi des consonnances parfaites.

Dans ce raisonnement ou syllogisme, ainsi que dans le précédent, ce n'est pas la proposition secondaire ni la conséquence qui sont fausses, mais c'est la proposition principale; car, ce n'est pas parce qu'un intervalle entre dans la composition d'un accord parfait qu'il est consonnant, il n'est tel qu'autant que deux Parties peuvent marcher ensemble à cet intervalle sans former deux touts séparés, qu'autant qu'ils ne forment qu'un seul et même tout.

Ce n'est pas non plus parce qu'un intervalle n'a qu'une manière d'être consonnant, qu'il forme *une consonnance parfaite*, il n'est tel qu'autant

qu'il est employable par-tout sans variation de mineur et de majeur; c'est-à-dire que l'octave n'est une
consonnance parfaite que parce qu'on peut faire
marcher deux Parties à cet intervalle, à cette distance
l'une de l'autre, aussi long-tems qu'on le juge à-propos, sans qu'on ait besoin de prendre tantôt l'octave
majeure, tantôt l'octave mineure, chose qu'on est
obligé de faire à l'égard de la tierce et de la sixte,
selon l'endroit de la voie musicale où l'on est, sans
quoi l'on sortirait du Ton, et l'on déraisonnerait.

La quinte n'est pas même une consonnance imparfaite, puisqu'en la prenant tantôt majeure, tantôt
mineure, on ne peut faire marcher deux Parties à
cet intervalle, sans qu'elles ne forment deux touts séparés et distincts.

La quarte est encore moins une consonnance,
puisque les deux touts que forment deux Parties
qui marchent à cet intervalle, sont encore plus distincts que ceux qui résultent d'une suite de quintes
par degrés conjoints ou disjoints.

Vous niez donc que l'accord parfait dont la
quinte et la quarte font partie, soit un accord parfait?
Non. Mais si vous ne niez pas cela, vous admettez
donc des dissonnances dans l'accord parfait? Pas davantage. Mais comment se fait-il que la Quinte et
la Quarte qui ne sont pas consonnantes, se trouvent
dans l'accord parfait sans qu'il y ait de dissonnances
dans cet accord? C'est que la Quinte n'y est pas
comme Quinte, mais comme Tierce de la Tierce,
et que la Quarte n'y est pas non plus comme Quarte,
mais comme Octave de la note fondamentale de
l'accord.

Ainsi dans *ut mi sol ut*, *sol* n'y est pas comme

Quinte d'*ut* mais comme Tierce de *mi*, et l'*ut* d'en haut n'y est pas non plus comme quarte du *sol* au-dessous, mais comme Octave de l'*ut* d'en bas.

75. Il est évident qu'il n'y a que trois intervalles consonnans, mais ne peut-on employer dans la Musique que des consonnances, et le besoin de varier ses plaisirs ne peut-il trouver un aliment dans l'emploi des intervalles dissonnans ? Assurément. Tous les intervalles, soit diatoniques, soit chromatiques, soit enharmoniques, soit consonnans, soit dissonnans que fournit le grand système musical, peuvent être mis en usage, même dans la composition à deux Parties; mais pour ne pas blesser l'Unité dans cet emploi, il faut bien connaître la nature de chaque intervalle.

Section III.

Nouveau coup-d'œil sur les Intervalles.

76. Les intervalles sont harmoniques ou mélodiques.

77. Les intervalles harmoniques sont directs ou renversés.

78. Les intervalles harmoniques directs, sont la tierce majeure ou mineure, la quinte majeure ou mineure, la septième mineure ou diminuée, la neuvième majeure ou mineure.

79. Les intervalles harmoniques indirects ou renversés à l'octave au-dessous, sont la sixte mineure ou majeure, qui est le renversement de la tierce

majeure ou de la tierce mineure ; la quarte majeure, la superflue, renversement de la quinte majeure ou mineure ; la seconde superflue et la seconde majeure, l'une, renversement de la septième diminuée, l'autre de la septième mineure.

80. La neuvième ne se renverse pas, vu qu'elle n'est harmonique qu'en sa qualité de neuvième. Elle perd cette qualité en se renversant, parce qu'alors il y a trois notes conjointes de suite, car *sol fa la* renversés, donnent *fa sol la*, qui détruisent toute espèce d'harmonie et d'accord, et forment une cacophonie.

81. Plus un intervalle harmonique non renversé est grand, et moins il est consonnant. On fait ici abstraction de l'octave, comme dépassant les limites du système, et le recommençant dans un cercle plus petit : les tierces sont donc plus consonnantes que les quintes, les quintes moins dissonnantes que les septièmes, les septièmes moins dissonnantes que les neuvièmes.

82. Tout intervalle dissonnant qui est renversé, est plus dissonnant que pris dans l'ordre direct de la génération harmonique.

Le triton est plus dissonnant que la fausse quinte, la seconde majeure plus dissonnante que la septième mineure, la quarte juste plus inconsonnante que la quinte juste.

83. Pour former un accord consonnant de deux notes, il faut que ces deux notes soient prises dans l'intervalle harmonique direct le plus petit, à moins que l'accord ne soit renversé. Le seul accord consonnant de deux notes est donc la tierce majeure

ou la tierce mineure. La sixte en est le renversement.

Le seul véritable accord dissonnant, composé de
deux notes, est la fausse quinte, parce que c'est le
seul intervalle dissonnant non renversé qui soit aussi
petit. Son renversement est le triton.

La septième diminuée et son renversement, sont,
après la fausse quinte et son renversement, l'intervalle dissonnant qui a le plus d'ensemble, mais cependant il ne forme qu'un demi-accord, parce qu'il
y a la fausse quinte entre cet intervalle. La septième
mineure et son renversement sont, après ces intervalles dissonnans, ceux qui ont le plus d'ensemble.

Après celui-ci vient la sixte superflue, qui ne se
renverse pas, vu que la tierce diminuée est amphibologique, et se confond avec la seconde majeure.

84. Les Dissonnances harmoniques non accompagnées d'autres intervalles qui exigent une préparation, et qui ne peuvent se faire entendre en débutant, sont la seconde majeure, la seconde superflue,
le triton, la sixte superflue et la neuvième majeure
ou mineure.

La seconde majeure comme manquant d'unité et
formant une sorte de cacophonie, *fig*. A *pl*. 55.

La seconde superflue, comme présentant une tierce
mineure, quand rien ne la précède ou l'accompagne, *fig*. B et B *pl*. 35.

Le triton, parce qu'il se prend naturellement pour
une fausse quinte, quand ce qui précède ou l'accompagne ne prouve pas qu'il est un triton. *Fig*.
D et D.

La sixte superflue, parce qu'elle se prend naturellement pour une septième mineure, quand ce qui précède ne prouve pas le contraire. Voyez *fig.* E et E.

La neuvième, parce qu'elle a trop peu d'Unité pour former un demi-accord, *fig.* F *pl.* 35.

85. La septième diminuée doit s'éviter aussi en débutant, parce qu'on la croit naturellement une sixte majeure, comme *fig.* G et G.

86. Cependant, quand les Notes sont de peu de durée, il n'y a guères parmi les intervalles harmoniques que les secondes, les neuvièmes et les quartes justes que l'on doive toujours s'interdire en débutant.

Le triton, la septième diminuée et la sixte superflue peuvent, à la rigueur, s'employer pour premier Accord, ainsi que la quarte juste.

87. Les intervalles extra-harmoniques ne s'emploient que comme notes intermédiaires, comme *remplissage mélodique*, ou comme Préparation mélodique d'un intervalle harmonique.

CHAPITRE XXXVI.

Suite sur la Basse-continue et la Composition en général.

88. Que l'on ait une Basse à faire sous un Dessus, ou un Dessus sur une Basse ou une Partie inférieure quelconque sous une supérieure, ou une supérieure sous une inférieure, il faut, pour que cette Partie soit bien faite, qu'elle s'accorde avec celle qui l'accompagne ou qu'elle accompagne. Si l'octave avait autant de Variété qu'elle a d'Unité, il n'y aurait rien

de si aisé que de faire une Partie sur ou sous une autre, puisqu'il suffirait d'y joindre l'octave pour y faire un accompagnement parfait.

N'est-il pas aussi facile d'y ajouter la tierce ou son renversement la sixte, intervalles délicieux qui joignent une aimable Variété à une dose d'Unité suffisante? Non, cela n'est pas tout-à-fait aussi facile, parce que la Modulation exige que l'on emploie tantôt l'une, tantôt l'autre.

C'est donc là ce qui fait que ceux qui font un second Dessus d'oreille se trompent de tems en tems dans leur accompagnement à la tierce ou à la sixte? — Précisément : ils continuent la tierce où il faudrait prendre la sixte, ou la sixte où il faudrait prendre la tierce.

Par exemple, *fig.* A, *pl.* 56, si l'on mettait la tierce *la* sous les deux premiers *ut*, on ferait penser que le Morceau est en *la* mineur, ce qui serait un tort, puisque cet Air est en *ut* majeur. Ce tort serait plus grand encore si l'on terminait cet exemple par ⅞, puisqu'on ne peut terminer un Morceau que sur l'accord de la Tonique, sauf quelques exceptions dont je fais ici pleinement abstraction.

89. Où faut-il quitter la *tierce* pour prendre la *sixte*, ou la sixte pour prendre la *tierce*? Cette question, qui paraît toute simple à résoudre, est d'une assez grande difficulté, parce qu'elle en renferme plusieurs. Pour y satisfaire, il faut préalablement que nous établissions quelques vérités dont découle la réponse à cette question.

Quoiqu'un Chant soit susceptible de porter sur différens accords, il est une interprétation harmonique de ce chant qui est la plus simple de toutes. Il résulte de là qu'à mesure qu'on s'éloigne de cette interprétation, on s'écarte d'autant du naturel et de la simplicité.

90. Ce qui constitue principalement un Ton majeur, c'est, 1°. l'accord parfait de la Tonique, 2°. celui de la Dominante, 3°. l'accord de septième de cette Dominante, 4°. l'accord parfait de sa quatrième note, 5°. l'accord imparfait de la note sensible, 6°. l'accord de septième de la note sensible, 7°. l'accord parfait de la seconde note, 8°. l'accord de septième de la seconde note, 9°. l'accord parfait de la sixième note, 10°. l'accord de septième de la sixième note, 11°. l'accord parfait de la troisième note, 12°. l'accord de septième de la troisième note.

91. Donc en *ut* majeur, l'interprétation harmonique la plus naturelle de la note *ut* est *ut mi sol*.

Ce qu'il y a de plus simple après cette interprétation, c'est de faire dériver cet *ut* 1°. de *fa la ut*, 2°. de *ré fa la ut*, 3°. de *la ut mi*, 4°. de *la ut mi sol*.

Ré dérive 1°. de *sol si ré*, 2°. de *sol si ré fa*, 3°. de *si ré fa*, 4°. de *si ré fa la*, 5°. de *ré fa la*, 6°. de *ré fa la ut*, 7°. de *mi sol si ré*.

Mi dérive 1°. d'*ut mi sol*, 2°. de *la ut mi*, 3°. de *la ut mi sol*, 4°. de *mi sol si*, 5°. de *mi sol si ré*.

Fa dérive 1°. de *sol si ré fa*, 2°. de *fa la ut*, 3°. de *si ré fa*, 4°. de *si ré fa la*, 5°. de *ré fa la*, 6°. de *ré fa la ut*.

Sol dérive 1°. d'*ut mi sol*, 2°. de *sol si ré*, 3°. de *sol si ré fa*, 4°. de *mi sol si*, et 5°. de *mi sol si ré*.

La dérive 1°. de *fa la ut*, 2°. de *si ré fa la*, 3°. de *ré fa la*, 4°. de *ré fa la ut*, 5°. de *la ut mi*, 6°. de *la ut mi sol*.

Si dérive 1°. de *sol si ré*, 2°. de *sol si ré fa*,

3°. de *si ré fa*, 4°. de *si ré fa la*, 5°. de *mi sol si*, 6°. de *mi sol si ré*.

Observation. On peut s'étonner que je fasse deux accords différens de *si ré fa* et de *sol si ré fa*, car, dira-t-on, *si ré fa* n'est qu'une portion de *sol si ré fa* : on pourrait le croire ainsi, mais ce serait à tort, car il est bien des occasions où l'accord de septième de la Dominante ne peut être substitué à l'accord imparfait de la note sensible.

92. D'après ce qui vient d'être établi sur l'interprétation harmonique de chaque corde diatonique de la Gamme, il suit que la Basse la plus naturelle à placer sous le Dessus de la *fig.* A, *pl.* 36, est celle que nous y avons mise, car puisque *sol* vient 1°. d'*ut mi sol*, mettre un *mi* sous ce *sol* c'est bien le faire dériver d'*ut mi sol*. — Pourquoi n'y pas mettre un *ut*? Ce serait bien plus positivement le faire sortir d'*ut mi sol*, car *ut sol* désignent bien mieux *ut mi sol* que *mi sol*. Il est vrai qu'*ut sol* désignent mieux *ut mi sol* que *mi sol*, mais dans la composition à deux Parties, *on doit s'abstenir de l'emploi de la quinte* comme ne formant pas un accord qui ait suffisamment d'unité. D'ailleurs nous ne nous occupons maintenant que de l'emploi de la tierce et de son renversement; et l'on ne peut se tromper ici sur *mi sol* et faire sortir cette tierce d'une autre source que d'*ut mi sol*, puisque l'*ut* qui précède ce *sol*, l'annonce exclusivement.

La dérivant 1°. de *fa la ut*, c'est le *fa* qui est sa Basse.

Le *fa* dérivant 1°. de *sol si ré fa*, sa Basse est nécessairement *ré*, quand on n'emploie que la tierce ou son renversement.

M*i* venant 1°. d'*ut mi sol*, a pour Basse *ut* ou *sol*; *ut* principalement comme tierce, et *sol*, en second lieu, comme sixte.

93. *Objection.* Pourquoi n'avoir pas placé un *ut* sous le second *mi* du Dessus, comme sous le premier? Parce que voulant mettre un *fa* sous le *ré* qui est le conséquent de la Proposition *mi ré*, c'est le *sol* qui est l'Antécédent naturel de ce *fa* et non pas l'*ut*. N'aurait-on pas pu mettre *ut si* sous *mi ré*, aussi bien que *sol fa*? Oui : mais sous *ré ut* du Dessus, la Basse *si ut* ne vaut pas *fa mi*. Pourquoi cela? Parce que l'octave $\frac{ut}{ut}$ manque de variété, ce dont ne manque pas la sixte $\frac{ut}{sol}$. Ainsi donc après $\frac{mi\ ré}{ut\ si}$, la Basse aurait été obligée de passer à *fa mi*, et par conséquent de former l'intervalle de fausse quinte *si fa*. Ce qui aurait nécessité une double résolution ou conséquence, ainsi qu'il est dit ci-après, art. 95. Pourquoi ne pas faire *si mi* au lieu de *fa mi*? Parce que la conséquence de *si* est *ut* et non pas *mi*, et que pour avoir *mi* pour conséquence naturelle, il faut avoir *fa* ou *ré* pour Antécédent.

94. Lorsque dans la même proposition, on passe d'un accord à un autre, chaque Partie qui a une note commune aux deux accords, doit rester sur la même corde, et toutes les autres doivent monter ou descendre d'un degré, sinon il y a défaut de conséquence naturelle, il y a une faute ou tout au moins une ellipse.

Dans le premier exemple de la *fig.* B, *pl.* 36, la Portée supérieure présente une ellipse, au Dessus, dans le passage d'*ut* à *fa*, car la conséquence d'*ut* est *ré* et non pas *fa*. Le *fa* est la conséquence de *mi*; donc il faut supposer que le *mi* existe, comme on le voit dans la Portée au-dessous.

Il est écrit avec une tête de blanche pour le faire mieux remarquer. Dans le second exemple de la *fig.* B, *pl.* 56, il y a ellipse au Dessus et à la Basse de la Portée supérieure, car la conséquence d'*ut* n'est pas *fa* mais *ré*, et celle de *mi* est *ré* et non pas *si* : il y a donc retranchement d'un *mi* au Dessus pour amener le *fa*, et retranchement d'un *ut* à la Basse pour amener le *si*, c'est ce qu'indique la Portée inférieure.

Dans le troisième exemple, la conséquence ou résolution du *sol* n'est pas le *ré* mais le *fa*, ce *ré* est la conséquence de *mi* ou d'*ut* ; donc on doit supposer le retranchement ou ellipse d'*ut* ou de *mi*, comme le montre la Portée inférieure.

Dans le quatrième exemple, ce n'est pas *ut* qui est la conséquence de *la*, c'est *sol*. Pour passer légitimement du *la* à l'*ut*, il faudrait que le *fa* de la Basse frappât aussi sous cet *ut*. Si elle frappait ainsi on pourrait alors procéder par degrés disjoints, parce qu'on ne changerait pas d'accord ; mais ici où l'on passe de l'accord *fa la* ou *fa la ut* à l'accord *mi ut* ou *ut mi sol*, l'*ut* ne peut suivre le *la*, car cet *ut* est la conséquence ou de *ré* ou de *si* ou d'*ut* lui-même. Il faut donc supposer après le *la* ou un *ut* ou un *ré* ou un *si*, frappant pendant la durée du *fa* de la Basse, comme à la Portée de dessous.

95. Il faut donc quitter la tierce pour la sixte quand cette tierce induirait en erreur pour le Ton où l'on est, comme *fig.* A, à l'*ut* qui termine cet exemple, car *la* sous *ut* donnerait l'idée du Ton de

la mineur au lieu de celle du Ton d'*ut*. Il faut la
quitter dès l'Antécédent de la proposition, afin qu'il
n'y ait point d'inconséquence ou de fausse suite de
l'antécédent au conséquent, et il faut, en la quittant
éviter, si l'on peut, le saut de fausse quinte ou celui
de triton, parce qu'un tel saut nécessite une double
conséquence, une double résolution : car, lorsqu'on
passe à la Basse de *si* à *fa* sous *ré ré*, comme *fig*. C.
pl. 36, alors le *si* qui est en harmonie *dissonnante*
avec *fa* et *ré* demeure dans l'oreille et demande *ut*
pour conséquent au moment où $\frac{ut}{mi}$ se font entendre.
C'est ce qui est indiqué par des guidons et par *si ut*
écrit sous *fa mi* de la Basse de la *fig*. C.

Quand nous avons dit qu'à l'égard des sons et de
leur unité, la dialectique de notre ame est extrêmement fine et déliée, l'on voit par ces exemples
que nous n'avons rien avancé de trop.

96. Pourquoi la Partie de Basse de la *fig*. A,
commence-t-elle par une pause ? C'est que ni la tierce
ni la sixte ne conviennent en cet endroit-là.

La tierce, parce qu'elle ferait croire qu'on est en
la mineur ; et la sixte parce qu'elle formerait une
sorte de syncope de Basse, une *in*-cadence.

Il faut, autant qu'il est possible, que dans la Basse
sur-tout, le conséquent soit différent de son antécédent, afin que le *cadencé* y soit *plus sensible*. Or
s'il y avait un *mi* sous le second *ut* de la première
mesure de la *fig*. A, ce *mi* se répétant sous le *sol*
qui est le Conséquent de la proposition *ut sol*, il y
aurait non défaut absolu de cadence de *mi* à *mi*,
mais il n'y aurait qu'une cadence de rhythme, ce qui
est peu pour la Basse qui demande, autant qu'il est
possible, des cadences mélodiques ou harmoniques.

On pourrait cependant mettre un *mi* sous le premier *ut* et un silence sous le second.

97. D'après la faculté naturelle qu'ont les notes de Mélodie de pouvoir se faire entendre entre celles d'Harmonie sans détruire l'effet de ces dernières, il s'ensuit que l'on peut varier l'effet de la Musique par l'intercallation de ces notes de Mélodie entre celles d'Harmonie, comme *fig.* D *pl.* 36.

Nota. Les Notes de Mélodie sont toutes celles qui ont la tête d'une blanche.

La Note de Mélodie est toujours la Note au-dessus ou au-dessous de celle d'Harmonie.

98. Pourquoi, entre le premier et le second *mi* de la Basse, a-t-on pris la note intermédiaire au-dessus, et celle au-dessous entre le second et le troisième *mi* harmoniques de cette même Basse ?

C'est pour la variété, car au lieu de *mi fa mi ré mi*, on pourrait faire *mi fa mi fa mi* ou *mi ré mi ré mi*, ou mieux *mi ré mi fa mi*.

99. Dans la première mesure il y a une fois *mi ré mi* et une fois *mi ré* mi*, pourquoi cela ? Pour faire connaître qu'on peut prendre la note intermédiaire parmi les cordes chromatiques comme parmi les cordes diatoniques. Lequel vaut mieux ? Le chromatique, parce qu'il affaiblit moins l'effet des notes qui sont en Harmonie que le diatonique. En sorte qu'il vaut toujours mieux prendre la note intermédiaire qui est à un semi-ton de la note d'Harmonie que celle qui en est à un Ton ? Précisément, à moins que ce que l'on a à peindre n'exige le contraire, ou qu'on ne veuille éviter la tierce diminuée telle qu'ici *ré* mi fa*. La tierce diminuée se rencontre aux deux endroits des semi-tons diatoniques

entre *ré* et *fa* et entre *la* et *ut*, à cause du semi-ton *mi fa* et du semi-ton *si ut*.

100. Quand on emploie la note intermédiaire diatonique et la chromatique comme dans la Basse de la seconde mesure de la *fig*. D, *pl*. 36, vaut-il mieux commencer par la diatonique ou par la chromatique? Il faut toujours commencer par la diatonique, car après la chromatique la note diatonique n'est plus supportable. C'est un ragoût sans sel après un qui en a beaucoup; c'est respirer une fleur inodore après une fleur qui a un parfum très-agréable, ou plutôt c'est employer l'expression la plus faible la dernière.

L'intermédiaire *chromatique prise au-dessus* ne s'emploie presque jamais.

101. Dans la troisième mesure de la Basse de la *fig*. D, où il y a *fa mi fa* et *fa sol fa*, ne pourrait-on pas commencer par *fa sol fa* et finir par *fa mi fa*? On le pourrait, mais à cause du *mi* qui commence la quatrième mesure, il vaut beaucoup mieux finir par *fa sol fa* pour éviter *fa mi fa mi* qui serait une répétition monotone et redondante.

En conséquence, à la septième mesure, il faut commencer par *fa mi fa*, vu qu'on vient d'entendre *sol la sol* où le *sol* est deux fois.

102. On voit, d'après l'exemple D, *pl*. 36, que l'on peut également transformer une noire harmonique en deux croches ou en trois : en deux, l'une harmonique, l'autre mélodique, comme dans la première mesure de la Basse de cette figure; et en trois, comme dans les mesures qui suivent où la mélodique est entre deux harmoniques.

103. Est-il absolument nécessaire, quand on trans‹

forme une Note en deux, que la Note harmonique
soit la première des deux, comme dans la première
mesure de la *fig.* D? Non; cela n'est obligatoire
qu'en débutant et lorsque le Dessus frappe avec la
Basse, parce qu'on ne doit pas débuter par une note
mélodique, sur-tout quand il n'y a que deux parties.
Mais quand la Basse frappe après le Dessus comme
fig. E et *fig.* F, la Basse ou le Dessus peuvent commencer par la Note de Mélodie. Dans la *fig.* G, il
n'y a que dans la première mesure où la note d'harmonie frappe avec celle du Dessus.

Dans les trois mesures qui suivent, c'est la Note
de mélodie qui frappe contre celle du Dessus; la
Note d'harmonie ne vient qu'en second. D'où il faut
conclure que l'on peut placer la Note d'Harmonie
avant ou après la note de Mélodie, excepté en débutant, et chaque fois qu'une partie qui s'est tue reprend
la parole, si toutefois elle frappe en même tems que
la Note du Dessus.

104. Cependant la place naturelle de la note d'harmonie est dans la première partie d'un tems, et quand
les tems sont alternativement occupés tout entiers par
une note d'harmonie et par une note de mélodie la
place naturelle de la note harmonique est dans chaque tems fort qu'on devrait nommer le tems harmonique et celle de la note mélodique dans le tems faible que l'on devrait appeller tems mélodique. L'harmonique est le frappé, le mélodique est le levé.

Tout tems, qu'on divise en deux, est fort ou harmonique dans sa première partie, et faible ou mélodique dans la seconde portion de sa durée, *fig.* H,
pl. 56.

105. L'ordre naturel est interverti quand la note

d'Harmonie est dans le tems faible ou dans la portion faible du tems. Cette interversion a pour but de faire desirer davantage la note d'Harmonie, comme *fig.* I, *pl.* 36, et doit s'employer beaucoup plus rarement à la Basse qu'au Dessus, parce que la Basse est destinée, plus particulièrement que le Dessus encore, à marquer les tems par la note d'Harmonie.

106. Ce sont ces notes de Mélodie *qui frappent sur le tems fort ou sur la portion forte du tems* que l'on écrit souvent en notes surnuméraires appellées *petites notes*, à cause qu'elles sont d'un caractère plus petit que les autres.

Dans la Musique moderne, on écrit la plupart des notes en notes de valeur. Dans la *fig.* I, *pl.* 36, les notes qui devraient être écrites en petites notes, sont celles qui ont des têtes de blanche.

107. Les *petites Notes* ne sont pas toujours des Notes de Mélodie, ni des Notes de goût, elles sont parfois Notes d'Harmonie, nécessaires au sens de la phrase et requises par la Logique. Tel est le petit *ré* de la *fig.* K qui est la conséquence de l'*ut* qui le précède. Sans ce petit *ré*, il y aurait une inconséquence dans le saut d'*ut* à *sol*, parce que dans le passage de l'accord parfait d'*ut* à celui de *sol*, la conséquence de l'*ut* est *si* ou *ré* et non pas *sol*. Le *si* ne peut être choisi ici pour conséquent de l'*ut* du Dessus parce que la Basse s'en est emparée. L'employer aussi au Dessus, ce serait faire deux octaves de suite que l'on doit éviter, comme interdites par la loi de la Variété. Le *ré* est donc la seule note qui puisse servir de conséquence à cet *ut*.

108. Dans la Cadence imparfaite, on fait un saut à a Basse qui semble faire exception aux règles de

la Logique musicale. Ce saut est même de précepte
quand une période se termine par l'accord parfait de
la Dominante amené par celui de la Tonique, comme
fig. L. Pour expliquer cette contradiction, il faut supposer un *sol* frappant sous $\frac{mi}{ut}$ comme *fig.* **M.**,
ou répéter l'accord $\frac{mi}{ut}$ sur le *sol* de la mesure suivante,
comme dans le second exemple de la *fig.* M. où il y
a deux petites notes sur *sol* qui y forment un accord
de quarte et sixte lequel suspend l'arrivée de l'accord
parfait.

On peut encore considérer ce passage d'*ut* à *sol*,
comme si l'*ut* appartenait à une Partie et le *sol* à une
autre Partie, comme *fig.* N.

109. On peut passer par degrés disjoints d'un accord antécédent à un conséquent, quand le saut se
fait en quittant une note commune aux deux accords,
moyennant que cette note soit consonnante dans le
premier.

Ainsi *fig.* O, *pl.* 36, après le *sol* de la Basse qui
est commun à l'accord *sol si ré* et à celui *ut mi sol*,
on peut faire *ut* au lieu de répéter *sol.*

Ainsi *fig.* P, on peut faire *ut la* à la Basse au lieu
d'*ut ut.*

Ce saut a également lieu après la septième de la
Dominante, et même après tous les accords de septième non renversés, quant à la note de Basse ; c'est-
à-dire dans tous les accords où la note fondamentale
est placée à la Basse continue, excepté cependant après
la septième diminuée. Ainsi le passage de *fa*✳ à *ut*
dans la *fig.* Q est une inconséquence impardonnable,
car la conséquence de ce *fa*✳ est *sol* exclusivement,
ainsi que l'indique le guidon.

110. Est-il d'autres moyens de jetter de la variété

dans une Partie que celui de faire entendre avant ou après la note d'harmonie, la note mélodique au-dessous ou au-dessous de cette note d'Harmonie ? Oui ; au lieu d'astreindre une Partie à ne faire que ces seules fonctions, on peut lui faire remplir non simultanément, mais successivement les fonctions de plusieurs Parties différentes. Ainsi au lieu d'en user à l'égard de la Basse, comme *fig.* A, *pl.* 36, où elle ne fait les fonctions que d'une seule Partie *puisqu'elle ne fait entendre dans chaque accord qu'une seule note de l'accord*, on peut lui en faire frapper successivement deux, comme *fig.* R.

Ce Morceau qui n'est en apparence qu'à deux Parties, une Basse et un Dessus, en renferme véritablement trois, puisque la Basse équivaut à deux.

111. Les notes de Mélodie peuvent aussi bien s'intercaller entre celles d'Harmonie, quand une Partie fait les fonctions de plusieurs, que quand elle s'en tient à ses propres fonctions.

Ainsi, au lieu de *mi ut*, on peut faire *mi ré ut*, ou *fa mi ré ut*, ou *fa mi ré ut si*, ou *fa mi ré mi ré ut si ut*, comme *fig.* S, *pl.* 36 (1).

112. Un Dessus ou une Basse, ou l'un et l'autre à la fois, peuvent, de la manière indiquée ci-dessus, faire les fonctions non-seulement de deux, mais de trois ou de quatre Parties.

De trois Parties comme la Basse de la *fig.* T, *pl.* 36, de quatre Parties comme *fig.* U.

---

(1) Nous observerons de nouveau que tout instrument qui fait entendre plusieurs cordes à-la-fois, n'est plus alors une Partie, mais autant de Parties qu'il y a de cordes qui résonnent ensemble.

113. *N. B.* La *fig.* U, quoiqu'en apparence à deux Parties, présente néanmoins un double orchestre, puisque la basse y compose à elle seule un orchestre ou un chœur complet, et en fait successivement entendre les quatre Parties. Le Dessus est donc une cinquième Partie. Quand il y a ainsi deux orchestres, soit complets soit incomplets, les octaves entre les Parties intermédiaires sont permises, parce qu'elles ne sont plus regardées alors comme un double emploi destructif de la Variété, mais comme un remplissage nécessaire *vu l'éloignement des Parties*, et parce que les notes différentes d'un accord ne sont pas aussi multipliées que le peut l'être le nombre des Parties. Telles sont, dans cette figure, les notes à tête de Blanche qui sont à la Basse. Dans la *fig.* V, le Dessus et la Basse font chacun trois Parties. Dans la *fig.* X, le Dessus fait quatre Parties, la Basse deux.

Quand il y a au moins trois Parties, on peut faire tel nombre d'octaves de suite que l'on veut entre le Dessus et le second Dessus, comme entre l'alto et la Basse.

Observation. Nous ne nous sommes servis encore que de la première interprétation harmonique des notes du Dessus de la *fig.* A, *pl.* 36. Avant de passer aux autres, nous allons mettre cet exemple à quatre Parties pour faire connaître ce que la ponctuation harmonique exige de la Basse. Voyez la *fig.* Y, *pl.* 36.

114. Dans tout accord Consonnant pris fondamentalement, la Basse ne doit généralement frapper que la première ou la seconde note de l'accord, parce que la troisième a trop peu d'unité : en conséquence, l'accord de quarte et sixte doit s'employer le mo-

possible, hors dans une tenue ou répétition de la même corde ; avant la cadence parfaite qui termine une période, et enfin quand on est amené par le sens de la phrase à employer forcément cet accord.

La quarte et sixte ne doit ni commencer ni finir une Tenue de Basse.

La Tenue de Basse qui commence la *fig*. Y ne présente la quarte et sixte, que dans la troisième mesure, sous l'accord de la quatrième note *fa la ut*.

Dans la première, la seconde et la quatrième mesure de cette tenue ou répétition de la même corde, c'est l'accord parfait qui s'y fait entendre.

Pourquoi, au lieu de cette tenue d'*ut*, n'a-t-on pas mis à la Basse ce que fait le second Dessus ? on aurait pu le faire, et on l'a fait dans la *fig*. A; mais quand il y a trois ou quatre Parties qui marchent ensemble, la tierce est ordinairement dévolue an second Dessus, soit parce que c'est la Partie la plus naturelle que l'on puisse ajouterà une autre, soit parce que le second Dessus formant les mêmes sinuosités que le premier à la tierce ou à la sixte au-dessous, il renforce et double par-là le dessein de celui-ci. Quand le Dessus fait la première note de l'accord, il ne reste donc à la Basse qu'à doubler cette note à l'octave ou à la double octave, puisque la troisième note lui est interdite, et que la seconde note de l'accord est prise par le second Dessus.

115. Pourquoi n'appelle-t-on pas l'Alto la seconde Basse, comme on appelle le second violon le second Dessus ? C'est que le second violon, lorsqu'il fait la tierce ou la sixte du premier, forme réellement un second Dessus, et pourrait servir de premier si le

premier servait de second, au lieu que l'Alto ne pourrait être mis à la place de la Basse. Pourquoi cela?

C'est que l'Alto peut faire des quartes contre le Dessus, parce que la Basse faisant alors la sixte de ce même Dessus et la tierce de l'Alto, ces quartes entre le Dessus et l'Alto sont cachées, sont atténuées, au lieu que si elles étaient à la Basse, elles seraient à découvert et auraient tout le défaut d'Unité qui les fait proscrire.

116. Mais si l'Alto, au lieu de faire ses fonctions ordinaires, s'était chargé de remplir celles de la Basse ou celles du second Violon, alors cet Alto ne serait un Alto que quant à l'instrument; il serait musicalement une Basse ou un second Dessus, et alors il tiendrait lieu de l'un ou de l'autre. Il en est de même à l'égard des autres instrumens. Ce n'est ni la qualité de son d'un instrument ni l'espèce de cet instrument, qui font qu'il est dans la composition un Dessus ou une Basse, il n'est l'un ou l'autre qu'autant qu'il en remplit les fonctions. Le Dessus est la Partie qui est composée des sons les plus aigus, la Basse est celle qui est composée des plus graves. Quand le violon fait entendre quelques sons plus graves que ceux que la Basse fait résonner dans le même tems, c'est alors le Violon qui est la Basse, et la Basse qui est le Dessus.

117. Quand il y a plus de deux Parties, le repos de période qui a lieu sur la Tonique, doit être amené par l'accord de septième ou par l'accord parfait de la Dominante, la Basse frappant la Dominante, comme à la fin de la *fig*. Y, où la Basse fait *sol ut*. Toute autre marche de la Basse doit être rejetée en

cet endroit, parce qu'ainsi l'exige la Ponctuation musicale qui n'est point une Ponctuation dont les signes soient conventionnels, mais naturels, comme tout ce que renferme cette langue.

La fausse quinte, la petite sixte ou le triton, renversemens de l'accord de septième de la Dominante, ou la sixte et la quarte et sixte, renversemens de l'accord parfait de cette note, seraient donc tous déplacés en cet endroit, où il faut que la Basse fasse entendre la Dominante suivie de la Tonique.

118. Est-il égal de passer alors de la Dominante à la Tonique, en montant de quarte ou en descendant de quinte? Non, cela n'est point du tout égal, parce qu'il faut, pour la pureté du style, éviter les octaves, les quintes et les quartes implicites ou supposables.

Par exemple, si sous *ré ut* du Dessus de la *fig.* 7, je place *sol ut* en descendant de quinte, alors il y a les deux octaves supposables ou implicites $\frac{ré\ ut}{ut\ sol}$, parce qu'elles existeraient réellement si l'on remplissait l'intervalle de *sol* à *ut* par les notes intermédiaiares *fa mi ré*, ce qui donnerait *sol fa mi ré ut* sous *ré ut*, et par conséquent les deux octaves de suite $\frac{ré\ ré}{ut\ ut}$; au lieu qu'en montant de quarte, j'évite ces deux octaves de suite; car que l'on remplisse par les notes intermédiaires l'intervalle de quarte *sol ut*, on aura *sol la si ut*, ce qui ne donne pas deux octaves sous *ré ut*, mais c'est ce qui les donnerait sous *si ut*, d'où il faut conclure que quand le Dessus descend, il faut que la Basse monte, et qu'elle descende lorsque le Dessus monte.

L'emploi du mouvement contraire entre le Dessus et la Basse, n'est donc pas recommandé seulement à cause du contraste qui en résulte, mais à cause des deux octaves ou des deux quintes, ou des deux quartes implicites et par mouvement semblable que l'on évite par ce moyen.

Dans la *fig.* AA, *pl.* 56, il y a deux quintes implicites. Elles sont évitées dans la *fig.* BB.

Dans la *fig.* CC, il y a deux quartes implicites. Elles sont évitées dans la *fig.* DD.

Il y aurait donc une faute dans la Basse de la *fig.* Y, *pl.* 56, si de la sixième à la septième mesure, et sous *mi ré* du Dessus, il y avait *ut sol* en descendant de quarte au lieu d'*ut sol* en montant de quinte, puisqu'il en résulterait les deux quintes implicites $\frac{mi\ ré}{fa\ mi}$. La plupart des compositeurs ne prennent pas garde à cela, mais c'est à tort, et faute d'en connaître les conséquences.

Au lieu de la tenue d'*ut* de ce même exemple, s'il y avait à la Basse, *ut fa fa ut*, en montant et descendant ainsi de quarte, il en résulterait deux octaves implicites entre la Basse et le second violon, $\frac{mi\ fa}{mi\ fa}$, et dans la Proposition suivante, deux quintes de suite entre le premier Violon et la Basse $\frac{la\ sol}{ré\ ut}$, et c'est ce qui arrive *fig.* EE. Donc, dans ce cas, la Tenue de tonique est ce que l'on peut faire de mieux, à moins que la Basse ne se charge ici des fonctions habituelles du second Dessus, et celui-ci des fonctions de la Basse, ce qui n'aurait rien de contraire à l'Unité ni à la Variété.

119. Dans le second hémistiche de la *fig.* Y, n'y a-t-il pas deux quintes de suite, l'une juste et l'autre fausse, dans le passage d'*ut* à *si* sous *sol fa* du Dessus? Oui; mais comme la quinte majeure est dans une Proposition et la quinte mineure dans

la suivante , ces deux quintes n'ont rien d'irrégulier.

120. Dans ce même hémistiche, pourquoi, au lieu de la fausse quinte *sol*, n'a-t-on pas mis la septième sous le *fa* du Dessus? Parce que ce *sol* aurait détruit l'effet des deux *sol* qui doivent frapper deux mesures après.

Il faut éviter l'emploi des mêmes expressions en Musique de même qu'on les évite dans les langues proprement dites, à moins que la répétition de ces expressions ne serve à l'effet que l'on veut produire.

Il n'y aurait donc point de faute d'Harmonie, si l'on mettait ici la septième de la dominante à la place de la fausse quinte, mais une faute de style, une *redondance* de sons.

121. Lorsqu'on quitte l'interprétation harmonique la plus naturelle pour celles qui le sont moins, lorsqu'on abandonne les accords de première ligne pour ceux de seconde ou troisième ou quatrième ou cinquième ligne, l'on ne doit pas pour cela abandonner la vraie modulation, mais on doit y revenir dans les deux points cardinaux du vers musical, à la fin de chaque hémistiche.

Ainsi *fig.* FF, *pl.* 56, où après le premier renversement de l'accord parfait d'*ut*, on effleure la *Modulation chromatique de sol* majeur, puis celle de *ré* mineur, on revient à la *Modulation diatonique* d'*ut* à la conclusion du premier Hémistiche. De là, on effleure la Modulation chromatique de *la* mineur, puis celle de *sol* et l'on conclut une seconde fois par la Modulation diatonique d'UT majeur, la seule nécessaire dans cet air, la seule véritable, car les dièzes et les bémols qui semblent, en apparence, porter en d'autres Tons qu'en *ut*, pour-

raient tous disparaître, comme il est prouvé par la
fig. GG, où aucun de ces dièzes ou bémols *chro-*
matiques n'est employé. Si ces dièzes ou bémols
étaient diatoniques, ce retranchement ne pourrait se
faire.

122. Il est donc bien évident par l'exemple GG
que les dièzes et les bémols que renferme la *fig.* FF,
ne sont que des modifications chromatiques qui
servent à jeter de la variété parmi les notes diatoniques et à adoucir ce que certaines marches de
celles-ci ont de dur, c'est-à-dire de trop peu sensible,
sous le rapport de la Modulation. Par exemple c'est
par le *fa*# chromatique que, dans la première mesure
de la *fig.* FF, on évite les deux tierces majeures diatoniques et consécutives ; c'est par le *si*# chromatique que, dans la seconde mesure, on prépare l'o-
reille à entendre *la* après *si* au lieu d'*ut*, et ainsi
des autres.

N. B. La petite note qui est dans la seconde mesure de la *fig.* FF est la conséquence de l'*ut* de la
mesure qui précède. C'est par ce petit *si* qu'on sauve
l'inconséquence qu'il y aurait, en cet endroit, dans
le passage d'*ut* à *sol*, vu que ces deux notes ne portent
pas sur le même accord.

Examinons la *fig.* FF sous le rapport de la logique
ou de la suite des notes.

Le premier accord marche seul comme étant une
proposition elliptique. Les deuxième et troisième
forment la seconde proposition ; les quatrième et
cinquième forment la troisième proposition ; les
sixième, septième et huitième forment la quatrième
Proposition qui est complexe.

Commençons par la Basse.

Le *mi* de la Basse va donc seul.

Le *fa*❋ ne touchant qu'à *sol* de l'accord *sol si ré* n'a point d'autre conséquent que ce *sol*.

Le *sol*, Antécédent de la troisième Proposition, ne peut avoir ici que *sol* pour conséquent, puisque *la* qui serait le seul autre conséquent de ce *sol* est au chant, formerait deux octaves de suite, $^{sol\ la}_{sol\ la}$.

Dans la quatrième Proposition, *fa* a pour conséquent *fa* ; il pourrait avoir *sol*, quoiqu'il soit déjà au Dessus, mais le *fa* a plus de variété et amène mieux le *mi* qui doit frapper sous le troisième membre de cette Proposition.

Dans la Partie qui est immédiatement au-dessus de la Basse, le *sol* marche seul : le *la* de la seconde Proposition a pour conséquent le *si* ; il pourrait aussi avoir *sol*, mais le *sol* est déjà pris par la Basse et par le Dessus. Sans le petit *si* du Dessus, la Basse *fa*❋ *sol*, sous *ut sol*, serait défectueuse, car elle présenterait deux octaves implicites.

Le *si*♭ a pour conséquent le *la*, et c'est le seul qu'il puisse avoir ici, car l'*ut*❋ ne peut en servir vu qu'il est à un ton et demi de ce *si*♭. On ne peut se servir de l'intervalle de seconde superflue, *dans la même Proposition*, qu'autant que cette Proposition est Harmonique en elle-même, et seulement quand on passe d'une note d'un accord à une autre note du même accord.

Le second *la* ne peut aller qu'au *si*, parce que le Dessus fait *la sol*. Ce *si* a pour conséquent l'*ut*, et ainsi du reste.

Pourquoi y a-t-il cinq Parties différentes dans une

portion de ce premier Hémistiche? Pour compléter l'Harmonie.

Par exemple, l'accord de triton *sol la ut* mi la* n'aurait pu être régulièrement rempli sans la cinquième Partie, parce que le *si♭* nécessitant un second *la* dans cet accord, il ne reste plus que deux Parties pour faire les trois notes *sol ut* mi*; or, chaque Partie n'en pouvant faire qu'une seule à-la-fois, il faut absolument ajouter une cinquième Partie pour amener le *mi*, à moins que l'on ne fasse faire à l'une des quatre Parties les fonctions de deux, ce qui ne peut avoir lieu que successivement et non simultanément; car, encore une fois, il ne faut pas confondre un instrument avec une Partie.

123. Nous ne prolongerons pas davantage cet examen, nous nous bornerons à rappeler que la *Logique* qui n'est rien autre chose que *la théorie de la raison et du jugement*, exige que l'on distingue d'autant mieux dans leur emploi une corde diatonique d'une corde chromatique ou enharmonique; qu'une corde, dans la pratique, n'a point de caractère absolu qui la distingue, et qu'elle n'est diatonique ou chromatique ou enharmonique que d'une manière relative, et qu'en conséquence il importe extrêmement de bien indiquer cette relation qui détermine seule le caractère d'une corde; que tout Antécédent doit avoir un Conséquent, à moins qu'il n'y ait une *réticence* à la place, c'est-à-dire *un silence ingénieux*; que tout Conséquent est la note au-dessus ou au-dessous de l'Antécédent, quand cet Antécédent ne se sert pas à lui-même de Conséquent, soit en se répétant, à l'unisson ou à l'octave, soit en se prolongeant,

comme il arrive dans la Syncope ; qu'on ne doit procéder par degrés disjoints d'un Antécédent à son conséquent, qu'autant qu'on y passe d'une note d'un accord à une autre de ce même accord , car tout autre saut suppose une ellipse ou est une inconséquence.

Les sauts de la Basse de la *fig*. IIII , *pl*. 36 , sont tous elliptiques , car au lieu d'*ut fa*, on pourrait faire *ut ut* , et ne passer au *fa* qu'après que le second *ut* aurait frappé sous l'accord *ut fa la* ; on pourrait de même ne passer de *fa* à *si* , que quand un second *fa* aurait frappé sous *si ré fa la*; de *si* à *mi* qu'après qu'un second *si* aurait frappé sous *si ré mi sol* ; de *mi* à *la* qu'après qu'un second *mi* aurait frappé sous *la ut mi* ; de *la* à *ré* qu'après qu'un second *la* aurait frappé sous *la ut ré fa*; de *ré* à *sol* , qu'après qu'un second *ré* aurait frappé sous *sol si ré fa* ; de *sol* à *ut* , qu'après qu'un second *sol* aurait frappé sous *sol ut mi* ; d'*ut* à *fa* , qu'après qu'un second *ut* aurait frappé sous *fa fa ut ré* ; et enfin de *sol* à *ut* , qu'après qu'un second *sol* se serait fait entendre sous *mi sol ut*.

124. Dans la Musique , les conjonctions ne sont pas factices et insignifiantes (1) par elles – mêmes , comme dans les langues proprement dites , mais la dissonnance en tient lieu , et c'est pourquoi l'on ne peut finir un sens par une dissonnance , puisqu'une conjonction appelle une suite nécessaire ; et n'est en Musique que le lien naturel qui enchaîne un membre de la phrase à l'autre.

---

(1) Nous les appelons insignifiantes , parce qu'elles ne signalent ou désignent aucun objet , mais lient seulement les mots qui peignent ou indiquent les objets.

125. Quand une dissonnance se fait entendre dans l'Antécédent d'une Proposition, le Conséquent en devient plus urgent, le premier membre de la Proposition en est plus nécessairement lié au second.

Quand la dissonnance est dans le second membre, alors la Cadence, qui n'est que la chûte du sens de la Proposition, est évitée, c'est-à-dire que le repos n'y peut avoir lieu, vu qu'il est troublé par cette dissonnance qui appelle un autre accord. Ce n'est pas réellement la cadence qui est évitée, comme on le dit, mais seulement le repos que cette cadence devait procurer.

126. Le repos de période ou celui du vers musical devant avoir lieu sur l'accord parfait d'une Tonique ou sur celui d'une Dominante, tout autre accord, même parfait, n'y peut-être substitué sans que le repos de la Période ou le repos du vers n'y soit évité.

S'il est évité par un accord dissonnant de septième ou l'un de ses renversemens, le repos de la Proposition et celui de la Période sont tous deux évités. Mais s'il n'est évité que par un accord parfait autre que celui qui y devait naturellement frapper, alors il n'y a que le repos de Période qui soit évité, parce que celui là ne doit pas être passager, comme il arrive dans la cadence rompue, mais conclusif.

127. Le repos de la Dominante peut être la conclusion d'une grande période, d'un demi-Morceau, mais le Morceau ne doit avoir pour conclusion que l'accord parfait de la Tonique, parce que la fin exige une unité absolue et parfaite, et non une unité relative.

128. Puisque chaque Proposition a son repos, on pourrait, en faisant une Basse sous un Chant, placer d'avance une consonnance sous chaque conséquent

du Chant, comme *fig.* II, *pl.* 36, et pour achever cette Basse, remplir ensuite l'intervalle d'un conséquent à l'autre, comme *fig.* KK.

Dans ces exemples, les Antécédens sont les noires qui ont une queue, et les conséquens sont celles qui n'en ont point.

Puisque dans la composition à deux Parties *qui ne remplissent chacune que leur unique fonction*, on doit éviter l'octave, hors en commençant et en finissant, il ne reste plus à opter qu'entre la tierce ou la sixte; et voilà précisément pourquoi la Basse de la *fig.* II, *pl.* 36, ne présente que des tierces ou des sixtes, hors à la dernière note.

129. Quand on est forcé d'employer, de tems en tems, l'octave dans le courant d'un Morceau, et lorsqu'on veut éviter de sortir des limites rigoureuses d'une Partie, il faut préférer de la placer à l'Antécédent, au tems faible plutôt qu'au tems fort, car l'octave a trop peu de variété harmonique pour être admise au tems fort, quand elle n'est pas accompagnée d'une tierce ou d'une sixte.

C'est d'après ce principe que la Basse de la *fig.* KK, *pl.* 36, est faite.

Analyse de la fig. KK, pl. 36, premier vers.

Le conséquent de la première Proposition du premier vers de cette *fig.* étant *si*, ce *si* ne peut être le Conséquent que de *la* ou d'*ut*, puisque le Dessus procède par degrés conjoints. Nous avons préféré l'*ut*, comme indiquant mieux le Ton d'*ut*.

Le Conséquent de la seconde Proposition étant *la*, et le Dessus procédant par degrés conjoints, l'antécédent de ce *la* ne peut être que *si* ou *sol*. Mais faire le *sol*, c'est enjamber et passer dans une autre Partie, puisqu'il faut, pour cela, sauter par-dessus le *si* qui appartient à cette Partie. Cependant ce *si*, qui forme une quarte juste sous le *mi*, étant peu harmonieux, n'ayant pas assez d'ensemble avec le *mi*; que faut-il faire, pour ajouter à l'ensemble de cette quarte? Il faut en faire un triton en prenant ce *si* dans le chromatique descendant.

Le *fa* conséquent de la troisième Proposition peut être amené par *sol* ou par *mi*; nous l'avons amené par *sol* pour ne pas enjamber sur *sol* et sur *fa* qui appartiennent à une autre Partie.

Le *mi*, conséquent de la quatrième Proposition, ne peut être amené sans enjambement, que par *fa*.

130. *N. B.* Si nous nous abstenons ici de ces enjambemens, ce n'est pas pour prouver qu'on ne doit pas en faire usage, mais pour montrer qu'il est possible de les éviter, et que les employer, c'est empiéter sur une autre Partie, ce qui ne peut avoir lieu qu'en quittant la marche la plus élémentaire.

131. L'enjambement qui se fait en passant d'un antécédent à son conséquent, est moins régulier que celui qui a lieu en passant d'une Proposition à l'autre.

Cet enjambement aurait lieu dans la sixième Proposition de la *fig*. KK, si à la place du *sol* le *la* de cette Proposition avait pour Antécédent le *mi*, car ce *mi* devrait avoir *fa* pour conséquent et non pas *la*, puisque ce *la* n'est pas en contact avec lui.

132. Le *la* de cette sixième Proposition ne peut être amené par *si*, parce que le passage de *fa* à *si* qui aurait lieu à la Basse, en passant d'un accord à l'autre sortirait de la voie musicale.

Ce *si* pourrait cependant amener le *la*, conséquent de la sixième Proposition, s'il était lui-même amené par *ut*.

Mais le *si^b* n'aurait pas besoin d'être précédé de cet *ut*, parce que le passage de *fa* à *si^b* ne sort point de la voix.

Les mêmes observations s'appliquent aux autres Propositions de cet exemple.

153. Il y a deux Cadences différens dans tout Morceau de Musique, l'un principal, l'autre secondaire.

Le principal lie les deux membres d'une Proposition l'une à l'autre. Le secondaire lie les Propositions entre elles. Sans le premier *Cadencé*, il n'y aurait pas de Propositions musicales; sans le second, le discours musical ne s'étendrait pas au-delà d'une Proposition.

154. Quel est le fil logique qui attache l'un à l'autre les deux membres d'une Proposition, et qui attache les Propositions entre elles quand il n'y a pas de dissonnance ou conjonction qui les lie?

C'est la subordination naturelle que les notes ont entre elles.

Chacun sait que c'est par la cadence parfaite que tout Morceau se termine, parce que cette seule cadence est véritablement finale. Mais pour être entièrement conclusive, il faut qu'elle termine la Période, car si cette cadence a la faculté de conclure *harmoniquement* par-tout où elle se trouve, elle n'a la faculté de terminer *métriquement* qu'à la fin du vers, parce que tel est sur nous l'empire du mètre, que nous ne pouvons goûter d'entier repos qu'où il se termine.

Le Mètre est le nombre de mesures ou de tems que renferme un Vers.

Quand la Cadence parfaite arrive avant la dernière mesure du vers final, on est obligé, pour terminer ce vers, de répéter le dernier accord ou les deux derniers, jusqu'à ce que le nombre de ces mesures soit symmétrique, d'égale étendue à celui du vers qui le précède ou auquel il correspond.

Il n'y a de véritable repos final à la Basse comme au Chant, que sur la Tonique. Les Parties intermédiaires n'ont point de repos absolu en elles-mêmes, elles n'en ont qu'un relatif à celui des Parties auxquelles elles sont jointes, à moins qu'elles ne doublent le Chant ou la Basse à l'octave ou à l'unisson.

135. Par la raison que la Musique est versifiée, elle a aussi une Ponctuation naturelle qui marque les Repos ou Hémistiches de ces vers. C'est pour marquer ces Repos que le Dessus et la Basse sont astreints à certaines marches, comme, par exemple, à faire entendre la première note de l'accord à l'exclusion de toute autre dans un repos final.

La Basse doit plus souvent que le Dessus frapper la note fondamentale de l'accord, et notamment dans tous les repos d'Hémistiche.

Il est cependant beaucoup de vers où le premier Hémistiche forme un repos très peu marqué : alors il suffit de placer à la Basse la seconde Note de l'accord, c'est-à-dire, en d'autres termes, que l'on y doit employer l'accord de sixte à la place de l'accord parfait.

136. Il est une formule, *pour conclure*, qui se reproduit extrêmement souvent, parce que c'est la meilleure que l'on puisse employer. Elle présente l'accord de quarte et sixte sur la Dominante, pour

Conséquent de l'avant-dernière proposition, suivi de celui de l'accord parfait; ou mieux de celui de septième de la Dominante, comme antécédent de la proposition ou comme finale. V. *fig.* LL, *pl.* 36.

L'accord de quarte et sixte y est amené par l'accord parfait de la quarte ou celui de la seconde, mais ce dernier s'y présente sous la forme de sixte.

Au lieu de la quatrième note diatonique, on y met élégamment la quatrième note chromatique, comme *fig.* MM.

Au lieu de l'accord de sixte, renversement de *ré fa la*, on peut y mettre l'accord de quinte et sixte *fa la ut ré*, et dans cet accord on substitue avec succès la quatrième note chromatique *fa** à la quatrième diatonique, et la seconde chromatique *ré** à la seconde diatonique *ré* naturel, comme *fig.* NN.

Je ne conçois pas pourquoi les compositeurs écrivent toujours ce *ré** par *mi^b* : c'est une faute d'orthographe impardonnable; car un *mi^b* ne peut avoir pour conséquent *mi$^{\natural}$*. Mais la routine ne raisonne pas, elle se contente de murmurer contre la raison qu'elle va décriant par-tout, parce que celle-ci la combat.

156. Les Tenues de Basse sont aussi d'un fréquent usage, parce que rien n'est plus convenable à la Mélodie qui se trouve ainsi plus à découvert, plus dégagée, et néanmoins suffisamment appuyée. C'est un fond uni sur lequel les objets se dessinent d'une manière plus sensible.

157. Ce qui caractérise la Basse, c'est que, hors les cas d'exception, elle ne frappe dans les accords consonnans que la première ou la seconde note de l'accord; qu'elle est particulièrement destinée à mar-

quer les repos, les mesures et les tems, ou du moins les tems forts, les conséquens, et qu'elle doit généralement former un intervalle consonnant avec le Dessus, ou un demi-consonnant tel que la quinte, hors dans les tenues où toutes les espèces d'intervalles peuvent être employées, ou dans les endroits où la quarte et sixte est de formule.

CHAPITRE XXXVII.

De la pratique de l'Harmonie, précédée d'une récapitulation sur les Accords.

138. L'Harmonie est la propriété qu'ont les diverses parties d'un même objet de ne former qu'un seul tout, lorsqu'elles se présentent ensemble, quoique, hors cette réunion, ces mêmes parties, forment chacune un tout séparé et distinct.

Ce qui fait que ces divers touts n'en forment qu'un seul quand ils se réunissent, c'est qu'ils ont la propriété de se subordonner entre eux.

Par exemple, quand une corde d'instrument n'a point de nœuds, elle rend un son harmonieux, parce que les divers sons qu'elle produit se subordonnent entre eux de façon qu'on croit n'en entendre qu'un seul. Mais c'est ce qui n'arrive pas quand la corde a un nœud, car ce nœud faisant à-peu-près l'effet d'un chevalet, il coupe la corde en deux cordes inégales dont les harmoniques se détruisent parce qu'ils ne s'accordent pas; et ils ne s'accordent pas parce qu'ils sont inégaux comparés l'un à l'autre, et qu'ils sont disproportionnés entre eux. Pour que les deux portions d'une corde qui a un nœud s'accordent, il faut que ce nœud soit exactement au milieu, et que la corde soit parfaitement de la même grosseur; c'est ce qui n'arrive pas une fois sur dix mille, et voilà pourquoi une corde qui a un nœud est si désagréable à entendre.

139. Nous avons dit en plusieurs endroits de cet ouvrage qu'une seule corde, une fois mise en vibration et en résonnance, faisait entendre à une oreille bien exercée et *habituée à ces expériences*, cinq notes différentes, plus leurs diverses octaves,

Qu'une corde appelée *ut* produisait *ut mi sol si♭ ré* d'une manière très-distincte, plus toutes les diverses octaves de ces cinq mêmes sons.

Le savant *Sulzer* est parfaitement d'accord avec nous à cet égard, comme on peut le voir à l'article consonnance du *Dictionnaire encyclopédique*, par ordre de matières (1).

C'est d'ailleurs une vérité de fait qu'on ne peut contester. Cependant bien des Musiciens, même très-habiles, ne distinguant pas ces sons concomittans, parce qu'ils n'ont pas assez de patience pour apprendre à abstraire un son de l'autre, nient l'exis-

---

(1) Quoique nous ne différions en rien avec M. *Sulzer*, sur cette expérience, que l'ignorance ou la mauvaise foi peuvent seules nier, nous sommes bien loin de partager le sentiment de cet homme célèbre sur les conséquences qu'il en tire à l'égard du degré de consonnance ou de dissonnance de chacun de ces intervalles, car rien n'est moins juste.

tence de ces sons. Ils croient que c'est un conte qu'on leur fait ou que c'est pure imagination de la part de ceux qui y croient.

Rien n'est plus réel ni plus positif que l'existence de ces sons, mais pour que notre oreille divise un son comme le prisme divise un rayon de lumière, il faut de l'aptitude et de l'acquis.

140. C'est moins d'après notre oreille que d'après le raisonnement, que nous avons dit qu'en outre des cinq notes *sol si ré fa la* que produit la seule corde *sol*, elle produit aussi la sixième et la septième note *ut* et *mi*.

Mais quoique ce raisonnement soit appuyé sur l'analogie qu'ont les sept couleurs primitives avec les sept notes diatoniques et primitives, et sur ce que les sept notes doivent avoir une seule et même origine ou mère, il faut convenir cependant que ces deux derniers Sons échappent à notre ouie, soit parce qu'ils sont trop faibles par eux-mêmes et étouffés par les octaves diverses des cinq premières notes, soit parce qu'en effet la corde n'en rend réellement que cinq différens, plus leurs octaves; ce que je puis d'autant moins penser, que je crois avoir entendu quelquefois, mais très-rarement, ces deux dernières notes.

Quant aux cinq premières, je les distingue constamment et aussi parfaitement que la note principale, lorsque des sons ou des bruits étrangers n'absorbent pas mon attention.

La corde *sol* donne donc *sol si ré fa la*.

La corde *la*, *la ut* mi sol si*.

La corde *si♭*, *si♭ ré fa la♭ ut*.

La corde si, *si ré* fa* la ut**, et ainsi des autres.

Quand on veut faire cette expérience, il faut la faire sur l'une ou l'autre des cordes de l'octave la plus grave du clavier, parce qu'autrement les harmoniques devenant trop aigus, ils nous échappent.

141. Comme nous ne distinguons que cinq notes différentes dans une corde qui vibre, plus leurs octaves, de même nous ne pouvons admettre dans un accord plus de cinq notes différentes, prises chacune à la tierce l'une de l'autre, ainsi qu'elles sont engendrées dans la résonnance d'un corps sonore, car telle est notre manière de sentir. *Sol si ré fa la* est donc un accord aussi composé qu'il peut l'être, pour n'être qu'un seul et même accord. *Sol si ré fa la ut* ne serait plus un seul accord, mais deux accords différens; *ut sol si ré fa*, qui suppose plus de quatre tierces consécutives, n'est pas non plus un accord, mais deux accords l'un sur l'autre, savoir celui *ut mi sol* dont le *mi* est retranché, et celui *sol si ré fa* : voilà pourquoi l'accord de septième superflue *ut ré fa sol si* est un accord par superposition ou supposition, c'est-à-dire un accord posé sur un autre ou sur une portion de cet autre.

Un accord existe donc depuis l'ensemble de deux notes différentes jusqu'à l'ensemble de cinq notes différentes; depuis une tierce jusqu'à quatre entendues à-la-fois.

142. Le grand système pratique complet, composé de vingt-sept cordes, comme l'alphabet de vingt-six lettres, produit une foule immense d'accords.

A la vérité, ces accords se réduisent à un petit nombre d'espèces différentes; mais quoiqu'un accord soit de la même espèce qu'un autre accord qui appartient au même Ton, il n'est pas pour cela le même accord que cet autre, car il en diffère nécessairement, ou par les degrés qu'il occupe sur l'échelle musicale, et par son importance plus ou moins grande dans le Ton, ou parce qu'il est pris soit en tout, soit en partie dans un autre genre que l'accord avec lequel on veut mal à-propos le confondre.

Par exemple, il n'y a de véritables tierces harmoniques que de deux espèces, des tierces majeures et des mineures; mais sans changer de Ton on peut, au moyen de l'emploi du grand système pratique, faire entendre en *ut* majeur trois tierces majeures diatoniques *fig.* A, *pl.* 57; quatre tierces diatoniques et mineures, *fig.* B; quatre tierces majeures, dont une note est prise dans le genre diatonique, et l'autre dans le chromatique ascendant, *fig.* C; trois tierces mineures, dont la note aiguë est prise dans le diatonique, l'autre dans le chromatique ascendant, *fig.* D; trois tierces mineures, dont la note grave appartient au diatonique, l'autre au chromatique descendant, *fig.* E; quatre tierces majeures, dont la note aiguë appartient au diatonique, l'autre au chromatique descendant; deux tierces mineures qui appartiennent en entier au chromatique ascendant *fig.* G; une tierce majeure *idem*, *fig.* H; deux tierces mineures qui appartiennent en totalité au chromatique descendant (voyez *fig.* I), et une majeure *idem*, *fig.* J, ce qui fait vingt-sept tierces différentes, rangées sous deux espèces, treize majeures et quatorze mineures.

143. Comme chacune des vingt-sept tierces dont il vient d'être parlé, peuvent se renverser, elles forment aussi vingt-sept sixtes, dont quatorze majeures et treize mineures.

144. Les autres Accords sont des composés de

ces tierces, à l'exception de ceux qui ne peuvent être employés que renversés, par la raison qu'ils renferment une tierce diminuée.

Deux tierces majeures directes ou renversées ne peuvent se faire entendre dans le même accord sans en détruire l'Unité : donc tout accord qui renferme deux tierces majeures, n'est pas un véritable ensemble harmonique, n'est pas un accord.

Une tierce diminuée ne peut s'employer que renversée et en qualité de sixte superflue, car autrement elle est amphibologique, et semble être une seconde majeure : la clarté du Discours musical exige donc qu'on ne l'emploie que comme sixte superflue.

145. Les sept Tierces diatoniques forment sept accords diatoniques, composés chacun de deux tierces, savoir six consonnans, trois majeurs et trois mineurs, et un dissonnant composé de deux tierces mineures.

Nous avons déjà dit que l'Accord parfait n'était que le moins imparfait des accords composés de deux tierces, et non pas un accord absolument parfait; car s'il était tel, il ne pourrait pas être tantôt majeur et tantôt mineur, il serait invariable, comme l'octave qui cesse d'être harmonique dès qu'elle est haussée ou baissée d'un semi-ton.

146. La *fig.* K, *pl.* 37, présente dans le Ton d'*ut* majeur, les trois accords parfaits majeurs diatoniques *sol si ré*, *ut mi sol* et *fa la ut*; et en outre, huit autres accords parfaits qui sont plus ou moins chromatiques.

147. La *fig.* L présente les trois accords parfaits mineurs diatoniques, *ré fa la*, *la ut mi*, *mi sol si*,

et en outre huit autres accords parfaits mineurs plus ou moins chromatiques.

148. La *fig*. M renferme l'accord imparfait diatonique *si ré fa*, plus douze autres accords imparfaits qui sont tous plus ou moins chromatiques.

149. La *fig*. N offre sept accords de tierce majeure et sixte superflue, tous plus ou moins chromatiques; ces accords n'ont point de type diatonique.

150. La *fig*. O offre sept accords de quarte superflue et sixte superflue, tous plus ou moins chromatiques ; ces accords n'ont point de type diatonique.

Tous ces accords sont en *ut* majeur.

151. Les accords parfaits mineurs diatoniques *ré fa la*, *la ut mi*, et *mi sol si* , deviennent majeurs au moyen d'une seule modification chromatique appliquée à la note du milieu de l'accord, en haussant la première tierce d'un semi-ton par un dièze chromatique, comme *ré fa* la*, *la ut* mi* et *mi sol* si*, *fig*. K.

Ces mêmes accords parfaits mineurs diatoniques, deviennent aussi majeurs en baissant la note la plus grave et la plus aiguë par un bémol chromatique, *ré*ᵇ *fa la*ᵇ, *la*ᵇ *ut mi*ᵇ et *mi*ᵇ *sol si*ᵇ. *fig*. K.

L'accord imparfait devient majeur en baissant sa note fondamentale d'un semi-ton chromatique, ou en haussant les deux notes les plus hautes *si*ᵇ *ré fa* ou *si ré* fa**, *fig*. K.

152. Les accords parfaits majeurs diatoniques *sol si ré* , *ut mi sol* et *fa la ut* deviennent mineurs au moyen d'une seule modification prise dans le chromatique descendant, ou au moyen de deux, prises

dans le chromatique ascendant. L'accord imparfait devient mineur au moyen d'un dièze, ou au moyen de deux bémols, *fig*. L.

153. Les accords parfaits majeurs diatoniques deviennent imparfaits au moyen d'un dièze ou de deux bémols, et les mineurs au moyen d'un bémol ou de deux dièzes, *fig*. M.

154. Il n'y a en *ut* majeur qu'un seul accord diatonique qui soit composé d'une tierce majeure et de deux mineurs, mais il y en a treize qui ont les mêmes proportions, au moyen de l'emploi des dièzes ou des bémols chromatiques ou enharmoniques. Voyez *fig*. P, *pl*. 37. La première portée contient le Type diatonique et les moins chromatiques; la seconde portée de cette *fig*. contient les plus chromatiques.

155. Il n'y a en *ut* majeur que trois accords diatoniques de septième, composés d'une tierce majeure, entre deux mineurs; mais il y en a onze autres qui ont les mêmes proportions, au moyen des dièzes ou des bémols chromatiques ou enharmoniques. *Fig*. Q.

156. Il n'y a en *ut* majeur qu'un seul accord diatonique de septième qui soit composé de deux tierces mineures et d'une majeure; c'est *si ré fa la*; mais il y en a treize autres construits de la même manière, au moyen des dièzes ou des bémols chromatiques ou enharmoniques. *Fig*. R.

157. La septième diminuée n'a point de Type diatonique, du moins en majeur, ce qui n'empêche pas qu'il n'y ait quatorze accords de cette espèce en *ut* majeur, au moyen des bémols ou des dièzes chromatiques ou enharmoniques. *Fig*. S.

158. Pour ne pas porter trop loin la modulation, nous ne présentons ici en *ut* que sept accords de tierce majeure, quinte juste et sixte superflue. *Fig.* T.

159. Pour la même raison, nous n'offrons que sept accords de tierce majeure, triton et sixte superflue. *Fig.* U.

La *fig.* X présente sept accords nouveaux de tierce majeure, quarte maxime et sixte superflue ; ce sont ces accords que, par une faute d'orthographe, l'on confond avec ceux de la *fig.* T. Quoique nous ayons déjà présenté un grand tableau des accords, nous avons jugé qu'il serait très-utile d'offrir encore celui-ci, duquel nous extraierons tous les accords que nous allons faire entrer dans la pratique de l'Harmonie dont nous allons pleinement nous occuper quand nous y aurons suffisamment préparé nos lecteurs.

160. On sait qu'un accord parfait majeur, en se renversant, devient 1°. accord de tierce et sixte mineures ; 2°. accord de quarte et sixte majeures, *ut mi sol*, *mi sol ut*, *sol ut mi* ;

161. Que le premier renversement de tout *Accord parfait mineur* quelconque, est un accord de tierce et sixte majeure ; et que le second renversement est quarte juste et sixte mineure, *ré fa la*, *fa la ré*, *la ré fa*.

162. On sait que tout *Accord imparfait* produit, par son premier renversement, un accord de tierce mineure et sixte majeure ; et par son second renversement, un accord de quarte superflue et sixte majeure, *si ré fa*, *ré fa si*, *fa si ré*.

163. L'accord de septième de la dominante, comme tout accord composé d'une tierce majeure et de deux

mineures par-dessus, donne par renversement l'accord de tierce mineure, fausse quinte et sixte mineure; l'accord de petite sixte ou de tierce mineure, quarte juste et sixte majeure; et l'accord de triton ou de seconde majeure, quarte superflue et sixte majeure, *fig.* P, *sol si ré fa, si ré fa sol, ré fa sol si, fa sol si ré.*

164. L'accord de septième de la seconde note en majeur, comme tout accord composé d'une tierce majeure entre deux mineures, donne par renversement 1°. l'accord de tierce quinte et sixte majeure; 2°. de tierce mineure, quarte juste et sixte mineure, ou de petite sixte mineure; 3°. l'accord de seconde quarte et sixte majeure, *fig.* Q, *la ut mi sol, ut mi sol la, mi sol la ut, sol la ut mi.*

165. Un accord de septième mineure, quinte mineure et tierce mineure, tel que celui de la septième note, en majeur, comme tout accord composé de deux tierces mineures et d'une majeure par-dessus, *fig.* R, donne, par renversement, 1°. l'accord de tierce mineure, de quinte et sixte majeure; 2°. de tierce majeure, triton et sixte majeure; 3°. de seconde majeure, quarte juste et sixte majeure, *si ré fa la, ré fa la si, fa la si ré, la si ré fa.*

166. Les accords de septième diminuée, de la *fig.* S, sont tous composés de trois tierces mineures, et produisent, par renversement, 1°. un accord de de tierce mineure, fausse quinte et sixte; 2°. de tierce mineure, triton et sixte majeure; 3°. de seconde superflue, triton et sixte majeure, *si ré fa la♭, ré fa la♭ si, fa la♭ si♮ ré, la♭ si♮ ré fa.*

167. Les accords de la *fig.* T et ceux de la *fig.* U n'ont point d'autre renversement que celui qu'ils ont

dans ces figures, à cause que tout autre que celui-là renfermerait une tierce diminuée (Voyez le ch. XXV tout entier, pag. 230).

De la pratique des Accords ci-dessus.

168. Nous avons déjà fait connaître l'emploi des accords diatoniques composés de deux tierces ; ils peuvent être suivis chacun d'un autre, qui est pris une seconde, ou une tierce, ou une quarte, ou une quinte, ou une sixte, ou une septième au-dessus, comme le prouvent les *fig.* E, F, G, H, I, K, L, *pl.* 6.

Dans la *fig.* E, *pl.* 6, l'accord de deux tierces formé sur la dominante, et qui est *sol si ré*, est successivement suivi des six autres accords de deux tierces, et forme ainsi avec eux une cadence à la seconde, une à la tierce, une à la quarte, une à la quinte, une à la sixte et une à la septième. (Voyez chap. VII, pag. 50, et chap. VIII).

169. Puisque chaque accord de deux tierces peut être suivi de celui qui est une seconde plus haut, on peut faire consécutivement sept cadences à la seconde, comme *fig.* A, *pl.* 7.

Puisque tout accord peut aussi être suivi de celui qui est une tierce, ou une quarte, ou une quinte, ou une sixte, ou une septième, plus haut ou plus bas, on peut donc faire de suite sept cadences à la tierce, comme *fig.* B, *pl.* 37 ; sept cadences à la quarte, sept cadences à la quinte, sept cadences à la sixte, sept cadences à la septième, comme *fig.* C, D, E, F, *pl.* 7.

N. B. Chacun de ces exemples ne peut former

qu'un fragment d'un Morceau, vu qu'il ne se termine pas sur la tonique et par la cadence parfaite.

170. On peut aussi faire une suite d'accords de tierce et sixte, premier renversement, chacun d'un accord parfait, soit en montant de seconde, comme *fig.* G, *pl.* 7, soit en montant de tierce, comme *fig.* H, *pl.* 7.

N. B. A la *fig.* I, *pl.* 7, on ne trouve l'accord de tierce et sixte qu'à l'Antécédent de chaque Proposition ou cadence, mais cet accord pourrait être également placé sur chaque note. Alors la basse serait *si mi*, *mi la*, *la ré*, *ré sol*, *sol ut*, *ut fa*, *fa si*, *si mi*.

Dans la *fig.* K, *pl.* 7, l'accord de sixte ne se trouve qu'à chaque conséquent, mais il pourrait se placer aussi à l'antécédent de chaque cadence. Cependant, pour y être régulièrement employé, il faudrait que l'on remplît par des notes de mélodie l'intervalle d'une note de la Basse à l'autre ; car le saut de quinte est inconséquent lorsque, dans la même Cadence, il a lieu d'un accord de sixte à l'autre.

171. On vient de voir l'emploi des accords diatoniques composés de deux tierces ; maintenant, pour l'emploi des accords de septième, il faut se transporter *pl.* 9.

On y voit, *fig.* A, que l'accord de septième de la Dominante peut faire sa résolution sur l'un ou l'autre des sept accords diatoniques qui sont composés de deux tierces, et former une cadence à la seconde, une à la tierce, une à la quarte, une à la quinte, une à la sixte, une à la septième et une à l'octave.

On y voit, *fig.* B, qu'une proposition musicale qui a pour Antécédent l'accord de septième de la sixième note, peut également avoir pour conséquent l'un ou l'autre des sept accords qui sont composés de deux tierces, ainsi qu'elle vient d'avoir lieu à l'égard de l'accord de septième de la Dominante, et former une cadence à la seconde, une à la tierce, une à la quarte, une à la quinte, une à la sixte, une à la septième et une à l'octave.

Il en est de même à l'égard de tous les autres Accords de septième, ce qui est évident par les *fig.* C, D, E, F, G de la même *pl.* 9.

172. *N. B.* Si dans notre récapitulation des accords nous n'avons point parlé de l'accord de septième que présente la *fig.* D, *pl.* 9, et qui est l'accord de septième majeure et tierce majeure de la Tonique, *ut mi sol si*, ni de l'accord de septième et tierce majeure de la quatrième note qui est *fa la ut mi*, c'est que ces deux accords ne sont point de véritables accords, puisqu'ils renferment, chacun, deux tierces majeures, chose qui détruit l'Unité d'accord. Ainsi donc la septième de ces accords ne peut être considérée que comme note de Mélodie, et ces accords ne sont que les accords parfaits majeurs *ut mi sol ut* et *fa la ut fa*, puisqu'il ne peut y avoir de véritables accords diatoniques de septième sur la Tonique ni sur la quarte d'un Ton majeur.

173. La planche dixième offre les mêmes accords de septième que la planche 9, mais voici en quoi elle diffère. Dans la planche 10, au lieu de résoudre dans chaque figure un seul accord de septième de sept manières différentes, on ne l'y résout que d'une seule, mais on y résout de la même manière tous les sept accords diatoniques de septième.

Ainsi la *fig.* A, *pl.* 10, présente sept Cadences à

la seconde en montant ; la *fig.* B , sept Cadences à la tierce ; la *fig.* C , sept Cadences à la quarte ; la *fig.* D , sept Cadences à la quinte ; la *fig.* E , sept Cadences à la sixte en montant ou à la tierce en descendant ; la *fig.* F , sept Cadences à la septième ; la *fig.* G , sept Cadences à l'octave.

174. Si l'on fait abstraction des accords de neuvième, des cadences évitées , des retards et des anticipations, les planches 7 et 9 renferment toutes les cadences diatoniques possibles à former avec des accords composés de deux ou de trois tierces, puisque chaque Accord de deux ou de trois tierces y est successivement accouplé avec chacun des Accords de deux tierces. Tout ce que l'on peut y ajouter, sans sortir du Ton d'*ut* majeur et du genre diatonique , c'est de renverser les Parties qui composent ces accords ou de les doubler ou tripler ou quadrupler, soit en tout , soit en partie.

Mais si l'on se sert des modifications chromatiques ou enharmoniques de ces mêmes accords , on aura une foule d'autres effets souvent plus piquans que ceux qui résultent de l'emploi, sans mélange, du diatonique.

175. Les douze accords que présente la *fig.* AA , *pl.* 37, ne sont tous que celui *ut mi sol* , renversé ou modifié chromatiquement.

Chaque modification chromatique, en outre qu'elle change l'effet de l'accord, donne à la note qui est modifiée, une direction, une tendance plus forte vers la note au-dessus ou au-dessous d'elle : vers la note au-dessus, si elle est modifiée par un dièze ; et vers la note au-dessous , si elle est modifiée par un bémol.

Ainsi le *mi♭* d'*ut mi♭ sol* change l'effet de l'accord *ut mi sol* en celui-ci *ut mi♭ sol*, et donne au *mi* une tendance plus forte vers le *ré*.

Ainsi le dièze qui est à *ut* change l'effet de l'accord parfait majeur *ut mi sol* en celui de l'accord imparfait *ut✳ mi sol*, et donne à cet *ut* une tendance plus forte vers le *ré*.

Ainsi les deux bémols de l'accord *ut mi♭ sol♭* change l'effet d'*ut mi sol* ou *ut mi♭ sol♭*, et donnent une tendance plus forte au *mi♭* vers le *ré*, au *sol♭* vers le *fa*.

Or, comme toutes choses étant égales d'ailleurs, le conséquent d'une proposition fait un effet d'autant plus doux qu'il est plus vivement demandé par son Antécédent, il s'ensuit qu'après *ut✳ mi sol*, l'accord *ré fa* sera plus doux qu'après *ut mi sol*, puisque l'*ut✳* appelle davantage le *ré* que l'*ut* naturel. Il fera aussi plus d'effet après *ut mi♭ sol* qu'après *ut mi sol*, puisque le *mi♭* n'est qu'à un semi-ton du *ré*. Donc, quand après *ut mi sol* on voudra faire *ré fa*, on se servira avec succès d'*ut✳* ou de *mi♭* pour appeller davantage le *ré*. Voyez l'exemple BB, *pl.* 57.

176. Dans cet exemple BB, il y a deux notes qui ne sont point de l'Harmonie, le *sol✳* de la onzième mesure de la Basse écrit avec une croche à tête de blanche, et le *la* de la quatorzième mesure du Dessus, écrit aussi avec une croche à tête de blanche. Le *sol✳* est une note de Mélodie puisqu'il forme sous l'*ut* une quarte diminuée, quarte qui n'est pas harmonique. Le *la* est aussi une note de Mélodie, parce que formant une neuvième sur le *sol* de la Basse, il n'y peut frapper comme note d'Harmonie qu'autant qu'il serait la note supérieure *comme dans la mesure qui suit*, car la neuvième harmonique ne se

renverse pas et ne peut s'employer dans les parties intermédiaires.

177. Les modifications mélodiques ou extra-harmoniques ne doivent se faire entendre, autant qu'il est possible, qu'après que l'accord diatonique a frappé et pendant qu'il se prolonge.

Ainsi le *sol*✳, qui fait un bon effet après *sol ut mi*, parce qu'il met plus d'intimité entre le *sol* et le *mi*, serait défectueux s'il frappait en même tems que l'*ut* avec lequel il forme une quarte diminuée, parce que cette quarte n'est pas harmonique.

178. C'est sur-tout quand une corde chromatique pourrait induire en erreur sur le Mode, en le faisant croire mineur lorsqu'il est majeur, ou majeur lorsqu'il est mineur, que cette corde ne doit se faire entendre qu'après la note diatonique qu'elle modifie.

Ainsi le *mi*✳ qui est à la huitième mesure du Dessus de la *fig*. BB serait une faute s'il était placé avant le *mi* naturel, de même que le *sol*✳ de la mesure qui suit, s'il frappait avant le *sol* naturel.

179. Quant une note n'est modifiée que chromatiquement ou enharmoniquement, le Mode et le Ton restent les mêmes, mais quand elle est modifiée diatoniquement, alors il y a changement de Ton ou de Mode ou de tous deux à-la-fois.

Par exemple *fig*. CC, le premier *sol*✳ de la Basse y est indubitablement chromatique, parce que les deux *sol* naturels qui viennent de frapper en débutant dans la mesure précédente, n'ont pu être pris pour des notes chromatiques. Et là où le *sol* est diatonique, le *sol*✳ est nécessairement chromatique, car *sol* et *sol*✳ ne peuvent être tous deux diatoniques dans le même Ton. — Mais le Ton de *la* mineur s'établit à la seconde mesure. — Où en est la preuve? Est-ce dans le *sol* naturel qui est à la troisième mesure, est-ce dans le repos sur la dominante d'*ut* qui est à la quatrième?

185. On ne peut établir un Ton qu'autant qu'un hémistiche se termine sur l'accord de la dominante ou sur l'accord de la Tonique de ce Ton : nous avons déja énoncé cette vérité, apportons-en des preuves et tirons-les de l'exemple CC.

Premier Hémistiche de l'exemple CC.

Le *fa* de la troisième mesure de la Basse n'est point diatonique, puisque le *fa* naturel s'est fait entendre comme diatonique dans la Mesure précédente. Il n'est point en *sol* majeur, car le repos *sol si ré* ne peut être pris pour un repos de Tonique, puisqu'il n'est pas amené par la cadence parfaite et concluante.

Le *mi* du Dessus n'appartient pas non plus au Ton d'*ut* mineur comme note diatonique, mais au Ton d'*ut* majeur comme corde chromatique, vu qu'il est précédé d'un *mi* naturel qui est incontestablement diatonique, ce qui empêche nécessairement que le mode d'*ut* ne soit mineur en cet endroit, et que le *mi* ne soit diatonique.

Second Hémistiche de la fig. CC, pl. 37.

L'*ut* qui commence cet Hémistiche n'appartient pas au Ton de *ré* mineur, mais au Ton d'*ut* majeur, puisque l'*ut* naturel vient de frapper comme note diatonique et en *ut* majeur, dans la mesure précédente, et le *si* est aussi chromatique et en *ut* majeur puisque le *si* naturel vient de frapper comme diatonique et en *ut* majeur dans la même mesure.

La♭ est aussi chromatique et en *ut* majeur, puisque *la* naturel vient de frapper dans la même mesure comme diatonique et en *ut* majeur.

Le *ré♭* est pareillement chromatique, et en *ut* majeur, puisque le *ré* vient de frapper comme diatonique et en *ut* majeur, trois tems avant.

Le *mi♭* est chromatique puisque le *mi* naturel a frappé trois tems auparavant comme diatonique au Dessus et deux tems auparavant à la Basse.

Le *la♭* est aussi chromatique, puisque le *la* naturel a été entendu dans ce même Hémistiche comme diatonique. Or ce *la* ne peut cesser d'être diatonique qu'autant qu'on établirait un repos d'Hémistiche dans un autre Ton qu'en *ut* majeur; cela n'existant point ici, puisque le *mi* naturel qui exclut le Ton d'*ut* mineur vient de se faire entendre comme diatonique au Dessus et à la Basse, il est clair que le *la♭* et le *fa*✳ sont tous deux chromatiques et en *ut* majeur.

Donc tout Musicien qui voudrait prétendre le contraire ne serait indubitablement qu'un routinier, car ceci n'est point un système imaginé; c'est celui de la nature que nous développons, et l'on ne peut résister aux preuves que nous en donnons, à moins qu'on ne soit incapable de suivre un raisonnement ou que l'on ne soit d'une mauvaise foi insigne.

Troisieme Hémistiche de la fig. CC.

Le *si♭* de la seconde mesure de la Basse est visiblement chromatique, puisque le *si* naturel vient d'être entendu comme diatonique et en *ut* majeur. Il en est de même du *sol*✳, du *la♭* et de l'*ut*✳ de la Basse du *fa*✳ et du *si*✳ du Dessus dont chacun est devancé par la note diatonique qu'il modifie, laquelle empêche notre ame de s'égarer dans le jugement qu'elle porte sur la nature de ces cordes et sur le Ton auquel elles appartiennent.

Le même raisonnement s'applique aux cordes chromatiques du quatrième Hémistiche de cet exemple.

181. D'ailleurs une corde chromatique est facile à reconnaître, parce qu'on peut toujours lui substituer la note diatonique qu'elle modifie, hors dans les accords où cette substitution placerait deux tierces majeures dans le même accord diatonique, comme dans *fa* ✳ *la ut mi* dont la note chromatique étant retranchée, ferait *fa la ut mi*. Donc on pourrait retrancher tous les dièzes et les bémols de la *fig.* CC, hors ceux des accords de septième et tierce majeure.

Analyse de la fig. DD, pl. 37.

182. Dans le premier Accord du Dessus, le *la*♭ est-il diatonique ou chromatique? La question est un peu épineuse; mais cependant elle va être résolue naturellement et sans aucune subtilité.

Quelle idée doivent faire naître les quatre *ut* qui frappent seuls à la Basse? N'est-ce pas celle du Ton d'*ut* et du Ton d'*ut* majeur, puisque de l'avis de tout le monde les premiers harmoniques d'*ut* sont *ut sol mi*? Donc le *la*♭ qui frappe après que le mode majeur d'*ut* est implicitement établi par les harmoniques, est chromatique et en *ut* majeur, et non diatonique et en *ut* mineur.

Il faut cependant convenir que ce *la*♭ est bien propre à faire naître l'idée du mode mineur d'*ut*, et qu'il y a une sorte de hardiesse à débuter ainsi. Mais à supposer que l'on soit dans le doute ou dans l'erreur, on n'est pas long-tems à être éclairci, par la résolution de *si ré fa la*^{b} sur l'accord parfait majeur *ut mi sol*.

A la vérité cet accord *ut mi sol* pourrait être pris pour celui de la Dominante de *fa* mineur ; mais la suite prouve que c'est celui de la Tonique d'*ut* majeur.

Les croches à tête de blanche qui sont à la troisième et à la quatrième Mesures de la *fig*. DD sont des notes chromatiques et de Mélodie, parce que les intervalles qu'elles forment avec le *fa* du Dessus ne sont pas harmoniques.

183. A la dixième mesure, on trouve l'accord *la*^{b} *ut re*✻ *fa*✻ dont on écrit toujours le *re*✻ par un *mi*^{b}, ce qui est un tort, puisque c'est confondre le chromatique descendant avec l'ascendant, car il est bien clair que *mi*^{b} ne peut se résoudre sur *mi* : il faut donc que ce *mi*^{b} soit un *re*✻. C'est donc l'accord de tierce majeure, *quarte maxime* et sixte superflue, et non celui de tierce majeure, triton et sixte superflue. (V. *fig*. X, *pl*. 37.)

Les accords de la *fig*. X ne sont au fond que les accords de la *fig*. U dont la *quarte superflue* qui est harmonique, est remplacée par la *quarte maxime* qui n'est que *Mélodique*.

184. Au moyen de la *Suspension* qui est à la 14e. mesure de la *fig*. DD, *pl*. 37, on évite les *deux quintes consécutives* $_{ve}^{lab}$ $_{ut}^{sol}$.

Et au moyen de la *Suspension* qui est à la quinzième mesure, on évite les deux *octaves implicites* $_{ré}^{mi}$ $_{fa}^{fa}$. D'où il faut conclure que lorsque la Cadence que l'on a à opérer a quelque chose de contraire à l'Unité, comme deux quintes, ou à la Variété, comme deux octaves, on doit les éviter par une suspension.

*Des Tenues de Tonique et de celles de Dominante,
soit à la Basse soit au Dessus, ou dans les Parties intermediaires.*

185. Non-seulement chaque accord peut être suivi
d'un autre accord qui est pris à la seconde, ou à la
tierce, ou à la quarte, ou à la quinte, ou à la sixte,
ou à la septième, soit mineure, soit majeure, soit
superflue ou diminuée, soit entièrement diatonique
ou chromatique, soit mixte, mais on peut même
placer, sur une Tonique ou sur une Dominante,
tous les Accords dans la composition desquels la Tonique ou la Dominante n'entre pas, et qui, supposant
deux accords entendus à-la-fois, s'appellent accords
par supposition, c'est-à-dire posés l'un sur l'autre.

La Tenue de Tonique du premier Hémistiche de la
fig. EE, *pl.* 57 ne renferme qu'un seul accord par supposition. C'est l'accord de septième de la dominante
sol si ré fa, car celui de la seconde *ré fa la ut* contient un *ut*. Il est vrai qu'en prenant cet accord pour
ré fa la, et non pour *ré fa la ut*, il n'y aurait point
d'*ut*; mais c'est ce qu'on ne peut faire, parce que la
présence de l'*ut* nous force à le regarder comme
ré fa la ut.

Dans le second Hémistiche, il n'y a que *si ré fa
la*ᵇ qui soit un accord par supposition.

186. Il faut quitter la Tenue au Repos du vers
quand la note qui fait tenue n'est pas la note fondamentale de l'accord qui y frappe.

Voilà pourquoi, dans le second Hémistiche de la
fig. EE, on est obligé à la quatrième mesure, de

quitter l'*ut* pour le *sol*, ce qui n'a pas lieu dans le premier Hémistiche.

De même, dans le second vers, le premier Hémistiche finit par la Tenue de Dominante, mais à la fin du second, on est obligé de quitter cette Dominante pour la Tonique, parce que ce vers se termine par un Repos de Tonique et non par un repos de Dominante.

Objection. On abandonne ici la Dominante bien avant le Repos.

Cela est vrai, mais on pourrait la prolonger jusqu'au Repos et pendant toute la troisième mesure du second Hémistiche; si l'on a préféré de mettre dans cette mesure *la fa sol sol* à la Basse, c'est pour suivre la formule ordinaire *fa sol sol ut*; et c'est pour n'être pas monotone qu'on a placé la cadence rompue *sol si ré fa la ut mi* avant ces quatre dernières notes : on pourrait, au lieu de *la ut mi* qui rompt la cadence parfaite, placer l'accord de sixte *mi sol ut*, mais ce serait moins piquant, quoique tout aussi régulier. Et pourquoi pas la quarte et sixte *sol ut mi*? Parce qu'il faut éviter de terminer une tenue par cet accord, et parce que la Basse *sol fa sol sol* serait redondante, et par elle-même et par la quarte et sixte qu'elle présenterait coup sur coup.

187. Tous les Accords peuvent passer en revue sur une Tenue de Tonique ou de Dominante, placée à la Basse, et il en est alors des accords par supposition comme des notes de Mélodie; car ces accords ne comptent pas plus sur la Basse que les notes intermédiaires ou de Mélodie ne comptent en Harmonie, et chiffrer ces accords comme s'ils ne faisaient

qu'une seule et même chose avec la Basse, est une erreur.

188. Quand la Tenue a lieu au Dessus, il ne faut jamais employer la note sensible sous une Tonique ou la quarte chromatique sous la Dominante, à moins que ce ne soit comme note de Mélodie.

Il y a donc une faute dans la *fig*. FF, *pl.* 57, dans l'endroit où les quatre *si* écrits avec des blanches se font entendre.

Les *fa*⁕ de la *fig*. GG sont également défectueux.

On pourrait objecter à cette règle plusieurs exemples tirés des meilleurs ouvrages; mais ces exemples ne prouvent rien contre la règle, ils prouvent seulement que les plus grands compositeurs ne sont pas exempts de faire certaines fautes. Nous ferons le relevé de ces fautes dans un des chapitres de cet ouvrage, que nous intitulerons les taches du soleil.

189. Dans la Tenue placée dans une Partie intermédiaire, il faut en user comme si elle était au Dessus. La note sensible ou la quarte chromatique y fait cependant un moins mauvais effet que quand la la Tenue est au Dessus, mais il est encore assez choquant pour qu'on doive s'en abstenir. Les compositeurs qui prennent pour de la science de semblables effets, consultent beaucoup moins leur sensibilité, leur tact naturel que les préjugés d'une école barbare.

CHAPITRE XXXVIII.

De l'art de Moduler, et des Transitions ou chan-
gemens de Ton.

190. MODULER est l'art d'employer, en tout ou en
partie, les vingt-sept cordes d'un Ton, sans sortir
de ce Ton.

Quand on n'emploie que les cordes et les accords
diatoniques, comme dans les planches 6, 7, 9, 10
et 11, on ne *module* que *diatoniquement*; on *mo-*
dule chromatiquement et diatoniquement quand on
fait plus ou moins usage des cordes chromatiques mê-
lées aux diatoniques, et l'on module dans les trois
genres quand on entremêle de cordes enharmoniques
les chromatiques et les diatoniques. Voyez la *pl.* 37
depuis la *fig.* A jusqu'à la *fig.* X pour le grand tableau des Accords.

191. On peut bien séparer le diatonique des deux
autres genres, mais on ne peut séparer ceux-ci du
diatonique, car les cordes chromatiques du Ton d'*ut*
entièrement séparées du diatonique, formeraient savoir : les cinq ascendants *fa*✳ *ut*✳ *sol*✳ *ré*✳ *la*✳ une
portion diatonique du Ton de *fa*✳ majeur, et les cinq
descendantes *si*♭ *mi*♭ *la*♭ *ré*♭ *sol*♭ une portion diatonique du Ton de *sol*♭ majeur.

Ce n'est que lorsqu'elles co-existent avec les cordes
diatoniques du Ton d'*ut* majeur, que ces dix cordes

sont chromatiques et les nuances des dix cordes diatoniques *fa ut sol ré la* et *si mi la ré sol.*

Les dix cordes enharmoniques du Ton d'*ut* séparées des chromatiques et des diatoniques auxquelles elles sont subordonnées, présenteraient dans *mi** *si** *fa*$^+$ *ut*$^+$ *sol*$^+$ une portion diatonique du Ton de *mi** majeur; et dans *ut*^{b} *fa*^{b} *si*^{bb} *mi*^{bb} *la*^{bb} une portion diatonique du Ton de *la*^{bb} majeur.

192. Faire une Transition, c'est quitter un Ton pour un autre.

Ce mot *Trans-ition* est composé de deux mots latins; d'*itium* qui exprime l'action d'aller, et de la préposition *trans* qui veut dire *au-delà. Transire*, c'est donc aller au-delà. Mais au-delà de quoi va-t-on quand on fait une Transition, quand on passe d'un Ton dans un autre? On va au-delà des vingt-sept cordes du Ton où l'on est.

193. Comment va-t-on au-delà des vingt-sept cordes d'un Ton? En traitant comme diatonique, soit une, soit plusieurs des cordes chromatiques d'un Ton quelconque.

194. Qu'est-ce que traiter une corde chromatique comme une diatonique? C'est après cette corde faire monter la Partie où elle se trouve tandis qu'elle devrait descendre, ou descendre quand elle devrait monter, ou c'est passer, *par degrés conjoints*, d'une corde chromatique à une autre, comme de *fa** chromatique à *sol** chromatique.... Alors ces deux cordes *fa** et *sol** cessent d'être chromatiques et deviennent diatoniques *si la Transition a lieu*, et si elle n'a pas lieu, le *sol** chromatique après *fa** chromatique est un déraisonnement. Voyez l'article 53 et les suivans, page 438.

195. Quand doit-on passer d'un Ton dans un autre ?

Quand on deviendrait monotone en restant dans le même Ton, et quand ce qu'on veut exprimer exige ce changement.

Il est beaucoup de petits Airs qui sont tout entiers dans un seul Ton, tels sont les *fig.* B et C, *pl.* 38.

N. B. Si la *fig.* B présente beaucoup de cordes chromatiques dans ses accompagnemens c'est pour prouver que le Chant le plus simple est susceptible d'une Harmonie recherchée, *quand on ne veut pas s'astreindre à lui donner son Harmonie la plus naturelle.* Il montre aussi comment on peut paraître changer plusieurs fois de Ton en demeurant dans le même.

Nous avons donné à l'Air *charmante Gabrielle*, du bon et galant *Henri IV*, son interprétation harmonique la plus simple.

196. Quand on ne se contente pas d'aller de la Tonique à la Dominante, on rend cette Dominante seconde Tonique et l'on emploie deux Tons différens dans le même Morceau, comme *fig.* A, *pl.* 38.

197. Quand le Mode de la Tonique principale est mineur, on passe plus souvent à son Ton relatif qu'à celui de sa quinte.

Ainsi de *la* mineur on va plutôt en *ut* majeur, comme *fig.* D, qu'en *mi* mineur, comme *fig.* E, *pl.* 38.

198. On va quelquefois aussi d'un Ton majeur au Ton mineur relatif à la Dominante, c'est-à-dire qu'au lieu d'aller d'*ut* majeur en *sol* majeur, on va d'*ut* majeur en *mi* mineur, comme *fig.* F, mais cela est un peu recherché.

199. Nous distinguerons les *Modulations réelles* en *principales*, en *secondaires*, en *accessoires* et en *instantanées*.

La *Modulation principale* est celle par où commence et finit un Morceau.

La *Modulation secondaire* est, en majeur, celle de la quinte de la première Tonique ; en mineur, celle de la tierce mineure de la Modulation principale ou celle de sa quinte. Les autres sont des Modulations accessoires plus ou moins éloignées du Ton principal, ou des Modulations instantanées.

200. Une *Modulation principale* doit être au moins double eu triple en durée d'une Modulation secondaire.

Une *Modulation secondaire* doit être au moins double ou triple en durée d'une Modulation accessoire. Les *instantanées* ne durent quelquefois qu'une Proposition ou deux.

Donc dans un Morceau en *ut* majeur, la Modulation d'*ut* qui est la principale, doit être au moins double ou triple en durée de celle de *sol* majeur, qui est la Modulation secondaire. Ainsi, *fig.* A, la Modulation d'*ut* occupe toute la durée du Morceau hors le second Hémistiche du deuxième vers qui est en *sol* majeur.

Ainsi, *fig.* D, la Modulation de *la* mineur, qui est la principale, occupe trois petits vers, et celle d'*ut* majeur, qui est la Modulation secondaire de cette *fig.* ne dure que pendant un seul.

Ainsi, *fig.* E, la Modulation de *la* mineur occupe trois vers sur quatre, et la Modulation de *mi* mineur, qui est secondaire, n'occupe que le second vers.

Dans la *fig.* F, qui est en *ut* majeur, la Modulation de *mi* mineur n'est qu'instantanée.

Cet exemple n'offre que le thème du rondeau auquel il appartient.

SECTION II.

Des Transitions.

201. On ne peut passer d'un Ton à un autre sans *Trans-ition*, car la Transition est précisément ce passage. Il y a donc autant de Transitions qu'il y a de passages d'un Ton à un autre.

202. Les Transitions sont ou diatoniques ou chromatiques ou enharmoniques.

203. La *Transition diatonique* est celle qui s'opère par les cordes diatoniques du Ton où l'on est, en dirigeant ces cordes vers un Repos principal, autre que celui de la Tonique ou celui de la Dominante du Ton que l'on quitte; comme *fig.* D où l'on passe de *la* en *ut* majeur, et d'*ut* majeur en *la* mineur.

Dans la *fig.* B, *pl.* 58, on y module diatoniquement et chromatiquement, mais il n'y a aucune espèce de Transition puisqu'on n'y sort point du Ton d'*ut* majeur.

204. La *Transition chromatique* s'opère en rendant diatonique une ou plusieurs des cordes chromatiques du Ton que l'on quitte. Ainsi, *fig.* F, où l'on passe d'*ut* en *mi* mineur, le *fa** qui serait chromatique et ascendant en *ut* majeur, devient diatonique, puisqu'après ce *fa** on descend à *mi*. On est donc en *mi* mineur dès le *mi* qui suit ce *fa**.

205. La *Transition enharmonique* est celle qui s'opère en changeant l'acception ou dénomination d'une ou de plusieurs des touches de l'accord que l'on tient.

Je suppose qu'on soit en *la* mineur et qu'on ait sous les doigts l'accord de septième diminuée *sol♯ si ré fa*, et que l'on veuille passer en *ut* mineur, que devra-t-on faire ? Il faudra appeler *sol♯ la♭* comme *fig.* H, et alors ayant *si ré fa la♭* ou *la♭ si ré fa* sous les doigts il ne s'agit plus que d'en assurer l'oreille par l'accord parfait mineur d'*ut*.

Supposons maintenant qu'on veuille aller de *la* mineur en *mi♭* mineur, et que l'on ait sous les doigts *sol♯ si ré fa*, il faut alors changer l'acception de *sol♯* et de *si*, il faut appeler le *sol♯*, *la♭* et le *si* naturel *ut♭*, comme *fig.* I, *pl.* 38, et l'on aura *la♭ ut♭ ré fa*, renversement de *ré fa la♭ ut♭* qui est l'accord de septième diminuée de la note sensible du Ton de *mi♭* mineur. Pour faire comprendre à l'auditeur ce changement, il ne faut que faire entendre l'accord parfait mineur *mi sol♭ si♭*.

En changeant l'acception des touches, chaque accord de septième diminuée peut déboucher dans quatre Tons différens qui sont à une tierce mineure d'intervalle l'un de l'autre. L'accord *sol♯ si ré fa* devient *la♭ si ré fa*, *la♭ ut♭ ré fa* et *sol♯ si ré mi♯* ou *la♭ ut♭ ré fa♭*, et par ce moyen on va en *la* mineur, en *ut* mineur, en *mi♭* mineur et en *fa♯* mineur ou *sol♭* mineur. *Fig.* G, H, I, K, *pl.* 38.

L'accord de septième diminuée *fa♯ la ut mi♭* devient *sol♭ la ut mi♭*, *fa♯ la si♯ ré♯* et *fa♯ la ut ré♯*, et l'on passe en *sol* mineur, en *si♭* mineur, en *ut♯*

mineur ou *ré*♭ mineur, et en *mi* mineur. *Fig.* L,
M, N, O, *pl.* 38.

L'accord de septième diminuée *fa*⁺ *la*✻ *ut*✻ *mi*
devient *sol la*✻ *ut*✻ *mi*, *sol si*♭ *ut*✻ *mi* et *sol si*♭ *ré*✻
mi, et l'on passe en *sol*✻ mineur, en *si* mineur, en
ré mineur et en *fa* mineur. *Fig.* P, Q, R, S,
pl. 38 (1).

Ainsi, au moyen de trois accords de septième diminuée, *composés* de touches différentes, on passe
dans les douze Tons mineurs; et cela est tout simple,
car en changeant l'acception de ces touches, on parvient à former douze accords de septième diminuée
différens, comme il est évident par la portée d'en
bas des exemples G, H, I, K, L, M, N, O, P,
Q, R, S.

206. Si l'on prend pour quatrième note chromatique la note qui porte l'accord de septième diminuée, et si l'on résout cet accord par l'accord parfait majeur de la Dominante; alors on passera dans
les douze tons majeurs au lieu de passer dans les
douze Tons mineurs. Comme *fig.* T, U, V,
X, *pl.* 38.

Donc chaque accord de septième diminuée peut
conduire à une Dominante comme à une Tonique.
Voyez les exemples Y et Z, *pl.* 38.

Cela s'applique à tous les autres accords de septième diminuée.

207. On peut transporter le Ton à tel intervalle
que ce soit.

---

(1) Il faut remarquer que souvent je désigne fondamentalement les accords et dis *mi sol si*♭ *ré*♭ au lieu de dire *si*♭
ré♭ *mi sol*, ou *ré*♭ *mi sol si*♭, et ainsi des autres.

La *fig.* AA, *pl.* 58, montre comment on porte la Modulation à un demi ton au-dessus; la *fig.* BB à un Ton; la *fig.* CC à un Ton et demi; la *fig.* DD à deux Tons au-dessus; la *fig.* EE à deux Tons et demi au-dessus; la *fig.* FF à trois Tons; la *fig.* GG à trois Tons et demi; la *fig.* HH à quatre Tons; la *fig.* II à quatre Tons et demi; la *fig.* JJ à cinq Tons; la *fig.* KK à cinq Tons et demi.

Nous allons analyser quelques-uns de ces exemples pour les rendre plus utiles à nos lecteurs.

208. Quand on veut passer d'un Ton dans un autre, en un mot quand on veut opérer une Transition, on doit se demander quelle différence il y a entre le Ton où l'on est, et celui où l'on veut aller, et faire entendre cette différence soit à-la-fois, ou successivement. A-la-fois si la différence est d'un seul dièze ou bémol, et successivement si elle est de plusieurs dièzes ou bémols, et selon que l'on veut rendre la Transition plus ou moins douce.

Ainsi, *fig.* CC, quand je veux passer d'*ut* majeur à *mi*^{b} majeur où il y a trois bémols de plus qu'en *ut*, puisqu'il n'y en a point en *ut* majeur, je ne fais pas entendre l'accord de septième de la Dominante *si*^{b} *ré fa la*^{b}, immédiatement après l'accord parfait d'*ut* majeur, car cela serait brusque; mais je fais *si*^{b} *mi sol*, et ce *si*^{b} qui n'est encore en cet instant que la septième note du Ton d'*ut* prise dans le chromatique descendant, devient, sous *ré fa la*^{b}, diatonique et dominante du Ton de *mi*^{b} majeur, et je suis dès-lors en *mi*^{b} et n'ai plus qu'à le confirmer en achevant la Cadence parfaite; et il en est de même à l'égard de tous les autres Tons où l'on passe dans cette *fig.* CC.

Quand, *fig.* A A , je veux passer d'*ut* majeur en
re majeur qui diffère diatoniquement d'*ut* par *si*^b
mi^b *la*^b *re*^b *sol*^b , je ne puis faire entendre toutes ces
différences à-la-fois, puisqu'elles ne peuvent toutes
entrer dans un seul et même accord, je commence
à faire entendre *si*^b et *re*^b, puis *la*^b, puis *sol*^b, puis
mi^b.

Ce n'est pas qu'il faille absolument en user toujours
de la sorte, au contraire, car il y a autant de fa-
çons de passer en *re*^b qu'il y a de différences diatoniques ou chromatiques ou enharmoniques entre le
Ton d'*ut* majeur et le Ton de *re*^b.

La *fig.* A A n'est donc qu'une des bonnes manières, et non la seule de passer d'un Ton majeur à
celui qui est un semi-ton plus haut.

Ainsi, après l'accord *ut mi sol*, on pourrait pas-
ser à *la*^b *ut fa la*^b, et de *la*^b *ut fa la*^b à *la*^b *ut mi*^b
sol^b; par ce moyen le chemin serait abrégé.

209. Mais le chemin le plus court, en fait de Modulation, n'est pas souvent le meilleur, car si le Ton
où l'on veut entrer est éloigné de celui où l'on est,
on peut rarement y entrer *ex abrupto* sans escalade,
et s'il est près, il y a plus de mérite à n'y entrer qu'a-
près un léger détour, parce qu'alors la Transition
étant moins commune, et pourtant naturelle, elle
fait plus de plaisir : d'où il suit qu'il faut rarement se
jeter sans préparation d'un Ton dans un autre.

Dans la *fig.* BB, où je passe de *la* mineur en *si*
mineur, je n'ai pas pris la voie la plus courte, car je
pouvais après *la ut mi* faire *sol si mi*[#], mais mon
dessein étant d'amener le repos de la Dominante du
Ton de *si* mineur et non celui de la Tonique, j'ai fait
la, la sol[#], et *sol, sol fa*[#] pour descendre chromati-

quement de *la* à *fa**, non comme n'y ayant que ce moyen, mais comme adoptant celui-là.

N. B. Le *point d'orgue*, ou si l'on veut le point d'arrêt, le *ferma*, le point couronné qui est sur le *fa** annonce l'intention que cet exemple se termine par un Repos de Dominante, l'accord parfait de la Tonique qui vient après fait voir qu'on peut cependant le finir aussi par la Tonique, et il montre à ceux qui pourraient l'ignorer qu'on n'est pas en *fa** majeur, mais en *si* mineur.

Dans la *fig*. EE on peut, après le premier accord *ut mi sol ut*, passer à *ut mi sol si*♭, mais le chemin que nous avons pris est moins battu.

210. Ce qui est faux sans Transition peut devenir juste au moyen d'une Transition.

Ainsi les trois tons pleins *ut si*♭ *la*♭ *sol*♭ de la Basse du premier exemple de la *fig*. AA, seraient absurdes, si l'on n'y changeait pas de Ton ; car, en *ut* majeur, *si*♭ n'a point pour conséquent *la*♭, mais *la* naturel, et *la*♭ n'a point non plus *sol*♭ pour conséquent, mais *sol* naturel. Pour que *si*♭ ait *la*♭ pour conséquent, il faut donc que ce *si*♭ soit devenu diatonique, et qu'on ait quitté le Ton d'*ut* majeur dès le *si*♭. On pourrait cependant n'avoir passé que du Ton majeur d'*ut* au Ton d'*ut* mineur.

Mais ce qui peut se supposer au *la*♭, ne peut plus se supposer quand le *sol*♭ parait. Ce *sol*♭ suppose donc qu'on est en *ré*♭ dès le *la*♭ lui-même.

211. La *Note sensible* n'est telle qu'autant que la quarte se fait entendre en même tems qu'elle, ou du moins avant ou après, et soit immédiatement soit autrement ; car qui rend la septième majeure *sensible*, ou plutôt, comment un Ton nous est-il rendu sen-

sible par cette Note? C'est par la fausse quinte diatonique ou le triton qui en est le renversement.

Pourquoi cette fausse quinte nous rend-elle le Ton
sensible? Parce qu'étant unique de son espèce dans
chaque Ton majeur, faire entendre la fausse quinte
diatonique d'un Ton majeur, c'est désigner irrévo-
cablement ce Ton.

Mais quand la septième majeure d'un Ton n'est
ni accompagnée, ni précédée, ni suivie de la quarte,
elle n'a rien de plus sensible que la Tierce majeure,
et elle ne désigne point le Ton parce qu'alors il est
incertain si elle est tierce majeure de la Tonique ou
de la Dominante.

Par exemple les six notes *sol la si ut ré mi*, appar-
tenant toutes également et en qualité de cordes diatoniques au Ton d'*ut* comme au Ton de *sol*, je ne
puis, par ces six notes, décider si le Ton auquel elles
appartiennent, est celui d'*ut* ou celui de *sol*. Pour
être certain que je suis en *ut*, il faut que le *fa* naturel paraisse ou se fasse nécessairement supposer;
ou, pour être sûr que je suis en *sol*, il faut que le *fa*✻
se montre ou se fasse nécessairement supposer.

212. Comment la quatrième note du Ton peut-
elle se faire nécessairement supposer? Par la cadence parfaite, lorsqu'elle termine une période.

Par exemple, dans la seconde mesure de la *fig.*
EE, où l'on passe en *fa* majeur, on aurait pu faire
ut sol ut mi au lieu d'*ut sol si*♭ *mi*; et pour lors
la quarte du Ton *si*♭ se serait nécessairement sup-
posée. Voyez les pages 342 et 343.

213. On fait quelquefois plusieurs Transitions de
suite sans Moduler dans aucun des Tons où con-
duisent successivement ces diverses Transitions, soit

pour donner plus de rapidité au style, ce qui convient sur-tout dans la péroraison, c'est-à-dire vers la conclusion du Discours, ou dans le commencement d'une seconde Reprise; ou soit pour revenir de cascade en cascade au Ton principal dont on se trouve trop éloigné pour rentrer d'un seul bond.

Peu de compositeurs savent faire une péroraison ainsi qu'un commencement de seconde reprise, mais pour les sauts ils appartiennent à la foule, car le propre de l'ignorance est de se jeter par une Transition que le hasard lui fait rencontrer dans un Ton fort éloigné d'où elle ne peut revenir après qu'en faisant successivement plusieurs chûtes.

Le grand compositeur doit Moduler beaucoup dans le même Ton, et feindre d'en changer souvent, parce qu'un Ton est pour lui un vaste domaine dont il connaît à fond et l'étendue et les détours. Le petit compositeur qui ne connaît que les Modulations positives et diatoniques, ignorant les trois quarts de l'Harmonie ainsi que le Contre-point, ne peut rester long-tems dans le même Ton sans rabacher: il est donc forcé, de peur d'être monotone, de courir de Ton en Ton comme les mendians de maison en maison parce qu'ils ne trouvent rien dans la leur.

CHAPITRE XXXIX.

De la composition asservie, ou Contre-point obligé.

DE LA FUGUE.

214. Le Contre-point obligé est simple ou double, ou triple ou quadruple.

215. Le Contre-point obligé simple est celui où il n'y a qu'un seul dessein qui soit obligé, et où tout ce qui l'accompagne est accessoire et n'est asservi qu'à s'accorder harmoniquement avec le Dessein obligé. C'est après la Composition libre ce qu'il y a de plus facile à faire, et c'est le plus en usage, parce qu'il laisse au compositeur assez de latitude pour ne pas refroidir son génie, et lui donne assez d'entraves pour montrer qu'il sait l'asservir aux règles.

Une grande portion de chaque Fugue et la totalité de plusieurs ne roule que sur le contre-point simple.

216. On sait que le mot *Fugue* vient du latin *Fuga*, qui signifie fuite. Ce genre de Morceau est nommé ainsi parce que les Parties semblent s'y poursuivre et se mettre successivement en fuite.

217. Une *Fugue* est une suite d'Imitations régulières et périodiques d'un ou de plusieurs Thèmes ou Sujets.

La Fugue simple ne roule que sur un seul Thème.

La Fugue double a deux sujets; la triple en a trois.

La Fugue de *Sébastien Bach* qui est *fig.* A, *pl.* 39, est une fugue simple, c'est-à-dire à un seul Sujet, à un seul Dessein obligé; c'est celle que nous avons choisie pour faire connaître ce genre de contre-point.

218. Le Sujet de cette Fugue, en *ut* majeur, est composé de trois parties qui renferment chacune quatre mesures à ⁴⁄₄, *fig.* D B et F, *pl.* 39, ou, si l'on veut, de trois mesures à quatre tems dont chaque mesure fait une partie ou portion distincte du Sujet. (1)

La première partie du sujet est *ut ré*, *mi fa*, *sol fa mi*, *la ré*; la seconde, *sol*, *la sol*, *fa mi*, *fa mi*, *ré ut*, *ré ut*, *si la*; et la troisième, *fa* sol*, *fa* mi fa**, *ré sol*.

Il est probable que *Bach* n'a d'abord inventé que la première partie de ce Sujet, et que ce n'est qu'après qu'il a eu écrit cette portion de ce Sujet à la quinte au-dessus et en ces termes, *sol la*, *si ut*, *ré ut si*, *mi la*, qu'il a inventé la seconde portion du Dessein, *fig.* E, dont une partie sert d'accompagnement à la réponse ou écho à la quinte de son Sujet.

---

(1) Le demi-soupir qui est avant la première Note ne compte pour rien dans le sujet, car tout silence qui est placé avant la première note d'un Morceau, *dans la Partie qui parle la première*, est nul et hors du Morceau, et ne se place que comme un guide-âne pour faire voir à quel tems de la Mesure le Morceau commence.

219. L'exacte Réponse au Sujet D E F, entendu seul d'un bout à l'autre, serait la *fig.* G, mais on a senti qu'il serait trop aisé d'en user ainsi, et l'on a fait un précepte qui s'y oppose : le voici.

La Partie qui fait la Réponse au sujet et qui en est l'écho à la quinte, doit entrer avant la fin de l'exposition du sujet.

Voilà donc pourquoi *Bach* fait entrer le Dessus pendant que la Haute-contre achève l'exposition du Sujet; et pour que cette fin d'exposition n'ait pas l'air d'avoir été imaginée sous la Réponse, il fait entrer cette réponse avec beaucoup d'art pendant la continuation du trait *sol*, *la sol*, *fa mi*, *fa mi*, *ré ut*, *ré ut*, *si la*.

220. *A quel endroit du Sujet doit-on commencer la Réponse ?*

On peut la commencer dans tel endroit que ce soit de ce Sujet qui s'accorde avec la Réponse, comme on le voit dans la *fig.* H, *n°.* 1, 2, 3, 4, 5, 6 et 7; mais cependant, dans la première *Révolution* du Sujet, on ne doit commencer la Réponse qu'après une grande portion du Sujet, afin qu'on ait le tems d'entendre ce Sujet; et pour être symétrique et rendre par-là même la Réponse plus sensible, on doit commencer cette réponse à un tems ou fraction de tems qui réponde à celui par lequel le Sujet commence, en observant que dans la mesure à quatre tems, le troisième tems peut répondre au premier, le quatrième au second.

221. Pour pouvoir commencer sa Réponse à un endroit déterminé, et être sûr de l'effet de cette Ré-

pouse, il faut composer la fin du thème sous le commencement de la Réponse, puisque celle-ci doit servir de Dessus ou de Basse à cette fin de thème.

222. Il faut consulter les voix ou les instrumens pour lesquels on travaille, afin de ne pas dépasser leur Diapason, en leur faisant parcourir un trop grand intervalle.

De la première Révolution du Sujet, ou du premier cercle qu'il parcourt.

223. J'appelle *Révolution du Sujet*, le cercle ou l'intervalle qu'il parcourt avant de se répéter dans la même Partie. (1)

224. Dans sa première Révolution le Sujet doit passer successivement dans les quatre Parties, en commençant par celle que l'on veut. Les quatre Parties sont en quelque sorte au Sujet, ce qu'est le zodiaque pour le soleil, c'est-à-dire que le Sujet se montre successivement dans les quatre Parties, comme le soleil semble visiter chaque signe céleste avant de revenir au lieu d'où il semble partir.

225. Quant à la Réponse ou écho du Sujet à la quinte au-dessus ou à la quarte au-dessous, ou l'inverse, elle doit être généralement placée dans la Partie qui est le plus près de celle qui fait l'exposition et à laquelle elle répond, parce qu'il y a moins d'ensemble entre les Parties extrêmes qu'entre celles qui sont plus rapprochées.

---

(1) C'est ce que quelques-uns appellent *Répercussion*, mot qui désigne assez mal la chose dont il est ici question.

Dans la *Fugue* que nous analysons, c'est la Haute-contre qui énonce le Sujet; le Dessus répond à la Haute-contre, et la Basse répond à la Taille.

226. Dans la première Révolution du Sujet, l'*entrée* des Parties doit généralement se faire à égale distance l'une de l'autre.

Bach a ici mis l'intervalle de douze croches entre l'*entrée* de chaque Partie. Ainsi donc, après l'intervalle de douze croches, le Sujet que poursuit la Haute-contre est subordonné au Dessus qui commence en cet endroit la répétition à la quinte de ce Sujet, car on ne doit rien changer au commencement du Thème toutes les fois que la Réponse à ce Thème peut être exacte sans sortir de l'échelle diatonique du Ton de la Fugue. Or, comme *ut ré*, *mi fa*, *sol fa mi*, *la ré*, et son écho à la quinte *sol la*, *si ut*, *ré ut si*, *mi la*, sont également dans l'échelle diatonique d'*ut*, et comme ces deux portions de l'échelle correspondent parfaitement l'une à l'autre, il s'ensuit qu'ici la Réponse doit être exacte, et que la Haute-contre doit être asservie au Dessus, non pendant tout le tems que dure cette Réponse, mais jusqu'à l'endroit où la Taille fait son entrée. Dès cette entrée le Dessus et la Haute-contre sont subordonnés à cette Taille, parce que c'est elle qui est en cet endroit le personnage principal. Le Dessus est secondaire et la Haute-contre n'est plus qu'accessoire parce qu'ayant achevé son thème elle n'a plus qu'à remplir les endroits où le Dessus et la Taille n'auraient point assez d'Harmonie ou d'ensemble. La Taille devient à son tour personnage secondaire dès l'entrée de la Basse, et le Dessus et la Haute-contre ne jouent plus alors qu'un rôle subalterne jusqu'au numéro 5 où commence la seconde *Révolution du Sujet*.

227. On doit remarquer dans le sujet de cette Fugue deux portions principales qui forment deux desseins différens; l'une est *ut ré*, *mi fa*, *sol fa mi*, *la ré*; l'autre est *sol-la sol*, *fa mi*, *fa mi*, *ré ut*, *ré ut*, *si la*. Le reste du Sujet qui présente un troisième dessein *fa* sol*, *fa* mi fa**, *ré sol*, n'est qu'accessoire, et la fin, *fa² mi*, *ré ut*, est du remplissage.

228. Le rôle principal est joué par la Partie qui est chargée, dans le moment, de faire entendre la première portion du Sujet, ce qui a lieu, tour-à-tour, dans les quatre Parties.

Le rôle secondaire est joué par la Partie qui est chargée, dans le moment, de faire entendre la seconde portion du Sujet.

Le troisième rôle est joué par celle qui fait entendre une portion du thème quelconque, ou une imitation plus ou moins rapprochée d'une portion de ce Thème, pendant que deux autres jouent les deux principaux personnages.

Le quatrième rôle est joué par la Partie qui ne fait qu'ajouter à l'harmonie, et qui est de pur remplissage, parce qu'elle n'est asservie à aucun dessein ni imitation.

Les grands maîtres évitent autant qu'ils le peuvent qu'aucune des quatre Parties ne fasse que du simple remplissage, parce qu'ils s'asservissent dans ce remplissage même à quelque portion du thème renversée ou non : et par ce moyen une partie joue un second ou troisième rôle en importance, au lieu de n'être qu'accessoire.

C'est ainsi que pendant que la Basse joue le rôle principal dans la première *Révolution* du Sujet, le Dessus, au lieu de n'être que rempli-sage et simple accessoire, devient un des personnages intéressans en faisant entendre une portion du deuxième dessein du thème pris en sens inverse : *sol fa*, *mi fa*, *sol la*, *sol la*, *si ut*. (Voyez les cinquième et sixième Mesures.)

En cet endroit, la Taille devait naturellement poursuivre son thème par ce second dessein pris directement, mais *Bach* a préféré lui faire imiter une portion de la première partie du thème pour rehausser le personnage du Dessus.

Pendant ce tems la Haute-contre fait de petites imitations inverses de celle de la Taille, et tâche par-là de se tirer de la classe inférieure de Partie de remplissage.

Il faut cependant prendre garde de ne pas nuire à l'effet total, en voulant trop rehausser chaque personnage, car où tout veut paraître rien ne brille. Ainsi l'on pourrait dire du compositeur qui travaillerait tellement toutes les Parties d'un Morceau que chacune attirerait assez l'attention pour que nulle ne dominât, que ce compositeur serait un grand maître quant à la science du Contre-point, mais un bien petit écolier quant à la science des effets.

Il y a parmi les compositeurs célèbres d'opéra, des gens qui sont assurément de bien minces écoliers dans la science du Contre-point, mais qui sont d'assez bons maîtres dans la science des effets, *les fautes contre l'Harmonie mises à part.*

Leur mérite particulier très-précieux et très-rare c'est celui de la justesse d'expression. Elle est à la Musique vocale ce qu'est la ressemblance dans la Peinture. C'est un heureux don de la nature plus encore qu'un talent acquis. Cela tient, si je puis m'exprimer ainsi, à un *discernement de cœur*, autant qu'au discernement de l'esprit.

On devrait bannir du théâtre toute Musique qui manque de justesse d'expression, car faire entendre de la Musique qui exprime tout autre chose que ce que disent les paroles, c'est être aussi impudent ou aussi sot qu'un peintre qui, après avoir fait la figure d'un niais, écrirait sous cette figure: *c'est Jupiter*. C'est cependant ce qui se fait très-souvent, non toujours d'une manière aussi marquée, mais du moins de façon que les paroles sont assez peu d'accord avec la Musique, pour que celle-ci, entendue seule, ne donne aucune idée ni du caractère du personnage ni de sa situation. Il semble vraiment que, tantôt, c'est *Jeannot* qui, étant entré chez un marchand de tableaux pour y chercher les portraits de sa famille, et qui n'y ayant rencontré que ceux des héros de la Fable, ait fait écrire sous le portrait d'*Achille*, *Jocrisse*; sous celui de *Minerve*, *Madame Angot*; sous celui de *Vénus*, *Javotte*; et tantôt que c'est *Agamemnon* qui, ressuscité, et cherchant les portraits des héros qui servirent sous lui au siége de Troie, et ne trouvant que les caricatures anglaises et françaises de nos jours, s'amuse à faire écrire le nom de Nestor sous celle-ci qui représente un petit-maître de la plus chétive et de la plus ridicule espèce; Ulysse sous cet autre. Mais revenons à la Fugue.

229. Ce qui nuit en général à l'effet des Fugues, c'est le défaut d'unité de Mélodie : ce n'est donc pas le Chant qui manque dans une Fugue, le mal vient de ce que plusieurs s'y font entendre à-la-fois et s'y n..ient réciproquement au lieu de se servir

Je vais faire une comparaison qui ne déplaira pas je crois, aux gastronomes. Il en est de quatre chants mal combinés qui se font entendre en même tems, comme de quatre mets qui se repoussent, et dont on veut mal-à-propos manger à-la-fois ; aucun des quatre ne se fait suffisamment sentir, et les quatre ensemble ne produisent sur le palais qu'une sensation confuse et peu agréable.

Seconde Révolution du Sujet.

230. Dans cette Révolution, le Sujet ne passe pas symétriquement d'une Partie à l'autre, après douze croches, comme il le fait dans la première, afin que cette seconde Révolution ne soit pas une simple Transposition de la première Révolution sur d'autres cordes et dans un autre Ton ; ce qui n'aurait aucun mérite et ne serait qu'un travail de copiste.

231. Dans ce second cercle que parcourt le thème, c'est le Dessus qui fait l'énonciation du Sujet, et la Taille y répond deux croches après, *n°.* 69, ce qui rend entre ces deux Parties le dialogue très-serré. Cela s'appelle en Musique faire une imitation serrée, et cette imitation se trouve ici à la onzième au-dessous.

C'est pendant que la Basse achève le thème qu'elle a commencé à faire entendre dans la première Révolution du Sujet, que le Dessus commence la seconde Révolution et fait sa deuxième entrée. *Pl.* 59, *n°.* 5.

N. B. Les numéros qui sont dans cette figure indiquent chaque rentrée du Sujet : il y en a 27 dans cette Fugue.

232. Dans cette seconde Révolution, le Sujet passe de la Taille à la Haute-contre et de celle-ci à la Basse; d'où il faut conclure que ce n'est qu'autant qu'il n'y a encore que deux Parties qui parlent qu'il faut préférer les deux Parties qui se touchent aux autres, mais dès qu'il y en a trois qui se font entendre, il importe peu lesquelles des quatre, car il y en a nécessairement deux qui se touchent, et l'on ne doit être guidé dans ce choix que par le jugement de ce qui est plus convenable à ce que l'on se propose de peindre ou de ce qui est le plus capable de répandre de la variété.

233. Le *si* qui est une double croche à tête de blanche, sort de la voie musicale. Ce qui le rend moins insupportable à entendre, c'est un autre *si* qui frappe légitimement à la Taille.

Il faudrait remplacer par un *sol*✳ chromatique, ce *si* qui sort de la voie diatonique dans laquelle le Dessus doit se renfermer en cet endroit; la fausseté de ce *si* est sensible par les trois tons pleins, *si la sol fa.*

Troisième Révolution du Sujet.

234. Deux croches après que la Basse a fait son entrée dans la seconde révolution du Sujet, *n°.* 8, la Haute-contre commence la troisième Révolution par une imitation étroite de cette Basse à la

quinte ou douzième, *n°. 9*, et pendant ce tems-là le Dessus achève la période qu'il a commencée dans la seconde Révolution.

Après que la Haute-contre a dit, en *sol* majeur, *ré mi*, *fa* sol*, *la sol fa**, *si mi la*, la Taille dit, à la septième au-dessous, et en *la* mineur, *mi fa**, *sol* la*, *si la sol**, *ut fa** (1) *si*, *ut si*, *la sol**, *la*, *sol* la*, et termine la troisième Révolution du Sujet, en *la* mineur.

255. Dans cette Révolution, le Sujet ne passe point à la Basse, ce qui prouve qu'il n'est pas nécessaire que dans chaque Révolution, le Sujet se montre dans toutes les Parties : cela n'est indispensable que dans la première Révolution.

Quatrième cercle que parcourt le Sujet.

256. Dans cette Révolution, comme dans la première, c'est la Haute-contre qui est chargée d'énoncer le Sujet, mais ici on ne lui laisse pas le tems d'achever sa phrase ; la Taille riposte après deux croches, la Basse après une mesure, et le Dessus après une mesure et demie ; en sorte qu'en moins de deux mesures le Sujet a paru dans les quatre Parties.

Ainsi plus on avance et plus les Réponses ou imitations du Sujet se rapprochent de son énonciation.

------

(1) Ce *fa** a une tête de blanche pour montrer que dans cet endroit le Modulation de *la* est vague et flotte entre le majeur et le mineur. C'est encore là un des défauts qui résultent du conflit de plusieurs chants et qui rendent la Fugue désagréable.

On peut regarder le Thème d'une Fugue comme un point livré à la discussion de divers interlocuteurs. Pour imiter dans ce débat ce qui arrive dans tous ceux où les passions ou l'amour-propre sont en jeu, on laisse d'abord à l'exposant le tems d'établir à peu-près la question. Les interlocuteurs commencent à y répondre avec assez de sang-froid; mais peu-à-peu ils s'animent, ils s'échauffent; leurs réparties se pressent, se croisent, puis enfin elles parlent toutes presqu'à-la-fois.

237. Il faut observer qu'en Musique et dans la Fugue sur-tout, ce qui est remplissage ne doit être regardé que comme un raisonnement intérieur, et qu'une Partie n'est censée parler haut qu'autant qu'elle fait entendre un Sujet ou une imitation de ce Sujet.

238. Comment peut-on rapprocher à son gré les Imitations d'un Sujet ? Les Imitations ne se rapprochent pas précisément au gré du Compositeur, mais quand il est habile, il trouve le moyen d'opérer ce rapprochement si le Sujet en est susceptible, sinon il l'abandonne.

Voici comme on essaie de placer les Imitations.

On écrit le Sujet comme *fig.* II, sur la Portée d'en haut.

Le Sujet étant écrit, son imitation la plus naturelle étant celle à la quarte en dessous ou à la quinte au-dessus, on essaie d'abord de placer cette Imitation. Ou, comme nous l'avons déjà dit, pour être plus sûr de son fait, et prolonger cette Imitation à volonté, on compose la fin du Sujet sur cette imitation même.

Ainsi donc c'est sur le n° 1, de la *fig.* H, *pl.* 39, que l'on a composé la fin du Sujet qui occupe la Portée d'en haut de cette figure.

Dans le n°. 2, cette Imitation est rapprochée de quatre croches, mais aussi elle ne s'accorde avec le Sujet que pendant quatre notes, *sol la si ut*, après lesquelles il faudrait changer le Sujet ou son imitation, pour pouvoir continuer de les faire marcher ensemble.

Dans le n°. 3, cette réponse est encore rapprochée, et s'accorde avec le Sujet pendant la durée de neuf croches, après quoi il faudrait tronquer le sujet ou son Imitation pour pouvoir les faire cheminer plus long-tems ensemble.

Dans le n°. 4, l'Imitation à l'unisson qui s'y trouve, ne peut marcher que pendant quatre notes avec le Sujet, car tout ce qui est écrit en petites notes n'est placé là qu'hypothétiquement et pour prouver que cette Imitation prolongée au-delà de quatre notes, serait fausse et ne pourrait avoir lieu qu'autant que l'on ferait les changemens nécessaires au Sujet.

Le n°. 5 présente une Imitation à la tierce au-dessous, qui ne peut aller au-delà de la durée de neuf croches sans cesser de s'accorder avec le Sujet.

Le n°. 6 présente une Imitation à la quinte au-dessous qui s'accorde aussi pendant neuf croches avec le Sujet et sans y rien changer.

Ces diverses Imitations ne peuvent se faire entendre toutes à-la-fois, parce qu'elles sont des interprétations harmoniques différentes du même chant ou Sujet. Cependant le sujet pourrait se faire entendre à-la-fois avec le n°. 3, le n°. 2 et le n°. 4. Il pourrait même se faire entendre en même tems que les n°s. 1 , 2 , 3 , 4 et 5.

Dans le n°. 7 , l'Imitation à la septième est un peu tronquée , vu que le premier *fa* y est naturel au lieu d'être dièze.

239 Il résulte de ce qui précède que l'on peut préparer d'avance les diverses imitations que l'on veut employer dans le courant d'une Fugue, et que le Sujet ou la Réponse doit subir les changemens qu'exige leur ensemble quand ils ne s'accordent pas naturellement et quand on veut néanmoins les faire cheminer de concert.

Cinquième Révolution du Sujet.

240. Le Dessus qui vient d'entrer en quatrième dans la Révolution précédente , commence, après quatre notes , la cinquième Révolution. (N°. 15.)

La Haute - contre y riposte deux notes après. La Taille entre ensuite n°. 17 , et trois notes après la Basse répond à la Taille : c'est la dix-huitième fois que le Sujet se fait entendre dans cette Fugue.

241. Ce qu'il y a de bien remarquable dans cette cinquième Révolution du Sujet c'est que le Dessus qui y fait l'énonciation du thème le poursuit cano- niquement jusqu'après l'entrée successive des trois autres Parties et en ces termes : *ut ré , mi fa , sol fa mi , la ré , sol , la sol , fa mi.* C'est pendant ces qua- torze notes que la Haute-contre , la Taille et la Basse entrent successivement , n°s. 16, 17 et 18.

Sixième Révolution du Sujet.

242. Pendant que la Taille commence cette Révolution, le Dessus et la Basse terminent en *ré* mineur la période qu'ils ont commencée dans la Révolution précédente, et la Haute-contre répond à la Taille pendant cette conclusion par une Imitation serrée. (Voyez 19 et 20.)

243. La Basse qui devait naturellement se taire après le Repos de Tonique en *ré* mineur, fait une imitation renversée du deuxième dessein du Thème en ces mots, *mi ré ut si la sol fa* mi*, après quoi, n°. 21, elle énonce le Sujet, et le Dessus le répète à la Tierce ou dixième au-dessus. N°. 22.

La Basse tronque le Sujet à la quatrième note, car, au lieu de *mi fa**, *sol la*, *si la sol*, *ut fa**, elle dit : *mi fa**, *sol sol*, *la sol fa**, *ré sol*, ce à quoi elle est forcée pour s'accorder avec le Dessus.

Septième et dernière Révolution du Sujet.

244. C'est la Taille qui énonce encore une fois le Sujet, pendant que le Dessus poursuit le thème qu'il a commencé dans la Révolution précédente. Durant ce tems, la Haute-contre fait des imitations libres et partielles de ce Thème, et la Basse fait une Tenue, après laquelle elle dit quatre notes du Thème, *la si ut fa*, n°. 24, puis continue par une imitation libre et renversée du second dessein du Thème, et fait ensuite la Tenue finale.

245. La *Tenue finale* n'est pas indispensable, mais il est bon d'en faire usage toutes les fois qu'on le peut avantageusement.

C'est sur cette Tenue que la Taille, la Haute-contre et le Dessus font successivement, ici, leur dernière entrée, n°. 25, 26 et 27.

Seconde Analyse de la Fugue, qui est fig. A, pl. 59.

Première Révolution du Sujet.

246. Il y a peu de difficulté à conduire le Sujet dans sa première Révolution, car il ne s'agit alors que de faire un Duo canonique après que le Sujet s'est fait entendre à moitié, au deux tiers ou au trois quarts, selon le Thème et l'idée du compositeur.

Ici, *fig.* A, *pl.* 59, c'est après que le Sujet s'est fait entendre jusqu'à la moitié qu'il passe au Dessus, et qu'il s'établit un *Duo canonique* dont le Dessus est la Partie principale parce que c'est lui qui fait entendre alors la portion du Sujet à laquelle on ne doit rien changer.

Quand le Dessus a fait entendre à son tour le Sujet jusqu'à la moitié, la Taille fait son entrée et comme telle, devenant partie principale, il s'établit alors un *Trio* dans lequel il y a deux Parties asservies, la Taille et le Dessus, et une troisième libre qui est la Haute-contre.

247. Pourquoi la Haute-contre est-elle libre ici? Parce qu'elle a achevé entièrement d'énoncer le thème.

Ainsi donc, dès qu'une Partie a énoncé le thème,

elle devient libre, à moins que le compositeur ne juge à propos de l'asservir à des imitations partielles, directes ou renversées, de quelque portion de ce thème.

248. Au n°. 4 commence un *Quatuor* dont la Basse est la Partie principale, parce que c'est elle qui fait entendre alors la portion principale du Sujet. La Taille est la Partie secondaire parce qu'elle fait entendre la seconde portion du Sujet. Le Dessus vient en troisième, parce que l'Imitation renversée qu'il fait entendre de la seconde portion du Thème le rend assez intéressant pour fixer l'attention après la Basse et la Taille. La Haute-contre est des quatre Parties de ce *Quatuor* celle qui a le moins d'intérêt, et celle qui est le plus libre.

249. *N. B.* Quand on dit qu'une Partie est une Imitation à la seconde ou à la tierce ou à la quarte ou à la quinte d'une autre, cela ne veut pas dire que ces deux Parties cheminent ensemble à cette distance l'une de l'autre, mais seulement que ce que vient de dire la première se répète ensuite dans la seconde à l'un de ces intervalles, pendant que la première continue sa période, de manière à s'accorder avec cette seconde Partie soit par elle-même, lorsqu'il n'y a que deux Parties qui marchent à-la-fois, soit par la médiation d'une troisième, quand il y a plus de deux Parties qui parlent ensemble.

250. Les Parties de remplissage servent à compléter l'Harmonie, et souvent aussi à donner plus de mouvement et d'action au Morceau, afin qu'il ne tombe pas dans la langueur.

251. Quand plusieurs Parties sont obligées, c'est qu'elles ont chacune un Thème auquel elles sont astreintes.

Cinquième Révolution du Sujet.

252. La *fig.* B, *pl.* 39, qui contient cette Révolution, présente un *Canon* à 4 Parties, où deux Parties marchent à la quarte au-dessous et deux à la quinte.

Le Dessus énonce le Sujet, mais à contre-tems, parce que les vrais frappés de ce Sujet, sont placés en levant, n°. 15.

La Haute-contre y répond, à la quarte au Dessous, et à contre-tems deux croches après, n°. 16.

La Taille entre ensuite, n°. 17, et la Basse y répond à la quinte au-dessous, n°. 18.

Nota. Dans le corps de la Fugue, ce Canon qui en est extrait est accompagné dans son commencement d'une Basse non-obligée jusqu'à l'entrée de cette Basse, n°. 18, et sous les deux premières Notes; il y a aussi du remplissage dans la Haute-contre et dans la Taille, ce que j'ai supprimé ainsi que la Basse non-obligée dans la *fig.* B, afin que cet exemple ne montre que le Canon pur et simple.

Sixième Révolution du Sujet.

253. Cette Révolution présente aussi un *Canon* à quatre Parties que j'ai transcrit, *fig.* C, *pl.* 39, pour le débarrasser de toute espèce de remplissage. Ce Canon est à la quinte entre la Taille et la Haute-contre, et à la dixième entre la Basse et le Dessus, n°ˢ. 19, 20, 21 et 22.

Mais ce Canon n'est pas strictement suivi, puisqu'à peine les quatre Parties sont ensemble, que déjà la Haute-contre ne fait plus qu'imiter librement la fin du Sujet, ce qui est indiqué par les trois doubles-croches, à tête de blanche *fa* mi ré*, sous le n°. 22.

Dans la septième Révolution on doit remarquer le petit Canon à trois Parties établi sur une Tenue de Basse. Voyez ce Canon, *fig*. A, *pl*. 39, n°ˢ. 25, 26 et 27.

SECTION II.

De la Fugue à deux Sujets. (*Fig*. I, *pl*. 39.)

Première Révolution.

254. C'est le Dessus qui énonce le premier Sujet, n°. 1, la Taille le second; c'est la Basse qui reprend le premier sujet, n°. 2, et le Dessus qui reprend le second, n°. II.

Nota. Les chiffres arabes indiquent chaque apparition du premier sujet; les chiffres romains désignent chaque apparition du deuxième Sujet.

255. Le second Sujet n'est pas autre chose qu'une Réponse qui ne se fait pas avec une Imitation du premier Sujet; c'est une sorte d'objection que l'on oppose au premier Thème.

256. Il y a ici dans le premier Thème quatre portions distinctes. *Ut**, *si la*, *sol* fa*, *mi* fa**, *ré ut**, est la première de ces portions et probablement la seule que *Handel* ait inventée avant la première portion de son second Sujet.

La seconde portion du premier sujet *ut* ré, fa* si, mi ut*, la, la si, ré sol*, ut* la, fa**, n'a été imaginée que sous la première partie du second Sujet, qui est *la*, *sol**, *fa**, *mi* fa**.

La troisième portion du premier Sujet, *ut**, *fa** *si*, *la* si*, est accessoire, ainsi que la quatrième, *fa**, *sol* la*, *sol* la*, *si sol**, *fa* mi*, *ré* mi*, *ut* ut**, *ré* si**, *sol**, et même cette quatrième n'appartient pas précisément au premier Sujet; c'est une ajouture qui remplit l'espace qui se trouverait dans le Dessus entre la fin du premier Sujet et la Réponse au second Thème.

257. On peut commencer à traiter les deux sujets séparément pendant deux ou trois Révolutions et ne les traiter ensemble qu'à la quatrième ou cinquième Révolution.

258. Pourquoi la Basse ne débute-t-elle pas, n°. 2, par *sol**, *fa* mi*, *ré* ut**, *si* ut**, *la sol**, qui répondraient exactement à *ut**, *si la*, *sol* fa**, *mi* fa**, *ré ut**?

Parce qu'il est de règle que ce soit la Tonique elle-même qui réponde à la quinte; c'est donc *fa** qui doit répondre à *ut** et non *sol**.

Ne peut-on jamais s'écarter de cette règle?

On le peut très-bien, car il n'y a que l'usage qui s'y oppose; cependant on court le risque de passer pour un ignorant quand on ne justifie pas cette infraction.

Sur quoi cet usage est-il fondé? Sur ce que la Gamme est composée de deux moitiés inégales quand on prend la Dominante pour le milieu, puisqu'il y a alors en montant cinq notes d'*ut* à *sol*, et quatre seulement de *sol* à *ut*; de façon que l'on doit répondre à *ut ré mi fa sol* par *sol sol la si ut*, ou à *sol sol la si ut* par *ut ré mi fa sol*.

259. Dans cette première Révolution, on doit remarquer un petit Canon à la quarte, et cinq notes entre la Basse et la Taille, *b*, n°. 3. La Basse dit, *sol**, *fa* mi*, *re* ut**; la Taille, *ut**, *si la*, *so* fa**; c'est une imitation *alla stretta*, du premier Sujet.

Seconde Révolution.

260. Dans cette seconde Révolution, le premier Sujet ne paraît qu'au Dessus, n°. 4, et le second Sujet ne paraît qu'à la Taille, n°. IV.

Depuis la lettre *d* jusqu'à la cinquième apparition du Sujet, n°. 5, il n'y a que du Contre-point libre, hors la petite imitation indiquée par les lettres *e*, *f*. Ce contre-point libre est une digression qui laisse reposer les deux Sujets.

Troisième Révolution.

261. C'est encore le Dessus qui énonce le premier Sujet, n°. 5. Il passe de la première portion de ce Sujet au deuxième Thème, n°. V, dont il ne fait entendre que la première partie, et puis revient à la seconde portion du premier. (*H.*)

Il y a ici une transposition de Parties, car ce n'est pas la Taille qui devrait à la lettre *g* poursuivre le premier sujet qui a été commencé par le Dessus, mais c'est le Dessus lui-même qui devrait continuer ce sujet tandis que la Taille ferait entendre le second Thème *sol**, *fa**, *mi*, *re* mi*, n°. V, mais à l'octave plus bas.

Handel a préféré placer ce second thème au Dessus ou du moins à l'octave plus haut, parce qu'il y fait plus d'effet, et que cela peut se pratiquer sans conséquence dans une Fugue faite pour l'orgue ou le clavecin.

Il n'en serait donc pas de même dans une Fugue à trois voix? Non, car on n'y peut sortir du diapason des voix sans les exposer à manquer le passage.

262. Il y a aussi quelques endroits dans cette Fugue qui supposent nécessairement quatre Parties, tel que celui n°. 5.

Cela ne serait pas tolérable dans une Fugue à trois Parties non composée pour un instrument *collectif* tel que le Piano ou l'Orgue. Mais sur ces instrumens on peut quelquefois se permettre ce remplissage, quoiqu'il soit plus régulier encore de s'en abstenir.

Quatrième Révolution.

263. Le commencement du premier Sujet, se fait entendre deux fois de suite à la Basse, n°. 6 et 7; la première fois en *la* majeur, la seconde en *si* mineur. Pour donner de la chaleur au style, il est bon de faire quelquefois usage de ces répétitions soudaines, sur-tout en montant d'un degré, parce qu'il y a une gradation à l'aigu qui annonce que la vivacité va en augmentant dans le personnage qui fait cette répétition.

Les croches qui sont à la Basse dans la troisième révolution et qui sont une imitation libre et renversée de la seconde Portion du premier Sujet donne un mouvement à cette Révolution qui fait un très-bon effet. On doit en général craindre d'être languissant, et quand l'agitation des Parties ne dégénère pas en confusion, elle est toujours bonne, à moins qu'elle ne soit opposée à ce que l'on doit exprimer.

Voyez comme, pendant que le Dessus et la Taille ont peu de mouvement, *Handel* a soin que la Basse réchauffe l'action, *l*, *m*, *n*, sous les VIe., VIIe. et VIIIe. entrées du second Sujet.

264. Dans les lettres, *o*, *p*, *q*, *r*, *s*, *t*, *u*, *v*, *x*, il semble badiner avec la seconde Portion de son premier sujet qui passe continuellement d'une Partie à l'autre. Puis après la petite Attaque qui rappelle le Rhythme des deuxième et troisième notes du premier Sujet, il reprend enfin ce Sujet en Canon très-serré, à trois Parties et à l'octave. Ce Canon s'étend depuis la lettre *y* jusqu'à *z*.

Ce Canon est vraiment précieux et suffirait seul pour faire connaître la science de Handel, si elle ne perçait dans toute l'étendue de cette Fugue.

Cinquième Révolution.

265. En même tems que le canon à trois voix s'achève, la cinquième Révolution commence par un Canon à deux Parties et le premier sujet fait sa huitième apparition, n°. 8, et sa neuvième, n°. 9.

Le canon à deux voix dure jusqu'aux lettres *aa*, où la petite Attaque reparaît : ensuite de quoi le premier sujet paraît pour la 10e. fois, et c'est dans la Basse qu'il se fait entendre.

Sixième Révolution.

266. C'est au Dessus que le premier Sujet se fait entendre à sa onzième apparition, n°. 11, et c'est dans cette même Partie que le second thème se place aussi à sa neuvième et à sa dixième apparitions.

On doit remarquer l'imitation de la seconde portion du Sujet qui se fait entendre à-la-fois à la Taille et à la Basse aux lettres *bb* et *cc*, et qui redouble l'intérêt.

Le *Tasto, solo*, le point d'orgue ou tenue de Basse qui vient ensuite, n'est pas moins remarquable. Comme le Dessus est bien gradué ! Quelle vie *Handel* a su répandre sur ce Tableau !

Conclusion.

267. Il faut que les deux thèmes d'une Fugue à deux Sujets soient bien distincts l'un de l'autre ; que l'un ait peu de mouvement si l'autre en a beaucoup. Ces deux thèmes peuvent paraître presqu'à-la-fois, comme dans cet exemple ou à une distance plus ou moins grande l'un de l'autre, mais il faut toujours qu'ils finissent par se montrer ensemble dans quelques révolutions de la Fugue et dans les dernières au moins, et par conséquent il faut nécessairement qu'ils soient faits l'un sur l'autre non en totalité mais en Partie, ou qu'un hasard singulier produise ce que la science doit ordinairement opérer.

Quoiqu'il convienne, en général, de réserver pour la fin ce que la science du Contre-point a de plus profond, de plus recherché et de plus subtil, il est d'une nécessité plus grande encore de bien graduer ses effets. Dans la Musique, comme dans l'art oratoire, on a manqué le but quand on n'a point ému ses auditeurs; mais avant d'émouvoir, il faut plaire et intéresser, et pour y parvenir il faut bien choisir son Sujet.

Celui de la Fugue de Handel est noble dans sa première partie qui est celle qui constitue particulièrement le thème, et il a du mouvement dans la portion qui marche avec le second Thème.

Voici à-peu-près comment on pourrait interpréter ce qu'exprime ce Sujet.

268. Un père respectable, mais sévère, ordonne à sa fille, dont le cœur est épris, le sacrifice de son amour. Celle-ci ne pouvant bannir de sa pensée et de son cœur l'objet de sa tendresse, dit à son père :

O mon père !
Laissez-vous fléchir. (1)

Le père inflexible, dit :

Non, non, obéis. (2)

Et pendant que le père exprime son refus rigoureux, la fille dit à sa mère :

Priez pour moi, ma mère. (Voyez *fig.* 1, *pl.* 39.)

La graduation ne se trouve pas seulement dans le travail des Parties, mais encore dans les cordes plus hautes, sur lesquelles les supplications de la fille se font entendre dans les n°². 4 et 5, et dans la ma-

---

(1) *Ut*, *si la*, *sol* *fa*, *mi* *fa*, *ré ut*.
(2) *La*, *sol*, *fa*, *mi* *fa*.

nière dont les Sujets se pressent depuis le n°. 5 jusqu'à la lettre *x*.

Après la lettre *g* et la lettre *h*, le travail de la Basse peint bien le courroux du père qui va toujours en croissant au lieu de s'affaiblir. Cette chaleur se fait sentir une seconde fois aux lettres *u*, *v*, *x*. En cet endroit les réparties deviennent si vives et si serrées que le *père*, la *mère* et la *fille* ne semblent plus faire entendre que des mots entrecoupés.

Bientôt plus animés encore, ils ne s'écoutent plus, chacun suit son discours sans écouter ce qu'on y oppose. C'est là ce qu'exprime le Canon qui commence dans chacune des trois Parties à l'endroit désigné par un *y*.

Le père en colère éclate en ces mots : *c'est en vain, oui c'est en vain ; je veux être obéis. Ré, ut* si, la sol*, fa mi*, ré* ut*, si la, sol* fa*.*

Dans le Canon à deux voix, c'est la mère et la fille qui se lamentent de ne pouvoir fléchir le cœur du père courroucé.

Aux lettres *dd*, la fille au désespoir cesse tout-à-coup ses pressantes supplications pour protester avec véhémence qu'on peut lui arracher le cœur, mais qu'on ne parviendra pas à en bannir son amant : elle ose s'oublier au point de mêler aux sermens qu'elle fait d'aimer toujours l'objet de ses vœux des reproches pleins d'amertume contre la cruauté de son père.

Celui-ci, étonné de tant d'audace, demeure stupéfait, ce qui est exprimé par la tenue de la Basse. La mère toujours tendre, cherche à ramener sa fille au devoir et au respect qu'elle doit à son père.

Voilà à-peu-près, à ce que nous croyons, ce que *Handel* a senti ou aurait pu imaginer en composant cette Fugue.

269. Les contre-fugues sont des Fugues à deux sujets dont le second thème est inverse du premier. Ce travail ingénieux a plus de difficulté dans la composition qu'il n'a d'effet dans l'exécution.

N. B. Nous ne nous étendrons pas davantage sur ce sujet, mais nous allons traiter des divers genres de Contre-point qui peuvent entrer dans la composition de la Fugue et dans toutes les espèces de compositions scientifiques.

La *fig.* H, *pl.* 39, présente le commencement d'une Fugue de ce genre. Les mouvemens de la Réponse y sont exactement opposés à ceux du sujet, en telle sorte que si l'on renversait le papier après avoir énoncé le sujet, il serait lui-même sa réponse, en y substituant pourtant une autre Clé.

J.-J. Rousseau dit avec raison que c'est se moquer que de donner pour *Fugue* un Chant qu'on ne fait que promener d'une Partie à l'autre et dans divers Tons, sans autre gêne que de l'accompagner ensuite à sa volonté. Il ne manque pas de ces *fugailleurs* qui prouvent leur ignorance en voulant afficher du savoir.

Qui peut les enhardir à ce point? Le suffrage de plus ignorans qu'eux. Rappelez-vous ce que dit *Boileau* :

« *Un sot trouve toujours un plus sot qui l'admire.* »

CHAPITRE XL.

*Du Contre-point double, à l'Octave ou à la quin-
zième au-dessus ou au-dessous.*

270. COMPOSER une Partie sur une autre de façon qu'elle puisse également servir à celle - ci de
Basse ou de Dessus, c'est faire du Contre-point double
ou plutôt à deux fins, car les deux manières n'ont
pas lieu à-la-fois.

271. Le Contre-point à deux fins est fait de manière
qu'il puisse se renverser ou à l'octave ou à la seconde
ou à la tierce ou à la quarte ou à la quinte ou à la
sixte ou à la septième ou à l'octave plus haut ou plus
bas de chacun de ces intervalles.

272. Le plus naturel et le plus facile de tous les
Contre-points doubles, est celui à l'octave ou à la
double octave au-dessus ou au-dessous, parce que
dans ce renversement toutes les consonnances demeurent consonnances, car l'octave devient unisson,
la tierce devient sixte et la sixte devient tierce.

Il n'y a que la quinte qui devienne quarte, et par
conséquent demi-dissonnance.

Quant aux dissonnances, elles demeurent aussi
dissonnances puisque la septième devient seconde,

et *vice versâ*, ainsi qu'il est évident par la Table des intervalles, qui est *fig.* A, *pl.* 40.

Dans ce Tableau les Rondes désignent les consonnances; la blanche, la demi-consonnance; les noires sont les Dissonnances.

C'est sur la Portée du milieu que l'on doit comparer l'intervalle que forme chacune des autres Parties. On sent bien que cet exemple n'est pas fait pour être exécuté, et n'est qu'un Tableau comparatif des intervalles renversés à l'octave ou à la double octave au-dessus ou au-dessous.

273. Il faut donc prendre les mêmes précautions à l'égard d'une quinte juste qu'à l'égard d'une quarte, puisque la quinte, en se renversant à l'octave, devient quarte.

Quelles sont ces précautions? C'est de ne jamais commencer ni finir un sens quelconque par une quinte, car c'est comme si on la commençait ou finissait par une quarte, puisque cette quinte doit se renverser à l'octave et devenir quarte.

Voyez ce qui est dit des Intervalles, ch. XXXV, sect. III, pag. 450.

274. Toutes les règles qui concernent la Composition simple à deux Parties, sans aucun remplissage, sont applicables au *Contre-point double à l'octave* : car de quoi s'agit-il dans ce Contre-point? C'est que deux Parties forment un véritable ensemble harmonique soit que le Dessus reste à sa place, soit qu'il soit mis sous la Basse, ou soit que la Basse demeure à sa place ou soit mise au-dessus du Dessus.

Il n'y a donc dans cette Composition que la *quinte*, que l'on souffre pourtant de loin en loin dans la composition simple à deux Parties comme si elle était une véritable consonnance, qui ne puisse être admise dans le Contre-point double à l'octave, parce qu'elle y devient quarte et par conséquent dissonnance.

Prenons pour exemple de ce contre-point la *fig.* B, *pl.* 40 ; c'est un fragment d'un *Andantino* d'*Haydn*. Dans cette figure, chaque dissonnance y est désignée par un chiffre qui indique l'intervalle que forme cette dissonnance sur la Basse. Les dissonnances qui ont une tête de blanche sont mélodiques, les autres sont harmoniques. Les intervalles non-désignés par un chiffre arabe sont les consonnances.

275. Il n'y a point de difficulté à employer les Consonnances, mais les Dissonnances demandent beaucoup d'attention.

Nous distinguons les *Dissonnances* en Dissonnances harmoniques qui forment accord avec la note sur laquelle elles frappent, et en Dissonnances mélodiques qui ne forment point accord avec la note sur laquelle elles frappent ou sur celle sur laquelle elles se prolongent.

276. Après qu'une dissonnance a frappé sur une note comme harmonique, elle peut se prolonger ou se répéter consécutivement, sur une seconde note comme intervalle mélodique.

Ainsi *fig.* B, *pl.* 40, après que le *fa* a frappé comme septième harmonique sur *sol*, il frappe ensuite sur *ut*, comme quarte mélodique ; 7, 4.

277. Deux dissonnances harmoniques telles qu'une fausse quinte et une septième mineure ou diminuée peuvent se faire entendre consécutivement sur la même note; mais il n'en est pas de même de deux dissonnances mélodiques.

278. Quand deux Parties débutent ensemble sans être accompagnées d'aucune autre Partie, elles ne doivent jamais commencer par former un intervalle de seconde, ni une tierce diminuée, ni une quarte juste ou diminuée, ni une quinte superflue, ni une quinte juste, ni une sixte diminuée, ni une septième majeure appelée improprement septième superflue.

Pour employer l'un ou l'autre de ces intervalles dissonnans en débutant ou en commençant un sens quelconque, il faut que les deux Parties partent l'une après l'autre, parce que le silence d'une Partie suppose toujours une consonnance.

279. On ne doit faire taire une Partie qu'après une consonnance; mais on peut mettre un silence entre un Antécédent et son Conséquent, pourvu qu'il ne soit pas assez long pour qu'on oublie l'Antécédent ou pour qu'on trouve le discours décousu et comme si l'on avait tourné deux feuillets au lieu d'un.

280. S'il y a des consonnances ou des dissonnances mélodiques ou de passage regardées comme nulles en Harmonie, c'est parce qu'il arrive souvent qu'une Partie ou deux et quelquefois trois marchent *par degrés conjoints*, tandis qu'une autre Partie demeure stationnaire.

281. Ce qui fait que l'on regarde comme zéro en Harmonie les *Notes intermédiaires* entre les *Notes harmoniques*, c'est que l'effet de ces dernières, absorbent tellement l'effet des mélodiques que ces Notes de passage ne sont apperçues que par la variété qu'elles répandent parmi les notes d'Harmonie, et non parce qu'elle donne l'idée d'un autre accord, car elles n'ont pas la faculté de faire naître

cette idée ni de faire sentir le besoin d'un autre accord. Les notes qui ne peuvent se mettre en Harmonie avec la note sur laquelle elles frappent sont non-seulement de passage, mais extra-harmoniques.

282. Ce n'est pas sur de la Musique seulement que l'on fait du Contre-point double, comme *fig.* A et B. On en fait aussi sur le Plain-chant, comme *fig.* D, *pl.* 40.

Section II.

De la manière de faire un Trio ou Quatuor, d'un Duo.

283. Quand on n'emploie comme notes d'Harmonie que les vraies consonnances, c'est-à-dire la Tierce majeure ou mineure, la Sixte majeure ou mineure et l'Octave, et lorsqu'on ne procède entre le Dessus et la Basse que par un mouvement contraire ou par un mouvement oblique, alors on peut ajouter la tierce au-dessus à chaque note de la Basse, ou la sixte au-dessous à chaque note du Dessus et former un Trio. En ajoutant l'une et l'autre à-la-fois on fait un Quatuor d'un Duo.

Ainsi, *fig.* F, *pl.* 40, on peut ajouter la tierce au-dessus de chaque note de la Partie qui est écrite sur la clé d'*ut*, lorsque cette Partie sert de Basse. On en voit la preuve *fig.* G, où cette partie est écrite sur la clé de *fa*.

Pour que cette *fig.* G, qui fait voir comme la *fig.* F peut devenir *Quatuor*, ne soit qu'un Trio, il ne

faut que retrancher la Partie ajoutée sous le Dessus
ou la Partie ajoutée sur la Basse.

284. Comment se fait-il que ces quatre Parties
s'accordent si merveilleusement?

Voici la solution de ce problème.

Quels sont les Accords que présente la *fig*. F,
pl. 40?

Elle présente alternativement ou l'octave ou la
sixte, ou la tierce, plus les intervalles mélodiques
et de passage qui sont regardés comme nuls en Harmonie, et qui ne servent qu'à lier ou conjoindre mélodiquement un son harmonique avec l'autre.

Or qu'à l'octave $\frac{8}{1}$, j'ajoute une tierce au-dessus
de la Basse, j'aurai *sol si sol*; que j'ajoute une Sixte
sous le *sol* du Dessus, j'aurai *sol si si sol*, comme
on le voit dans le premier accord de la *fig*. G, *pl.*
40 : donc au total, je n'aurai qu'une tierce qui est
doublée puisque les notes *sol si si sol* ne sont au
fond que *sol si*; donc je puis ajouter entre une
octave, la tierce au-dessus de la Basse et la sixte
au-dessous du Dessus. Voilà pour l'octave.

Maintenant qu'à la sixte $\frac{6}{3}$, j'ajoute sur le *si* de
la Basse un *ré* qui est sa tierce, et sous le *sol* du
Dessus un *si* qui est sa sixte; qu'en résultera-t-il?
Que j'aurai au total, *si ré si sol*, c'est-à-dire une
tierce une octave et une sixte; cet accord n'offrant rien
que de très-consonnant je puis donc en faire usage à
volonté pourvu que j'évite les deux octaves de suite
et les deux quintes, en ne me servant que du mouvement contraire ou du mouvement oblique. Voilà
pour la sixte.

Enfin qu'à la tierce ou dixième $\frac{10}{3}$ j'ajoute un *mi* sur l'*ut* de la Basse et un *ut* sous le *mi* du Dessus; qu'en résultera-t-il? Que j'aurai à-la-fois une tierce, une octave et une dixième ou octave de la tierce; or, cet ensemble n'offrant rien que de très-consonnant, je puis donc en faire usage autant que je le veux pourvu qu'au moyen du mouvement contraire et du mouvement oblique j'évite les intervalles qui, répétés par degrés conjoints, détruisent l'Unité de Ton ou l'Unité de *Mélodie*.

285. *Harmonieux* et *Consonnans* ne sont pas *synonymes*.

L'accord de septième *sol si ré fa* est très-harmonieux.

L'accord parfait *sol si ré sol* est très-consonnant.

Les dissonnances, telles que la fausse quinte et la septième mineure ou diminuée ou leurs renversemens n'empêchent pas qu'un accord ne soit *harmonieux*, mais elles empêchent qu'il ne soit *consonnant*.

L'accord *si ré fa la♭* est donc très-harmonieux; mais il n'est pas consonnant. Ses renversemens sont moins harmonieux et moins consonnans encore. *Ré fa la♭ si* est moins harmonieux que *si ré fa la♭*; *fa la♭ si♮ ré*, moins que *ré fa la♭ si♮*; *la♭ si♮ ré fa*, moins que *fa la♭ si♮ ré*.

La sixte superflue est aussi très-harmonieuse, mais elle n'est pas consonnante.

La fausse quinte toute nue, est plus harmonieuse que la quinte juste toute nue, parce qu'il y a plus d'ensemble entre une note et sa fausse quinte qu'entre une note et sa quinte juste toute nue.

286. Ne peut-on pas ajouter la tierce au-dessus du Dessus au lieu de la sixte au-dessous?

Cela se peut assurément, et cela doit même toujours se faire quand on fait changer ce Dessus de place, c'est-à-dire lorsqu'on le porte au-dessous de la Basse, parce qu'alors la Basse devient le Dessus, et le Dessus la Basse.

Pourquoi faut-il alors préférer la tierce à la sixte?

Pour éviter l'accord de quarte et sixte qu'on ne doit point employer dans cette composition toute consonnante, où l'on ne frappe que des accords parfaits ou des accords de tierce et sixte.

Ainsi donc quand à la tierce *ut mi* on a ajouté une tierce par-dessus l'*ut* et une sixte sous le *mi*, ce qui donne *ut mi sol mi*, on ne doit pas, en plaçant les deux Parties supérieures sous les deux inférieures mettre le *sol* sous le *mi*, mais le *mi* sous le *sol*; car c'est le véritable Dessus qui doit prendre la place de la véritable Basse, et non pas la Partie accessoire qu'on a ajoutée sous ce Dessus.

C'est de même la vraie Basse qui doit prendre, dans le renversement des Parties, la place du vrai Dessus et non pas la Partie accessoire qu'on a ajoutée au-dessus de cette Basse. Pourquoi cela? Pour éviter les quartes sur la Basse.

287. Si je préfère qu'on ajoute la sixte sous le Dessus, à ce qu'on y ajoute la tierce au-dessus, *lorsque ce Dessus demeure à sa place*, c'est pour éviter que la quinte, toujours insubordonnée, ne succède immédiatement à l'octave ou celle-ci à la quinte, car rien n'est moins harmonieux qu'une suite alternative d'octaves et de quintes.

Par exemple, *fig.* H, où la tierce est ajoutée au-dessus du Dessus, la quinte est très-dure après l'octave. La quinte est aussi très-dure après l'octave $\frac{6}{4}$, et ainsi de suite, et comme il est indiqué, *fig.* H.

Il est très-utile qu'un compositeur connaisse le Contre-point à l'Octave et la manière d'y ajouter une ou deux Parties à la tierce, car c'est un des plus beaux procédés du Contre-point *pour l'effet qui en résulte*. Nous disons pour l'effet qui en résulte, parce que c'est là le véritable mérite d'une Composition ; car si la Musique doit être lue avec plaisir par le connaisseur, elle doit être entendue par lui avec bien plus de plaisir encore.

288. Est-il des fautes de Composition qui servent au bon effet d'un Morceau ? L'ignorance et son fils chéri l'orgueilleux charlatanisme ont osé l'affirmer, mais il n'y a que les personnes qui n'ont aucune teinture des vrais principes qui puissent entendre un langage aussi impertinent sans sourire de pitié. Jamais une faute de Composition ne peut produire qu'un défaut plus ou moins sensible dans une Pièce de Musique, et tout homme qui s'avise de soutenir qu'une faute est une licence, mérite un brevet d'ignorant : d'ailleurs, *il n'est de licence dans les beaux-arts que parce que des demi-savans, présomptueux, se sont trop hâtés de poser les colonnes d'Hercule.* C'est-à-dire que ceux qui avaient fait quelques remarques s'étant trop pressés de conclure des cas particuliers aux cas généraux, ils se sont vus forcés d'admettre une infinité d'exceptions qu'ils ont appelées *licences.*

Ce qui induit en erreur, c'est que l'on confond la faute avec la licence. La licence n'est que l'extension du principe, une conséquence de plus que l'on en tire. La faute résulte d'une fausse Proposi-

tion, d'un manque de conséquence ou d'une faute
d'orthographe musicale. La faute d'orthographe n'est
en quelque sorte une faute que pour les yeux ; car,
quoiqu'un *la♭* diffère de quelque petite chose d'un
sol♯, cette différence n'est pas assez sensible pour
que celui qui écoute, n'appelle pas *sol♯* le *la♭*, s'il
est conduit par le sens de la phrase à appeler ainsi
ce *la♭*. Mais il n'en est pas de même du défaut de
conséquence ou d'une fausse conséquence ; car de
quelque manière qu'on interprète ou appelle alors
les notes écrites, elles offrent toujours ou un défaut
de suite, ou une fausse suite, et par conséquent un
défaut de jugement et de logique.

Section III.

Du Contre-point triple à l'octave.

289. Le Contre-point triple renversable à l'octave ou à la double octave, est plus difficile à faire
que le Contre-point double renversable au même
intervalle, parce qu'il faut que la troisième Partie
évite de faire une quarte juste, *formant Harmonie*,
soit avec l'une ou l'autre des deux Parties auxquelles
on l'adjoint, à moins que cette quarte ne frappe
pas en même tems que la note avec laquelle elle
forme un intervalle de quarte.

Ainsi *fig.* K, *pl.* 40, la première note de l'Alto,
qui forme une quarte en Dessous avec le *fa* du Dessus
n'est point une faute parce que cet *ut* ne frappe
qu'après le *fa* du Dessus.

290. Dès qu'une note n'a pas commencé à frapper
comme quarte, elle peut en se prolongeant sous la

durée d'une autre note former cet intervalle avec elle sans que ce soit une faute.

Ainsi *fig*. L l'*ut* de la Basse qui est désigné par un 4 forme bien une quarte avec le *fa* du Dessus; mais cette quarte n'est point une faute, car cet *ut* a commencé à frapper comme tierce de *mi* avant de devenir quarte de *fa*.

291. Comme ce Contre-point n'est pas destiné à recevoir deux Parties additionnelles à la tierce, on peut y employer tous les intervalles qui sont susceptibles de se renverser à l'octave, sans blesser les lois du Contre-point triple. L'accord de septième diminuée et ses renversemens peuvent y être employés sans difficulté.

292. Les exemples K, L, M, *pl*. 40, sont destinés à montrer que le Dessus peut devenir tour-à-tour Alto ou Basse, que l'Alto peut devenir, à volonté, Basse ou Dessus, et que la Basse peut également devenir Alto ou Dessus.

Il ne s'agit pour opérer cette métamorphose, que de porter chaque Partie une ou plusieurs octaves plus haut ou plus bas.

Ainsi le Dessus de la *fig*. K devient Alto, dans la *fig*. L, et Basse dans la *fig*. M.

L'Alto de la *fig*. K devient Basse dans la *fig*. L, et Dessus dans la *fig*. M.

La Basse de la *fig*. K, devient Dessus dans la *fig*. L, et Alto dans la *fig*. M.

293. Trois Parties qui peuvent se porter à l'octave ou à la double ou à la triple octave au-dessus ou au-dessous, sont susceptibles de six distributions ou arrangemens différens, et comme il suit : (Je

suppose que ces trois Parties sont un Violon, un Alto et une Basse.)

Violon, Alto, Basse, Violon, Basse, Alto.
Alto, Violon, Alto, Basse, Violon, Basse.
Basse, Basse, Violon, Alto, Alto, Violon.

SECTION IV.

Du Contre-point quadruple à l'octave.

294. On peut composer quatre Parties de façon que chacune d'elles puisse être renversée à une octave quelconque, soit au-dessus soit au-dessous. Une telle Composition est du Contre-point quadruple à l'octave.

La *fig.* N, *pl.* 40, fournit un exemple de ce Contre-point.

Chacune des Parties de cette figure peut servir tour-à-tour, de premier violon, de second violon, d'Alto ou de Basse, et chacune de ces quatre Parties pouvant tour-à-tour demeurer à sa place tandis que les autres en changent entre elles, il s'ensuit que ce Contre-point peut offrir vingt-quatre distributions différentes des quatre mêmes chants ou Parties.

295. Le *Contre-point quadruple* renversable à l'octave est plus difficile que le contre-point triple, par la raison qu'il faut que chaque Partie puisse alternativement y servir de Basse ou de Dessus à chacune des trois autres.

Du reste il y a les mêmes règles à y observer que dans le contre-point double renversable à l'octave.

CHAPITRE XLI.

Du Contre-point double renversable à la tierce, ou plutôt à la DIXIÈME au-dessus ou au-dessous.

296. Quand on compose un Morceau de façon que chaque Partie puisse être tour-à-tour portée à la dixième au-dessus ou au-dessous sans qu'on ait besoin de rien changer à celle qui reste en place, cela s'appelle faire du Contre-point à *la dixième* ou à l'octave de la tierce.

Pour s'orienter dans cette composition, il faut jeter un coup-d'œil sur la *fig.* A, *pl.* 41, qui est destinée à montrer ce que devient chaque intervalle renversé à la dixième.

L'*Unisson* devient *Dixième*, a *Seconde* devient *Neuvième*, et ainsi de suite ; ensorte que les consonnances l'*Unisson*, la *Tierce*, demeurent consonnantes dans ce renversement même puisqu'elles se changent en dixième et huitième.

La quinte y devient *sixte* et par conséquent consonnance réelle de demi-consonnance qu'elle est, n'étant point renversée.

297. La *fig.* B est un exemple du Contre-point à la *Dixième*.

Ce Contre-point a cela d'avantageux que l'on peut par l'emploi simultané d'une Partie et de son renversement à la dixième, former aussitôt un *Trio* d'un *Duo*.

Ainsi dans la *fig*. B, on peut ne faire entendre à-la-fois que la Basse et l'Alto ou l'Alto et le Dessus et ne former qu'un *Duo*. Mais quand on peut également faire entendre le Dessus avec son renversement à la dixième au-dessous, conjointement avec la Partie d'Alto, on forme alors un Trio.

298. Dans le Contre-point double renversable à la Dixième, on ne peut faire de suite ni *deux tierces* par mouvement semblable, parce que le renversement de la tierce est l'octave, et que faire deux tierces c'est faire deux octaves ; ni *deux sixtes*, car la sixte renversée à la dixième est une quinte ; ni *deux septièmes*, car la septième renversée à la dixième est une quarte.

Voyez sur l'emploi des divers intervalles, la *fig*. C, *pl*. 41.

La *fig*. D offre un exemple de contre-point à la dixième qui est de tems à autre accompagné d'un Contre-point à la tierce au-dessous de la Partie du milieu.

La *fig*. E fait voir comme l'exemple précédent est écrit dans la Partition de la symphonie d'*Haydn* dont il est extrait.

La *fig*. D, *pl*. 41, quoiqu'irrégulière, en ce que la Partie du milieu n'est pas doublable à la tierce d'un bout à l'autre, est cependant plus classique que la *fig*. E. Mais si la *fig*. D est d'un écolier distingué, la *fig*. E est d'un grand maître.

299. La *fig*. F est un exemple de Contre-point à la dixième, *entre le premier violon et l'Alto*, et qui peut se doubler dans ses deux Parties à-la-fois,

en ajoutant pour second violon la dixième au-dessous à chaque note du premier, et pour Basse la dixième au-dessous à chaque note de l'Alto.

On peut exécuter cet exemple en *Duo*, soit entre le premier Violon et l'Alto, soit entre la Basse et le second Violon, ou en Trio, entre le Dessus, le second Dessus et la Basse ou l'Alto, ou entre l'Alto, la Basse et le premier ou le second Violon. Il peut encore s'exécuter comme *fig*. G où les Parties d'Alto et de Basse sont à la place des violons, ou comme *fig*. H, *pl.* 41.

On voit combien le *Contre-point renversable à la dixième* offre de ressources à l'habile compositeur. C'est l'un des meilleurs moyens scientifiques que l'on puisse employer. Il est beau, après avoir fait entendre deux Parties qui s'accordent très-bien, de pouvoir en ajouter une ou deux autres, à volonté, en ne faisant que doubler les deux premières à la dixième; cela a quelque chose qui tient du merveilleux. Tout ce mystère consiste à ne jamais frapper de quarte que sur la portion faible d'un tems. Ainsi *fig.* F ce n'est qu'après un quart de soupir que l'*ut*, première note du second violon, se fait entendre pendant la durée du *sol* de l'Alto contre lequel il forme un intervalle de quarte. Il en est de même du quart de soupir de la seconde mesure et des mesures suivantes, hors la troisième dans laquelle la quarte $\frac{u}{f}$ étant superflue ou triton elle peut frapper àplomb sur le *fa* de l'Alto.

CHAPITRE XLII.

Du Contre-point quadruple à la douzième ou octave de la quinte.

5oo. TOUT Contre-point que l'on nomme double est une Composition où l'on travaille à deux fins à la-fois. Dans le contre-point double à l'Octave on compose une Partie sur l'autre, de façon que l'on puisse porter l'une ou l'autre de ces deux Parties à l'octave au-dessus ou au-dessous.

Par ce moyen, après que le Dessus a servi de Dessus, il sert de Basse et la Basse de Dessus. Dans le Contre-point double à la Dixième, au lieu de porter la partie que l'on renverse à l'octave on la porte à la dixième au-dessus ou au-dessous.

Dans le Contre-point que l'on veut pouvoir renverser à volonté à la *Douzième* qui est l'octave de la quinte, on doit donc pour se guider commencer à écrire la gamme, puis porter cette gamme à la douzième au-dessous et écrire sur la Portée qui est entre la Gamme et son renversement à la douzième au-dessous, une note qui serve de point de comparaison.

Ainsi *fig.* A, après avoir écrit sur la clé de *sol*,

la série de notes *ut ré mi fa sol la si ut ré mi fa sol*, j'écris ensuite sur la troisième Portée de cette accolade cette même série, mais renversée à la douzième en dessous. La douzième d'*ut* étant *fa*, j'écris *fa sol la si ut ré mi fa sol la si ut* sur la clé de *fa*, puis je pose un *ut* sur la clé d'*ut* pour servir de point de comparaison; par ce moyen je vois que l'unisson renversé à la douzième, devient douzième et par conséquent qu'*ut* devient *fa*; que la seconde devient onzième ou quarte et par conséquent que *ré* devient *sol*, que *mi* devient *la* et ainsi de suite, comme on le voit dans le Tableau de la *fig.* A, *pl.* 42.

Cette première lumière acquise, il faut conclure que puisque la tierce au-dessus d'une note renversée à la douzième au-dessous devient la tierce au-dessous de cette note au lieu d'en être la dixième ou tierce au-dessus, il est possible de faire autant de tierces de suite que le permet la *voie musicale*. En conséquence le mouvement semblable peut donc s'employer ici conjointement avec les mouvemens oblique et contraire.

301. La sixte qui se change en septième en se renversant à la douzième, veut être précédé de la tierce ou de la quinte ou de l'octave, et suivie de l'octave ou de la tierce. Voyez les *fig.* B C D E F, *pl.* 42.

302. Dans la *fig.* G, il y a deux septièmes de suite, mais dans la première septième l'*ut* de l'Alto n'est là qu'une note de goût, c'est pourquoi j'ai écrit *si-i* sur *ut si* de cette Partie, parce que lorsqu'on solfie on ne dit pas *ut si* quand l'*ut* est *une petite*

note, on dit *si* et *i* sur *si*, ce qui fait *si-i* au lieu d'*ut si*. Comme celle *fig.* J, *pl.* 42, où il est écrit *fa-a*.

Au surplus, si l'on voulait que l'*ut* fût une véritable septième, il faudrait alors que l'*ut*[*] de la Basse ne frappât sous le *si* de l'Alto que dans la seconde partie de la durée de ce *si*, sans quoi ce serait une faute, une *Proposition mal sonnante* et sentant l'ignorance.

Section II.

Manière de faire un *Quatuor* ou un *Trio* d'un *Duo*.

303. Nous avons expliqué art. 283, comment d'un Duo dont les Parties sont, l'une envers l'autre, renversables à l'octave, l'on pouvait, à volonté, faire un *Trio* ou un *Quatuor*; nous allons dire ici comment d'un *Duo* dont les Parties sont, l'une envers l'autre, renversables à la Douzième, on peut également faire un *Quatuor* ou un *Trio*.

Le *Duo* dont il s'agit, doit être fait par mouvement contraire ou oblique, car si les deux Parties de ce *Duo* y marchaient par mouvement semblable, par intervalles pareils, il en résulterait pour le *Trio* ou le *Quatuor* autant d'octaves qu'il y aurait d'intervalles ou mouvemens égaux; car pour établir ce Quatuor il ne s'agit que de faire marcher ensemble les deux Parties du *Duo*, et d'ajouter à la Partie du Dessus, la tierce au-dessous; à la Basse, la tierce au-dessus. Or, deux Parties d'un *Duo* ne pouvant marcher par intervalles pareils que lors qu'elles font des tierces ou des sixtes, il s'ensuit que s'il y avait dans le *Duo* dont il s'agit ici deux *tierces* ou deux *sixtes* de suite, il y aurait dans le Trio ou dans le Quatuor *deux octaves* différentes de suite, puisque ce quatuor ne s'établit qu'en ajoutant la tierce au-dessous de la Partie de Dessus et la tierce au-dessus de la Partie de Basse.

Si dans le *Duo* de la *fig.* K, on ne s'y était pas abstenu du mouvement semblable, il ne pourrait pas devenir *Quatuor* ou *Trio* à volonté. Mais non-seulement il a la faculté d'être converti en *Quatuor*, mais ce *Quatuor* même est susceptible de se renverser de cinq manières différentes. Voyez ces cinq manières, *fig.* M, *pl.* 42. (1)

Les Contre-points doubles, à l'*octave* ou à la *dixième* ou à la *douzieme*, sont ceux dont on doit s'occuper le plus dans l'étude sérieuse de la Composition, car ce sont ceux dont on peut tirer le plus de parti.

Quant à ceux renversables à la 9e., à la 11e., à la 13e. et à la 14e., dont nous allons traiter, ils donnent beaucoup de peine et peu de fruits. On peut les comparer à un chemin escarpé, aride et raboteux, où l'on ne fait pas un pas sans s'exposer à faire une chûte, et où peu de fleurs dédom-

---

(1) L'exemple *fig.* N, *pl.* 42 est du Contre-point simple à la douzième ; mais la Basse ayant la faculté de s'y doubler à la tierce au-dessus, ce qui ne serait qu'un Duo par imitation à la douzième au-dessous, devient par ce moyen un *Trio*. (Cet exemple est un fragment d'un Menuet d'une symphonie d'*Haydn*.

magent des épines sans nombre que l'on y ren=
contre.

CHAPITRE XLIII.

Du Contre-point double à la neuvième.

304. AVANT de commencer à établir un Contre=
point double de cette espèce, il faut voir *fig.* A ,
pl. 45 , ce que devient chaque intervalle en se ren=
versant à la neuvième. A l'inspection de ce Tableau,
on voit que l'Unisson devient neuvième, la seconde
octave, la tierce septième, la quarte sixième et que
la quinte seule demeure quinte et devient seulement quinte en Dessous de quinte en Dessus qu'elle
était.

305. Comme chaque *Consonnance* devient *Dis=*
sonnance en se renversant à la neuvième , et que
chaque *Dissonnance* devient *Consonnance* , il s'en=
suit que le grand secret pour établir ce Contre-
point difficile , est premièrement d'user de notes
qui soient d'assez courte durée pour pouvoir devenir naturellement harmoniques de mélodiques
qu'elles étaient, ou l'inverse ; et secondement de
ne procéder que par degrés conjoints, pour que la

note qui devient mélodique ait pour suite ou conséquent la note d'Harmonie avec laquelle elle est en contact.

Voyons comment ces deux conditions ont été remplies dans la *fig*. B , *pl*. 43.

La Partie d'Alto de cet exemple étant donnée pour y ajouter un Contre-point double à la neuvième; c'est-à-dire un chant renversable à la neuvième ou à l'octave de la neuvième, voici le raisonnement que l'on a fait pour y ajouter ce Dessus qui peut s'exécuter à l'octave au-dessus de la neuvième , comme *fig*. B , ou à la seconde au-dessous du Dessus , comme *fig*. C. On s'est dit : Je ne puis débuter que par une quinte , car la quinte est le seul intervalle qui ne soit pas dissonnant en se renversant à la 9.e ou à l'octave au-dessous de la neuvième , car si l'on débutait par une tierce , le renversement commencerait par une septième ; si par une sixte , le Renversement commencerait par une quarte ; et si par une octave , le renversement commencerait par une neuvième , et tout cela ne peut avoir lieu dans le *Duo*, vu que ces intervalles manquent d'ensemble.

On a donc posé un *ré*, quinte de *sol* au Dessus, lequel renversé à l'octave au-dessous de la neuvième est un *ut*, comme on le voit à la Basse de la *fig*. B , *pl*. 43. (1)

---

(1) Il faut bien faire attention que l'on ne peut exécuter à-la-fois les trois Parties d'un contre-point double , à moins qu'il ne soit écrit *Trio*. Ainsi ce serait une absurdité que de faire entendre à-la-fois les trois Parties de la *fig*. A , *pl*. 43.

506. Pourquoi cet *ut* a-t-il une tête de Blanche ?
Pour montrer qu'il est mélodique, et que l'accord
entre la Basse et l'Alto est ♯♯ et non pas ♯♯
et ♯♯. Pourquoi est-ce plutôt l'un que l'autre ? C'est
que l'effet de la tierce ou celui de son renversement,
la sixte, l'emporte toujours sur celui d'une quinte
ou d'une septième, quand celles-ci ne sont pas pré-
cédées ou suivie de la tierce avec laquelle elles sont
en Harmonie, car l'ensemble d'une tierce a beaucoup plus d'Unité que celui d'une quinte ou d'une
septième.

Si la quinte ♯♯ était précédée de la tierce ♯♯, alors
on aurait la sensation d'*ut mi sol* et quand la septième ♯♯ se ferait entendre après, on aurait la sensation de *la ut mi sol* : cette sensation serait encore
plus prononcée si l'*ut* était dièze.

507. Il y a une autre puissance encore qui con-
tribue à nous faire sentir que telle note est d'Harmonie, telle autre de passage ; c'est le *Cadencé*.
Nous avons dit que les Tems faibles Harmoniques
les vrais *levés* sont les *Antécédens*, et que les
Tems forts Harmoniques les vrais *frappés* sont les
conséquens. Il résulte de cette vérité que pour que
le *Cadencé* soit plus sensible, il faut que l'accord
du *levé* fasse désirer celui du *frappé*.

508. Quand le *levé* et le *frappé* sont du même
accord, alors le Cadencé est double en durée, et la
Musique au lieu de cadencer d'un tems à l'autre ne
cadence plus harmoniquement que d'une mesure à
l'autre. On peut même ne cadencer que de deux en
deux ou de quatre en quatre mesures ; et c'est ce
que l'on fait pour rendre le style large et pom-
peux.

C'est ainsi que dans l'architecture l'on donne de plus grandes dimensions aux colonnes et aux autres parties d'un édifice, lorsque l'on veut le rendre superbe et majestueux.

Si l'on pouvait comparer un Morceau de Musique à un temple, on pourrait dire que l'Harmonie en est les colonnes, et la Mélodie, les liens et les ornemens.

Dans la première mesure de la *fig.* B, *pl.* 43, les quatre tems du Dessus sont du même Accord, de celui *sol si ré fa*, dont il n'y a que *sol si ré* qui parlent dans les trois premiers tems. Les quatre tems de la seconde mesure sont d'*ut mi sol*. Les croches à tête de Blanche sont nulles en Harmonie et doivent être retranchées par la pensée afin de n'y voir que celles d'Harmonie. Mais ces notes regardées comme zéro en Harmonie sont toujours comme nous venons de le dire, ou des liens utiles qui unissent entre elles les parties harmoniques ou des ornemens qui embellissent l'édifice musical quand ils ne le surchargent pas.

Ainsi les notes harmoniques *ré si ré f* de la première mesure sont plus intimement et plus agréablement unies entre elles au moyen des notes mélodiques *ut ut mi*, et les notes harmoniques *mi ut mi sol* par les notes mélodiques *fa ré ré fa*.

Dans le *Duo* qui a lieu entre l'Alto et la Basse, dans la même *fig.* B, *pl.* 43, la première demi-mesure cadence harmoniquement avec la seconde demi-mesure, et les deux sixtes $\frac{sol}{si}\frac{sol}{si}$ ont pour conséquent $\frac{mi}{ut}$. Les notes d'Harmonie *si si* sont donc liées entre elles par le lien mélodique *fa*.

509. Le *Cadence mélodique* doit ajouter par-

tout au mouvement du Cadencé harmonique quand celui-ci manquerait sans cela de vivacité, à moins qu'on n'ait à peindre le relâchement des ressorts de la vie ou l'affaiblissement marqué d'une action quelconque.

310. On voit par la première mesure de la *fig.* B, que sur quatre croches il peut y en avoir deux de Mélodie et deux d'Harmonie, et que celles d'Harmonie peuvent être ou la première et la troisième comme au Dessus, ou la deuxième et la quatrième comme à la Basse.

311. Quand on fait un Contre-point double quelconque, il faut en essayer le Renversement chaque fois qu'on a posé deux ou trois notes, afin de juger si ce renversement est praticable.

Ainsi *fig.* D, *pl.* 43, quand on a posé au Dessus et sur le *ré* de l'Alto, *la sol*, on transporte ces notes à la neuvième au-dessous, et l'on écrit *sol fa** à la Basse, et ainsi de suite.

On sent que dans une Composition pareille où l'on ne marche qu'en se traînant, il ne peut que très-difficilement y avoir de la chaleur : le génie y est affaissé sous le poids des chaînes qu'il porte.

Il est cependant utile de s'essayer à en supporter le fardeau, afin de se trouver tout-à-fait à l'aise, quand on s'occupe de la composition ordinaire ou du Contre-point double à l'Octave.

CHAPITRE XLIV.

Des Contre-points renversables à la onzième, et de ceux à la treizième et à la quatorzième.

312. AVANT de chercher à établir un Contre-point à la onzième, il faut examiner le Tableau qui est *fig.* A, *pl.* 44, afin de savoir ce que deviennent les intervalles quand ils sont renversés à la onzième. On y verra que la *sixte*, demeurant sixte en se renversant, peut s'employer à volonté.

Voyez dans les divers exemples de la *fig.* B, *pl.* 44, comme cette consonnance prépare et sauve la Dissonnance.

La *fig.* C est un exemple de ce Contre-point à deux fins.

313. Dans le Contre-point à la *treizieme*, la sixte devenant octave, ainsi que le montre le Tableau des intervalles qui est *fig.* E, *pl.* 44, c'est à la faveur de cet intervalle que passent les Dissonnances.

Voyez les divers exemples de la *fig.* F, sur l'emploi de cet intervalle.

La *fig.* G est un exemple plus complet de ce Contre-point où l'on porte à volonté le chant à la treizième au-dessous de la Basse ou la Basse à la treizième au-dessus du Dessus.

314. Dans le Contre-point à la *quatorzième*, c'est à la faveur de la quinte qui devient tierce ou ou dixième que les dissonances sont préparées et sauvées.

Voyez le Tableau des intervalles renversés à la quatorzième qui est *fig.* II, et l'exemple de ce Contre-point qui est *fig.* I.

Nous ne nous étendrons pas davantage sur ces petits tours de force; nous allons passer à de plus grands, en traitant du *Canon*.

CHAPITRE XLV.

Des Canons.

315. Le mot *Canon* signifie *règle*. On applique particulièrement ce mot à ce genre de composition, parce que c'est celui de tous où il y a le plus de préceptes à observer. Cela est tout naturel, puisqu'il s'agit dans le Canon de faire répéter exactement le même Chant sur d'autres cordes et en écho, soit à l'octave, à la quinte ou à la quarte ou à tel autre intervalle que ce soit, ce qui ne peut avoir lieu qu'en s'astreignant à beaucoup de règles sans l'observation desquelles il serait impossible que les diverses Parties d'un Canon pussent marcher harmoniquement ensemble.

Rousseau dit de la Fugue que c'est le chef-d'œuvre

ingrat d'un bon harmoniste ; il faudrait dire d'un bon contre-pointiste , et cela se dirait avec plus de justesse encore du Canon qui offre bien plus de difficultés que la Fugue , à moins que cette Fugue ne renferme des Canons.

Nous distinguons avec raison l'*Harmoniste* du *Contre-pointiste* , car depuis que l'on apprend la Composition par les Accords , ce qui a ses avantages et ses inconvéniens , il n'y a presque plus de *Contre-pointistes* , et le nombre des Harmonistes passables est au contraire fort étendu.

Pour bien savoir la Composition , il faut connaître l'Harmonie, qui est la science des accords et de leur emploi , et le Contre-point qui est l'art de composer les Accords en ajoutant une ou plusieurs Parties à un Chant ou à une Basse quelconque.

L'Harmonie peut s'apprendre en trente leçons , à quelqu'un qui sait solfier à livre ouvert , qui a de l'entendement et de l'application , et qui joint à cela l'habitude du clavier. A l'art de traiter un Sujet d'une manière agréable et profonde , le *Contre-point* exige bien plus de leçons et d'étude. Cette *science* a été jusqu'ici un dédale inextricable. Nous n'avons pas pu n'en faire qu'un *secret* dont nous aurions dévoilé le mystère ; mais du moins nous croyons être parvenus à rendre son abord accessible, et si l'on ne devient pas harmoniste et contre-pointiste avec cet ouvrage, nous osons penser que ce ne sera pas notre faute , mais celle de nos lecteurs peu attentifs, ou trop faciles à se rebuter du moindre obstacle.

Du Canon à l'Unisson.

316. Pour faire un petit Canon à l'Unisson, on écrit un petite phrase de Chant, que l'on met en Partition à trois, à quatre ou à cinq parties, plus ou moins ; après quoi, l'on compose successivement chaque Partie de toutes les autres.

Supposons donc que l'on ait imaginé le Chant du Dessus de la *fig.* A, *pl.* 45 ; après l'avoir écrit il ne faut pour achever ce Canon, qu'y ajouter le second et le troisième Dessus. Pour l'exécuter, il faut examiner par quelle Partie il convient de commencer pour que le Chant ait une suite plus naturelle. Dans celui-ci il faut aller de la troisième Partie à la seconde, et de celle-ci à la première : *sol sol*, *la si ut* ; *si si ut ré mi* ; *sol fa*, *fa*, *sol fa mi fa mi*.

317. On peut écrire ce Canon, ainsi que tous ceux à l'Unisson, sur une seule ligne, comme *fig.* B, *pl.* 45.

318. Pour écrire un Canon tout au long, il faut s'y prendre comme *fig.* C, *pl.* 45.

On pourrait finir au premier ou au second mot *fin*, mais c'est à la troisième fois que ce mot est écrit qu'est la première fin véritable ; car un Canon ne doit finir qu'après qu'il a été entendu tout entier dans chaque Partie. Mais en faisant la Reprise indiquée par la double barre et les deux points, soit une fois, soit plusieurs ; on peut alors finir à tel mot fin que l'on veut.

319. Dans l'*entrée* des Parties, il faut prendre garde que les règles du *Duo* n'y soient pas enfreintes, parce que, comme le dit très-bien le savant Mar-

pourg, ce qui est bon à trois ou à quatre parties, peut être défectueux quand il n'y en a que deux qui se font entendre. Ainsi, point de quarte, et j'ajouterai même point de quinte entre la première et la seconde Parties, si cette quinte n'est pas mélodique.

Dans le Canon de la *fig*. A, aucun intervalle prohibé dans le Duo ne s'y faisant entendre, on pourrait entrer par telle Partie qu'on voudrait, si la régularité du Chant n'exigeait pas que l'on commençât par la plus basse.

Du Canon à l'octave, à plusieurs Parties.

320. La *fig*. D, *pl*. 45, présente un Canon à quatre Parties, dont les deux supérieures sont à l'unisson, la troisième à l'octave des deux premières, et la quatrième à l'octave de la troisième.

La partition de ce Canon commence à la onzième Mesure où il y a une accolade particulière, et où il est écrit *Partition entière de ce Canon*; elle finit deux mesures et demie après; en sorte que tout le canon se trouve renfermé dans l'espace de deux mesures et demie.

Pour le retrouver tout entier, il faut commencer par la seconde partie, de-là passer à la Basse, et dès-lors la première demi-mesure de cette Basse devient la seconde demi-mesure de la troisième mesure du second Violon, et ainsi en continuant. De la Basse on passe à l'Alto, et alors les tems de la mesure sont à leur place; ensuite on passe au Dessus, et ici les *frappés* redeviennent les *levés*.

321. Les règles de ce Canon sont celles du quadruple Contre-point à l'octave.

322. On peut écrire aussi ce Canon comme *fig.* E , quand le second Violon , qui est la Partie qui commence , est arrivé au signe qui est placé à la troisième demi-mesure ; alors le premier Violon entre au troisième tems de la mesure ; l'Alto entre avec la cinquième mesure , mais à l'octave au-dessous , ce qui est indiqué par un octave ; la basse entre à la neuvième demi-mesure , et à la double octave au-dessous du Violon , ce qui est indiqué par deux 8.

Du Canon à la seconde.

323. Dans les Canons à la seconde , comme dans ceux à la tierce , à la sixte , à la septième , souvent un intervalle majeur répond à un mineur ou à un superflu, et réciproquement ; et c'est ce que l'on ne peut éviter sans renoncer à l'Unité de Ton , chose à laquelle il n'est jamais permis de déroger.

Il n'y a que dans les Canons à l'octave où l'écho réponde toujours exactement ; car dans les canons à la quinte et dans ceux à la quarte , on est forcé de répondre de tems en tems par un intervalle majeur ou superflu à un intervalle mineur ; en sorte que le vrai Chant du Canon y est presque toujours un peu tronqué.

C'est ce qui arrive dans le Canon à la seconde au-dessus qui est *fig.* F , *pl.* 45 , où *mi ré* est l'écho de *ré ut*[*], ou par conséquent une seconde majeure répond à une mineure, et où *si*[b] *mi* répond à *la ré* , et ainsi de suite.

La *fig.* G présente un Canon à la seconde en dessous , et dans ce Canon on répond à *mi fa sol la* par *ré mi fa sol*, et ainsi de suite ; en sorte qu'une seconde

majeure devient l'écho d'une seconde mineure et réciproquement, ce qui fait que le Canon est moins
sensible, parce que le Chant, l'*Air* n'est pas exactement le même dans l'*écho* que dans la voix que cet
écho imite.

Du Canon à la Tierce.

564. Il n'y a rien de particulier dans cette Composition, sinon l'obligation très - gênante de répéter,
degré par *degré*, toutes les notes du Sujet, car du
reste, c'est du Contre-point ordinaire à deux Parties;
et il en est ainsi, non-seulement dans les Canons à la
tierce, mais encore dans ceux à la seconde ou à la
quarte, à la quinte, à la sixte ou à la septième, lorsque ces Canons sont simples, comme ceux de la *fig.*
H, de la *fig.* I et les quatre suivans, *pl.* 45.

Canon à la quarte.

Voyez la *fig.* J, *pl.* 45.

Canon à la quinte.

Voyez la *fig.* K, *pl.* 45.

Canon à la sixte.

Voyez la *fig.* L, *pl.* 45.

Canon à la septième.

Voyez la *fig.* M, *pl.* 45.

Tous ces exemples n'ont rien d'aimable, rien d'heureux : ils n'ont que le mérite d'être corrects et de prouver combien ce genre est difficile et ingrat.

Du Canon double à la quinte ou Canon à deux sujets qui se font entendre à-la-fois, et se répètent chacun à la quinte au-dessus ou au-dessous.

325. Voyez la *fig* N , *pl.* 45.

Ce Canon a été composé deux notes par deux notes et de la manière suivante :

La Haute-contre fait la Voix du premier sujet ;

Le Dessus fait l'écho de cette Voix ;

La basse fait la Voix du second Sujet , et la Taille l'écho.

On commence à écrire à l'Alto *sol fa*, puis à l'écho *ré ut* , ensuite on imagine les deux premières notes du second Sujet sous *sol fa*; et on écrit ces deux notes sous *sol fa*, ces notes sont ici *sol ré*, qui se répètent à la quinte au-dessus par la Taille, ce qui donne *ré la*; jusqu'ici, il n'y a encore que deux notes qui soient écrites à chaque Partie, comme on le voit *fig.* O , *pl.* 45.

Il s'agit maintenant d'imaginer un accompagnement aux deux notes *la si* du Dessus qui fassent suite aux deux notes de l'Alto *sol fa*, et qui s'accordent avec *ré* et *la* qui sont à la Taille ; ces deux notes sont ici *ré mi*, qu'il faut répéter à la quinte par *la si*, que l'on écrit au Dessus.

Ensuite, il faut ajouter sous les deux notes *ré la* de la Taille un accompagnement qui fasse suite aux deux notes *sol ré* de la Basse et qui s'accorde avec ces deux notes, avec celles *ré ut* du Dessus et avec *ré mi* de l'Alto.

Ces deux notes sont ici *fa ut* que l'on écrit à la Basse, et que l'on répète à la Taille une quinte au-dessus en ces termes, *ut sol.*

Maintenant il faut faire sous les deux dernières notes du Dessus et de la Taille, ce que l'on a fait à l'égard des deux précédentes, et aller toujours ainsi jusqu'à la fin du Canon où les deux premières notes de la Haute-contre et les deux premières de la Basse doivent pouvoir se faire entendre sous les deux dernières du Dessus et sous les deux dernières de la Taille, afin que l'on puisse recommencer ce Canon autant de fois que l'on veut. Ce n'est pas une des moindres difficultés du *Canon* que d'avoir à répéter ainsi le commencement sous la fin ; mais ce qui rend la chose plus praticable c'est qu'on peut raccourcir ou allonger le Canon afin de pouvoir opérer cette rentrée.

526. Le Canon de la *fig.* N a le mérite de pouvoir s'exécuter *de la fin au commencement*, en renversant le papier et changeant de Clé et de Ton. Pour le rendre susceptible d'un tel renversement, on s'est abstenu d'y employer des dissonances. L'accord parfait et l'accord de sixte sont les seuls qui s'y fassent entendre.

527. Il faut que nous relevions ici une erreur dans laquelle tombent les gens les plus habiles comme ceux qui le sont le moins ; les premiers parce qu'ils partent d'un faux principe, les autres parce qu'ils n'ont point de principes.

Ce qui fait dévier les habiles gens, c'est qu'ils sont imbus que chaque Partie n'est pas assujétie

à telle ou telle marche, *lorsqu'ils n'emploient que
des accords consonnans*. Cependant rien n'est plus
certain que cet assujétissement d'où resulte la suite,
la conséquence du discours, conséquence sans laquelle il n'y a plus ni sens ni Logique. (Voyez Logique.)

Quand dans ce Canon, *Bontempi* passe, à la
Basse, de *fa*, portant sixte, à *ut* portant une autre
sixte (voyez *fig.* R, *pl.* 38), et ne descend pas à
mi pour éviter la quarte et sixte *mi la ut* et les
deux octaves qui se trouveraient entre la Haute-
contre et la Basse, il évite alors un mal par un autre,
car la véritable résolution du *fa* n'est pas opérée ,
et dans , il y a même deux octaves implicites ;
exemple :

Si de semblables fautes peuvent être excusées,
c'est, sans contredit, dans le Canon où toutes les
espèces de gênes sont rassemblées. Mais ne vaut-il
pas mieux renoncer à faire des Canons, que de renoncer au bon sens ?

Dans le saut *la ré*, tiré de ce même Canon, et
qui est à la Basse de la *fig.* S, *pl.* 45, il y a aussi
deux octaves implicites entre la Haute-contre et la
Basse . Il faudrait *mi fa*, mais dans l'écho, *mi
fa* donneraient deux quintes : entre deux maux,
Bontempi a donc choisi le moindre, mais ce moindre
mal n'en est pas moins un mal réel.

Du Canon circulaire.

528. Un canon circulaire est un Canon au moyen
duquel on passe dans les douze tons majeurs ou dans
les douze tons mineurs ; on le nomme circulaire

parce que l'on regarde les douze Tons comme formant un cercle harmonique, ce à quoi l'on est fondé puisque sur le clavier d'un Piano, après avoir parcouru douze tons différens, soit en procédant par quarte ou par quinte, on se retrouve, au treizième, précisément au point d'où l'on est parti.

Nous n'en donnerons qu'un exemple; c'est un Canon de *Rameau* à trois Parties qui parcourt les douze Tons mineurs par quarte en montant.

Voyez *fig.* T, *pl.* 45.

Les règles qu'on observe dans la composition à deux Parties renversables à l'octave, sont celles qu'on doit adapter à ce Contre-point canonique.

Canon polyforme.

329. Le canon à plusieurs formes, ou polyforme, est celui qui, semblable à celui de la *fig.* U, *pl.* 45, s'exécute de plusieurs manières, et prend ainsi plusieurs formes.

Après qu'on a exécuté la *fig.* U sur la clé de *sol*, on renverse le papier et on exécute ce même Canon sur la clé d'*ut* sur la seconde ligne, en lisant de droite à gauche; par ce moyen, le premier Canon devient le second, et celui-ci le premier.

On peut ensuite reprendre le premier canon comme *fig.* V, et le doubler à la dixième, entre le Dessus et la Taille, le prendre à la quinte, à contre-tems et le doubler à la dixième, entre la Haute-contre et la Basse.

On fait des Canons polyformes de plusieurs manières différentes; je me borne à cet exemple qui suffit pour en avoir une idée.

Du Canon par augmentation de valeur.

350. On voit par la *fig.* X , *pl.* 45, que ce Canon
consiste à donner à l'écho des notes doubles en valeur de celles de la Voix. En conséquence l'écho
ne peut répéter que la moitié du Canon , à moins
que ce canon ne soit fait de manière à pouvoir se
répéter deux fois par la Voix pendant que l'écho
ne le dit qu'une , ce qui est beaucoup plus difficile.

Dans les *Canons par diminution* on fait l'inverse
de ce qui est pratiqué ici.

Du Canon rétrograde.

331. Le Canon rétrograde peut être exécuté à-la-
fois en lisant de gauche à droite et de droite à gauche. Les quatre dernières mesures doivent être composées sur les quatre premières, de manière cependant que cela n'ait pas l'air d'avoir été combiné de
la sorte.

La *fig.* Y offre un Canon-double fait de cette
manière. L'Echo y marche à reculons de la Voix.

332. Il y a aussi des canons rétrogrades et par
mouvemens contraires. Mais voilà bien assez de
Canons ; il est tems maintenant de retourner à des
choses moins savamment ennuyeuses.

Cependant , avant de clore ce chapitre , nous
parlerons du Canon fermé ou non *résolu* et qu'on
nomme en Italie *canone chiuso , irresoluto* , et
des canons ou contre-points doubles qu'on peut établir sur une *Basse stable*.

Du Canon fermé.

533. La *fig.* Z, *pl.* 45, offre un Canon de cette nature.

Il y a bien des signes pour indiquer où chacun des trois échos doit entrer, mais ce qu'il y a de non-apparent, de caché, de fermé, c'est de savoir si ces Parties doivent entrer à l'Unisson, ou à la seconde, ou à la tierce, ou à la quarte, ou à la quinte, ou à la sixte, ou à la septième, ou à l'octave. Ce qu'il y a de caché c'est de savoir si les échos ont la même valeur de notes, ou si cette valeur est diminuée ou augmentée.

Pour résoudre ce problème, il faut tâtonner. On essaie d'abord d'entrer à l'unisson, ensuite à l'octave, puis à la quinte, ainsi du reste.

Le mot de l'énigme pour ce Canon est de faire entrer la seconde Partie à la quinte au-dessous de la première, la troisième à l'Unisson de la première, et la quatrième à la quinte au-dessous, c'est-à-dire à l'unisson de la seconde.

L'Echo à l'unisson ne se fait donc entendre que quatre mesures après la Voix qu'il imite.

Du Canon et autres Contre-points doubles, triples ou quadruples sur une Basse stable.

334. On peut faire toute espèce de contre-point sur une Basse qui ne se renverse pas, sur une Basse qui demeure la même pendant que les autres Parties deviennent tour-à-tour Dessus, Haute-contre et Taille, ou premier Violon, second Violon et Alto.

Au moyen d'une Basse stable, d'une Basse continue qui reste toujours la même dans toutes les métamorphoses que subissent les autres Parties, on peut établir toutes les espèces de contre-points doubles avec beaucoup moins de gêne, car le difficile dans le contre-point double à trois ou à quatre Parties, c'est de composer ces Parties de manière à ce que chacune d'elles puisse successivement former une bonne Basse continue.

On peut se passer dans la Composition de l'emploi des contre-points doubles, triples ou quadruples, mais on ne peut guères se dispenser de faire usage des divers Contre-points simples ou imitations, sans afficher son ignorance. Mais ce qui la décèle plus que tout le reste encore, cette ignorance dont beaucoup de gens ont à rougir, c'est de ne savoir pas écrire correctement à quatre Parties du contre-point libre. D'où peut provenir une semblable ignorance ? De celle des vrais principes dont le premier est que toute note est un Antécédent ou un Conséquent de Proposition, et qu'il y a dans la Musique deux *cadencés*, l'un principal, l'autre secondaire ; que le principal a son conséquent sur la première partie du *tems fort*, et son Antécédent sur la seconde partie du *tems faible* ; et que le *cadencé secondaire* a son conséquent sur la première partie du tems faible, et son antécédent sur la seconde partie du tems fort.

S'il n'y avait qu'un seul *Cadencé*, le discours musical aurait pour bornes celles d'une Proposition, car il n'y aurait que l'antécédent qui serait uni à son Conséquent, et le conséquent ne serait point uni à l'antécédent qui le suivrait. Lorsqu'un Compositeur a écrit un accord parfait ou un accord de septième à quatre Parties, et qu'il s'imagine être libre après cela d'écrire un second accord quelconque sans s'embarrasser du premier en entier, et de chaque note de ce premier, alors il devient inconséquent dans le langage qu'il fait tenir à chaque Partie. Mais ne suffit-il pas de sauver la septième, s'il y en a une, dans l'accord ? Eh ! non, cela ne suffit pas ; car c'est comme si l'on disait que de quatre personnes qui parlent à-la-fois, il suffit que l'une d'elles soit conséquente dans ses raisonnemens, et qu'il est indifférent que les autres parlent sans suite et sans jugement. Toutes doivent être conséquentes dans leurs discours, et la conséquence que met l'une dans ce qu'elle dit ne peut jamais dispenser les autres d'être conséquentes dans les propos qu'elles tiennent. (Voyez la Logique musicale, chapitre XXXIV.)

N. B. Nous avons joint à la suite des *Canons*, quelques exemples d'imitation tirés des meilleurs ouvrages des grands hommes modernes, afin d'inspirer le goût de la bonne Composition, de laquelle pourraient rebuter les tours de force dans lesquels plusieurs anciens se sont trop complus. On verra ainsi l'abus et le véritable usage de la science. Il faut convenir que de nos jours, M. *Bethoven* excepté, on n'abuse guères que de l'ignorance, à moins que l'on appelle science des transitions forcées, ou l'usage immodéré de quelques accords très-durs, que les écoliers, qui ont plutôt le désir de paraître savans que le courage de le devenir, entassent les uns sur les autres, sans raison ni discernement.

N. B. Pour ajouter à ces exemples trop peu nombreux, on ne saurait trop étudier les ouvrages

d'*Haydn* et de *Mozart* que nous voudrions citer et
analyser tout entiers si nous avions assez d'espace,
ni trop se nourrir de ceux qui, sans avoir la même
profondeur que ceux-ci, sont pourtant écrits correctement et sont pleins d'expression, de mélodie
et de charme.

CHAPITRE XLVI.

De la Symphonie à grand Orchestre.

535. Je ne puis mieux commencer ce chapitre
qu'en citant une partie de ce que dit de la Symphonie, le sensible et éloquent auteur de la Poétique de
la Musique (1).

» Commençons, dit-il, par ce que la Musique
» instrumentale peut offrir de plus remarquable et de
» plus imposant; examinons la Symphonie, ouvrage
» qui peut unir tant de richesse et tant de variété à
» un si bel ensemble, qui peut allier à des détails
» si agréables et si touchans, à des chants si suaves
» et si enchanteurs des masses d'Harmonie si puis-

---

(1) S. E. M. de Lacépède, grand chancelier de la légion
d'Honneur, auteur de plusieurs *Sextuors* historiques ma-
nuscrits dont s'honoreraient les plus grands compositeurs.

» santes par leur étendue et leur mouvement rapide ;
» qui peut offrir toutes les images, présenter toutes
» les expressions, et qui presque toujours destinée
» à augmenter la pompe des fêtes publiques, à reten-
» tir dans les palais des rois, et à augmenter l'intérêt
» dans les vastes théâtres élevés pour la scène tra-
» gique. . . . »

» Une symphonie est ordinairement composée de
» trois morceaux de Musique : le premier est plus
» noble, plus majestueux, plus imposant ; le second
» plus lent, plus touchant, plus pathétique ou plus
» agréable ; et le troisième plus rapide, plus tumul-
» tueux, plus vif, plus animé ou plus gai que les
» deux autres ».

336. Quoiqu'il y ait ordinairement trois ou quatre
Morceaux dans une Symphonie, elle est particulièrement renfermée dans le premier ; les autres ne doivent être considérés que comme secondaires : mais
il serait à souhaiter, ainsi que le dit *M. de la Cépède*, que ces divers Morceaux fussent comme autant d'actes d'un même drame ; mais, si l'Unité
manque dans leur ensemble, qu'on y trouve au moins
la Variété.

337. Le propre d'une symphonie est d'employer
tous les instrumens qui composent un Orchestre complet, chacun selon son caractère et son importance.
Destinée aux nombreuses réunions d'hommes, elle
doit avoir à-la-fois de la grandeur et de la popularité.
Le Musicien doit en choisir le sujet parmi les scènes
de la nature ou parmi celles de la société qui sont le
plus capables d'émouvoir et d'intéresser la multitude, sans jamais descendre pourtant à ce qui est bas
et trivial. Ceux qui ont lu notre discours préliminaire,

se rappellent peut-être ce que nous avons dit des Symphonies d'*Haydn*; faisons l'analyse d'une de ces symphonies pour prouver qu'il n'y a point d'exagération dans l'éloge que nous en avons fait. Au moyen d'un tel exemple, le précepte sera plus facile à entendre, s'il n'est pas plus aisé à suivre.

Commençons cette analyse par un coup-d'œil général sur le caractère et l'importance des instrumens.

338. Si l'on ignore quels sont les instrumens les plus utiles d'un orchestre, ceux qui se prêtent le mieux à tout exprimer, on n'a qu'à examiner quels sont les plus constamment employés dans la Partition de cette *Symphonie*, et l'on verra que ce sont, pour le premier et le deuxième Dessus, les *violons*; pour la basse, les *violoncelles*, les *contre-basses*; et l'*alto*, pour la Partie intermédiaire entre le second violon et la Basse. On verra de plus que le *dessein général* est établi par ces instrumens, et que ceux à vent, lorsqu'ils ne récitent pas, ne servent qu'à renforcer ce dessein par une couleur plus claire ou plus tranchante. Quand ils récitent, ils prennent pour lors et momentanément la place du premier *Violon*. La Partie de premier violon est renforcée par la *flûte* qui marche le plus souvent avec lui, soit à l'octave au-dessus, soit à l'unisson. La Basse est renforcée par le *Basson*.

Les *Hautbois* renforcent aussi les premier et le second Violons, soit à l'unisson, soit à l'octave au-dessus ou au-dessous, selon l'octave où les Violons sont employés. Souvent le premier *Hautbois* double le second Violon à l'unisson, et le second *Hautbois* double le premier Violon à l'octave au-dessous, mais en simplifiant l'un et l'autre.

Les *Clarinettes* marchent à l'octave au-dessous des Hautbois, ou doublent l'Alto et le second violon mais en les simplifiant. Les *Cors* renforcent les notes les plus marquantes de la Basse ou des Parties intermédiaires.

Analyse musicale de la symphonie d'Haydn, qui est fig. A, pl. 46.

INTRADA, *Adagio.*

339. *Première période*. Dans cette introduction, d'une simplicité admirable, simplicité qui est exigée par le sujet qui doit rappeler le *Plain-chant*, Haydn s'est bien gardé de faire ces douze premières mesures sans les couper de six en six par deux mesures d'instrumens à vent. Sa prière aurait été d'autant plus monotone qu'elle se fait entendre sur les cordes les plus graves. Il a senti le besoin d'une opposition, et pour la mieux motiver, il a imité la voix des assistans qui répondent aux officians par un *amen*, ou par une réponse aussi courte.

340. *Seconde période*. Toujours fidèle à la *Variété*, sans blesser jamais l'*Unité*, *Haydn* ne prend pas ici un autre motif, c'est le même qu'il répète, mais avec d'autres instrumens et des modifications qui leur font produire un nouvel effet.

Quelle magie il y a dans ces trois notes de *cor*: si♭ si♭ si♭ !

341. *Troisième période*. Quels accens plaintifs et religieux cette période renferme! Quelle dévotion il y a dans le Basson qui doublent le second violon et

l'Alto ! Quelle éloquence dans la flûte qui double le premier violon ! Il l'avait fait taire à dessein , cette flûte , dans la période qui précède. Comme elle succède bien aux cors et aux hautbois qui viennent de se faire entendre sur la terminaison de la seconde période ! Comme à leur tour les hautbois répondent bien à celle-ci !

Que l'unisson qui termine cette période est bien placé , et comme suite de la *priere* qui est en Plainchant , et pour laisser reposer un moment l'Harmonie !

542. Si la seconde période n'était la répétition de la première , l'Introduction serait trop longue ; ce qui serait un grand défaut puisqu'elle glacerait les spectateurs. Ce défaut est un de ceux dans lequel je vois que l'on tombe journellement.

Haydn avait besoin de sa troisième période pour porter sa modulation de la Tonique de mi^b majeur , sur la Dominante d'*ut* mineur. C'est par cette Dominante qu'il termine son Introduction , afin que le Ton de mi^b majeur de son *allegro* , ressorte davantage qu'après la Dominante de mi^b.

Allegro con spirito.

543. *Première période*. Pour que sa *période de verve* fasse un plus grand effet , *Haydn* propose ici son sujet en *piano* : s'il eût été obligé de commencer en *forté*, il eût répété son sujet en *piano* , afin que deux périodes fortes ne se suivissent pas immédiatement, car l'une détruit l'effet de l'autre, ou tout au moins elle l'affaiblit.

544. *Deuxième période*. Ce *forté général* est ce

que j'appelle *la période* de *verve*, parce qu'elle est ordinairement pleine de chaleur et de vivacité.

345. *Troisième période*. La première Période était *piano*, la seconde, *forté*; celle-ci est mêlée de *piano* et de *forté*. Les Cors, les Trompettes et la Timbale y gardent le silence.

546. *Quatrième période*. Cette période, quoiqu'en *forté général* dès le commencement, a cependant une gradation; elle va du *forté* au *fortissimo*. Le *Fortissimo* occupe la troisième et la quatrième mesures, en commençant en levant. Au conséquent ou frappé de la septième mesure est un *fortissimo* déchirant qui se prolonge pendant deux mesures pour que les instrumens à vent ayent le tems de faire de l'effet; ce *fortissimo* là est un coup de maître que l'on doit remarquer. La phrase se termine par une Cadence parfaite, après laquelle est un complément de la période qu'on peut regarder comme une petite période à part qui devient *forté* général après deux mesures, et qu'on s'attend à voir se terminer par une seconde cadence parfaite; mais le grand *Haydn* emploie ici, fort à propos, une réticence pour éviter cette seconde chûte qui sentirait un peu l'écolier, et au lieu de faire au premier violon *fa*, *la♮*, *si♭*, il fait *fa*, *la♮*, puis commence aussitôt l'air pastoral et champêtre sur lequel j'ai supposé dans ma première analyse, que les bergers et les bergères dansent.

347. *Cinquième période*. C'est celle-ci que j'appelle la *Période mélodieuse*, parce qu'elle renferme ordinairement un fort joli chant. Aussi ne voit-on pas de contre-point obligé qui la couvre, mais un petit accompagnement à l'Italienne, ou si l'on veut, à la manière des Pianistes.

Le joli chant du Hautbois est soutenu par les premiers violons (1). A la fin de cette période, *Haydn* avait encore un écueil à éviter, celui d'une troisième et mortelle cadence parfaite, que bien des gens n'auraient pas manqué de faire. Le compositeur par excellence a su s'en préserver en coupant en quelque sorte la parole au Hautbois à la huitième mesure. Au lieu de lui laisser faire *si*^{b} *ut si*^{b}, il fait habilement répéter la septième mesure de sa phrase en *forté*, l'accompagne de tout l'orchestre, et commence ainsi sa sixième période, ce qui évite un défaut et augmente la vivacité de son style.

348. *Sixième période*. Cette période concluante est une espèce de refrein, ou si l'on veut, un *gloria patri*, et par conséquent un lieu commun. Cependant, comme un habile homme sait en tout se distinguer de la foule, voici de quelle manière *Haydn* imprime son cachet à ces lieux communs. 1°. Il distribue mieux ces Parties ; ses instrumens étant par là plus à leur aise, ils font un meilleur et un plus grand effet. 2°. Il répand plus de vie dans sa phrase. 3°. Il en fait sortir le dessein de ce qui précède, au lieu d'en prendre un banal ou étranger au reste du discours.

Troisième coup-d'œil sur la première Reprise de cet Allegro con spirito.

349. On ne voit point ici de modulations forcées ni d'excursions lointaines ; ce n'est pas ces faux

---

(1) Dans ces cas, il convient que le premier violon de l'orchestre accompagne seul le Hautbois.

moyens qu'*Haydn* emploie : il les laisse aux enfans qui veulent faire les grands personnages. Il possède trop bien son art, il a une verve trop abondante, une logique trop sûre, pour s'égarer de la sorte. Il n'appartient qu'à ceux qui ne trouvent rien chez eux de se répandre ainsi dans l'étranger. Je m'explique.

L'homme qui manque de génie est forcé, pour ne pas rester en chemin, d'avoir recours à des transitions déplacées : ne trouvant presque rien à dire à ses auditeurs, du premier sallon où il les a introduits il les promène d'appartement en appartement, de maison en maison, souvent au moyen d'une fausse clé, ou fausse transition. Souvent il lève une trappe au lieu d'ouvrir une porte, et l'on tombe du faîte de l'édifice sur les fondemens ou pis encore, ce qui occasionne de la surprise, sans doute ; mais qu'est-ce qu'une surprise dans un art tel que la Musique, quand elle ne sert qu'à déplacer les choses, et sur-tout d'une manière dure et barbare ? Les seules surprises que l'on doive s'y permettre, c'est celles qui sont des traits de génie, des lueurs subites et inattendues qui éclairent et n'égarent point. Comme rien n'est si aisé à apprendre que de faire des transitions *ex abrupto*, il n'est pareillement rien de si puéril que d'en abuser.

Tout paraît simple dans *Haydn*, parce que son art est infini. Il n'est point une seule note qui se perde dans son orchestre immense, parce qu'il n'en est aucune qui ne soit à sa place, soit comme principale, soit comme secondaire, soit comme accessoire. Un instrument n'y détruit jamais l'effet d'un autre, et tous ceux qui se font entendre à-la-fois concourent selon leur nature au même but.

350. Dans les quatre premières mesures du grand

forté qui composent la seconde Période de cette première Reprise, que fait la Contre-Basse? *Mi*[b], *mi*[b], *mi*[b], *mi*[b], *mi*[b], et c'est ce que font aussi, et les Bassons, et les Cors, et les Trompettes et la Timbale.

Que font les clarinettes, la flûte et l'Alto? Ce que fait le premier Violon. Que disent les seconds Violons? Ils doublent les Violoncelles. Ces Violoncelles et ces seconds Violons font, dans ce passage, deux Parties à-la-fois; savoir la Basse et le second violon. La Basse par *mi*[b] *mi*[b], *mi*[b] *mi*[b] *mi*[b]; le second Violon par *mi*[b], *sol la*[b], *si*[b] *ut si*[b]. C'est cette dernière Partie seulement que doublent les Hautbois. Il n'y a donc ici que trois Parties différentes, et même le premier violon et la violoncelle renferment à eux deux toute la Partition; mais ce qui donne de la force, de la rondeur et de l'éclat à ces deux Parties, ce sont les divers instrumens qui en doublent et colorent le dessein.

351. Remarquez qu'après ce grand *forté* général, il y a un *piano*, parce que l'opposition est nécessaire. Mais ce Piano ne serait point écouté, s'il n'attirait l'attention par quelque chose; ce quelque chose est le son perçant du Hautbois.

Sa phrase est coupée parce qu'une longue phrase après celle que l'on vient d'entendre jetterait un peu de froid sur le discours. On peut dire que dans cette période, l'Orchestre est intermittent. Il faut remarquer que tout le monde répond la même chose aux plaintes du Hautbois, ce qui fait un grand effet, et de plus que cette Mélodie laisse reposer l'Harmonie.

Le premier grand *forté* a lieu en partie sur une

Tenue de tonique en *mi*ᵇ ; le second repasse sur la tonique de *si*ᵇ, et les instrumens les plus bruyans cessent avec cette Tenue pour reparaître avec plus d'éclat trois mesures après dans l'endroit où la cadence parfaite de *sol* mineur est rompue d'une manière déchirante par l'accord de septième diminuée de la quarte chromatique en *si*ᵇ majeur. Cet accord n'est cependant qu'en apparence l'accord de septième diminuée de *mi*ᵇ, car il est en réalité celui d'*ut*✳ : *ut*✳ *mi sol si*ᵇ. Je ne sais pas pourquoi dans l'école Allemande on fait toujours cette faute qui place deux septièmes de suite dans la même Cadence : ce *ré*ᵇ convient encore moins pour Antécédent de *ré*♮ que pour conséquent de l'*ut*, car qu'est le *ré*ᵇ en cet endroit ? Il est tierce chromatique descendante du ton de *si*ᵇ ; donc on ne peut le faire monter à *ré* sans commettre une faute de logique, sans faire un barbarisme.

Pourquoi donc est-on enchanté de ce passage ? Pourquoi ? C'est qu'en effet il est très-beau, et que cette note que nos yeux appellent *ré*ᵇ, notre oreille l'appellent *ut*✳, car alors *Haydn* traite son orchestre comme un Clavecin sur lequel la même touche et les mêmes cordes servent d'*ut*✳ et de *ré*ᵇ, ce qui n'empêche nullement à ceux qui sont véritablement musiciens de discerner parfaitement quand cette touche est *ut*✳ ou *ré*ᵇ. La faute est donc ici dans l'orthographe musicale. (1)

------

(1) On sent qu'en cet endroit je fais abstraction de la différence qu'il y a d'un son tempéré à un son naturel et que je regarde comme égaux l'*ut*✳ et le *ré*ᵇ.

On doit remarquer l'habileté d'*Haydn* à la conclusion de cette phrase, en ce que la dernière note
de la phrase *si*, y paraît moins l'achèvement de la
cadence parfaite que la première note de la phrase
qui suit : *si♭ la♮*, *si♭ sol*, etc.

Il y a cependant une différence entre cette chûte
et celle par laquelle la période finit. Dans la première il n'y a point de réticence, mais il y en a une
réelle dans la seconde. Voilà l'art avec lequel ce
grand compositeur met de la liaison dans ses idées.

REPRISE DE L'ALLEGRO CON SPIRITO.

Seconde partie du Morceau.

Première période.

352. Comment *Haydn* qui vient de finir sa première partie avec tant de fracas, pourra-t-il intéresser au commencement de sa seconde partie, est-ce
en redoublant le bruit? Mais cela n'est pas en son
pouvoir, puisqu'il vient de se servir de tous ses
moyens. Comment va-t-il donc s'y prendre? Voyez-
le; il coupe son thème de début, *sol*, *sol la♭ sol*,
sol fa mi♭, dont il fait successivement, *fa fa sol
fa fa mi♭ ré mi♭*; *si♭*, *si♭ ut si♭*, *si♭ la♭ sol*, *sol fa
mi♭*, etc., etc.

Eh ! comment cela s'appelle-t-il en termes de l'art ?

Cela s'appelle faire des imitations à la quinte au-
dessous, puisque le second violon dit *fa fa sol*,
l'*Alto*, *si♭ si♭ ut*; et comme l'Alto poursuit en ces
termes *si la♭ sol sol fa mi♭*, et que c'est comme s'il

38

disait *sol la♭ sol, sol fa♭ mi*, la Basse répondant par *ut ut ré♭ ut ut si la♭*, c'est encore une imitation à la quinte au-dessous. Mais ce qui fait le mérite de ces imitations, ce n'est pas seulement que l'une se fait entendre pendant que l'autre se poursuit, mais c'est qu'une imitation à l'octave vient encore enrichir d'Harmonie l'imitation à la quinte et donner plus de vivacité aux réponses. Ainsi après que l'Alto a imité le second violon à la quinte au-dessous pendant trois notes, le premier violon répète à l'octave ce que cet Alto vient de dire. Il répète ensuite ce que la Basse, dit : *ut, ut ré, ut, ut si♭ la♭*. Là le second violon s'empare des six premières notes du thème et fait semblant de gémir, *ut ré♭ ut, ut si♮ ut*, et c'est par cet artifice qu'*Haydn* laisse reposer son auditoire dont le contre-point précédent avait contendu l'esprit, et qu'il ramène si inopinément quoique si naturellement son Sujet. *Ut ut ré♭ ut, ut si♭ la♭, la sol la♭ ut mi♭, mi♭*.

Seconde période.

553. S'il a déjà dépaysé les Musiciens qui ignorent le Contre-point, par ces premières imitations, il les étonne encore davantage par les secondes où il traite deux Sujets à-la-fois, savoir celui que je viens de citer et qui est son premier Thème et celui *mi♭ la♭ sol fa sol*, qui est énoncé par la Flûte, et imité à la quarte au-dessous par le Hautbois. Il faut remarquer que ces deux instrumens sont soutenus à l'octave au-dessous, l'un par le second violon, l'autre par l'Alto soit pour rassurer et guider ces instrumens

à vent, soit pour rendre ces imitations plus sensibles et plus harmonieuses.

354. On doit admirer avec quel art l'effet de cette seconde période est gradué. On semble d'abord converser assez tranquillement, mais de réplique en réplique, on s'anime, on s'échauffe, on s'emporte enfin de la manière la plus violente.

Troisième période.

Toujours mesuré dans ce qu'il fait, Haydn laisse reposer ici la science du contre-pointiste de peur de lasser son auditoire; mais ce n'est pas par un hors-d'œuvre insignifiant, par une digression totalement étrangère à son Sujet qu'il remplace ce contre-point.

355. *Haydn* a toujours quelque chose à dire de convenable à son sujet. Ici, il rappelle dans les Basses la prière par laquelle il débute, mais sans changer le mouvement de son *Allegro*.

Sur cette Basse, le premier violon joue un double personnage; il imite une voix grave qui prie ou marmotte, et une voix aiguë qui gémit.

Nota. Dans une Symphonie où l'on a la facilité d'avoir un grand nombre d'interlocuteurs, un acteur n'y doit représenter divers personnages que dans une narration, et soit pour imiter soit pour contrefaire. Mais quand il n'exprime que ses propres sentimens, s'il ne joue pas un rôle de fourbe, il ne doit avoir qu'un seul langage.

Quatrième période.

356. Une conversation s'établit par des imitations à la tierce au-dessous. Le premier violon dit : *ré♭ ut ut* : le second répond, trois croches après, *si♭ la♭ la♭*. Le premier violon repart *ut♭ si♭ la♭* ; le second *la♭ sol sol*. Ils continuent en élevant la voix ; bientôt ils parlent tous à-la-fois, les spectateurs prennent part à la querelle, on n'entend plus que des menaces et des cris.

357. Au *forte* qui se trouve à la sixième mesure de cette Période, Haydn reproduit, mais renversé, mais dans le mineur relatif, le commencement de sa période de verve qui est la seconde de la première Reprise, et c'est ainsi qu'il y conserve l'unité. C'est après ces deux mesures que l'on n'entend plus que cris et menaces jusqu'à la fin de la Période.

Cinquième Période.

358. *Haydn* coupe ici son sujet une seconde fois, mais en cet endroit il n'en prend que cinq notes *la♭ la♭ si♭ la♭ la♭* qu'il accompagne à la sixte et qu'il imite à l'Alto, à la dixième et par mouvement contraire, *fa fa mi♮ fa fa.*

La Basse sert d'écho à l'Alto, ce qui remplit le vide qui se trouverait entre la première imitation et la seconde.

Ensuite il établit une imitation serrée à la quinte entre le premier violon et la Basse, *sol♭ sol♭ la♭ sol♭ sol♭*, *ut ut ré♭ ut ut*, et il ajoute la tierce au-dessous du premier violon et la tierce au-dessous

de la Basse, ce qui rend cette imitation très-harmonieuse, et de peur que cette tierce ne soit pas
assez sensible, il fait doubler l'Alto par les Bassons.

359. Chaque Partie semble ici s'éloigner de l'autre
et très-peu satisfaite, ce qui fait qu'elles murmurent
chacune de leur côté.

Les violoncelles disent *la♭ la♭ si♭♭ la♭*, la flûte *ut
ut ré♭ ut*.

Les *Hautbois* entrent par une exclamation,
puis ils disent $\frac{sol♭\ re♮\ la♭\ sol♭}{mi♭\ mi♮\ fa♯\ mi♭}$. Ici le *sol♭* du hautbois
est un *fa♯*, du moins sur le *la♮* de la Basse. C'est
l'accord de *fausse quinte* et sixte majeure *la♮ ut mi♭
fa♯* qui se résout par la quarte et sixte *si♭ mi♭ sol*, et
non pas l'accord de septième diminuée *la♮ ut mi♭sol♭*.
Mais comme cette note se présente d'abord comme
un *sol♭* sur *la♭*, où il forme septième de Dominante,
Haydn n'a pas voulu le convertir en *fa♯* afin d'être
plus sûr des Hautbois et peut être aussi pour causer
une plus grande surprise, ou peut être encore parce
que c'est l'usage dans l'école Allemande. Après cette
exclamation, ils imitent à leur tour la portion du
premier thème qui passe ici de bouche en bouche.
Des Hautbois il passe aux cors, de ceux-ci à la
première clarinette, puis revient aux violons et Alto
et retourne de ceux-ci à la flûte et aux Hautbois,
puis aux clarinettes et finalement aux violons où l'on
s'attend à voir reprendre tout de bon le premier
sujet.

Sixième Période.

360. C'est parce qu'on s'y attend à revoir le premier Sujet qu'*Haydn* y substitue sa période de

mélodie. *La^b, fa ré, ré^b ut, si^b la^b sol^b sol^b*. Mais cette fois le premier violon n'est plus *colorié* par le Hautbois, c'est la flûte qui fait une imitation étroite à la tierce au-dessus, *ut, si^b sol^b fa*. De plus, *Haydn* ne se contente pas ici du petit accompaguement à l'Italienne, il fait tenir aux Bassons les notes que le second violon et l'Alto répètent et détachent, et il fait renforcer par les Hautbois les notes principales du violon.

Septième Période.

361. Voyez comme il évite ici la Cadence platte et commune qui remplit les ouvrages mesquins des compositeurs ordinaires, et comme il se sert habilement pour cela de la portion de cette phrase, *fa fa sol^b la^b* qu'il fait passer sur diverses cordes pour aller du Ton de *ré^b* majeur au repos de Dominante du Ton de *mi^b* majeur! On doit se rappeler que c'est par ce même motif qu'il a conclu sa première reprise par une cadence en *si^b* majeur, et voir qu'il s'est bien gardé d'en faire le même usage. C'eût été faire affront à son intarissable fécondité. Il ne faut pas laisser échapper l'attention qu'il a de placer ici un grand *forté* général, pour que son motif, qu'il va reprendre *Piano*, forme un contraste.

TROISIÈME PARTIE DE CET ALLEGRO.

362. Je n'ai rien à dire des dix-sept premières mesures de cette troisième Partie, puisqu'elles sont la répétition, mot pour mot, des dix-sept premières mesures de la première Partie de cet *Allegro*.

J'observerai seulement qu'Haydn, qui sait toujours être grand quand il le faut, et éviter d'être long, a cru devoir abréger sa troisième Partie en passant de la fin de la seconde période de la douzième partie à la fin de la quatrième. Bien différent en cela, comme en toute autre chose, de ceux qui font des sonates sur *l'aunage* de celles de Steibelt, sans avoir ni le génie, le charme ni l'effet qui font pardonner à celui-ci ses éternelles redites et beaucoup d'autres défauts.

Troisième Période.

363. Cette fois-ci sa période mélodieuse est soutenue et nourrie par les cors au lieu de l'être par les Bassons, et c'est le Hautbois qui remplace la flûte dans la petite imitation à la tierce dont nous avons parlé dans la sixième Période de la seconde partie de cet *Allegro.*

Ce n'est pas le caprice qui le guide dans toutes ces distributions, mais c'est la connaissance des vrais moyens des divers instrumens qu'il a acquise par une expérience longue et raisonnée et que les exemples admirables qu'ils donnent peuvent faire obtenir en très-peu de tems à ceux qui sauront les apprécier.

Quatrième Période.

364. Quel parti il tire ici de ce même petit motif dont il s'est déjà servi d'une manière si étonnante dans la septième période de la seconde partie de cet *Allegro!*

Les *Trompettes* vont souvent avec les cors, mais

les coups d'éclat sont particulièrement dévolus aux *trompettes*, parce que cet instrument a une qualité de son plus tranchante.

La *Timbale* qui n'a que la Tonique, et la Dominante prise au-dessous de la Tonique, ne se fait guère entendre que dans quelques *forté* généraux ou particuliers, où l'une ou l'autre de ces notes peut être employée, ou les deux tour à tour.

SECTION II.

Exposition du Sujet de cette Symphonie.

Analyse pittoresque et poétique.

365. Pour fixer l'attention de son auditoire, *Haydn* commence souvent ses Symphonies par un *forté* général, accompagné d'un roulement de timbale; mais dans le début de celle-ci, la timbale fait toute seule ce roulement : pourquoi cela ? c'est qu'ici il veut peindre le bruit du tonnerre.

La scène se passe à la campagne.

Un orage affreux est supposé régner depuis assez long-tems pour que les habitans du village aient pu se rendre dans le temple de Dieu. Après le coup de tonnerre, exprimé par la timbale, on entend commencer la prière.

C'est pour mieux rappeler le chant d'église et le serpent qui l'accompagne, qu'*Haydn* commence cette prière dans l'octave la plus grave du Basson et des Violoncelles qui marchent ici à l'unisson de la Contre-Basse.

Ceux qui ne se sentent pas saisis d'un saint respect,

dès ces douze premières mesures, ceux-là n'ont pas une ame sensible, et n'ont jamais goûté le plaisir religieux et touchant de prier avec leurs frères, sous les voûtes retentissantes d'un temple vaste et sacré, dans un danger commun.

A la cinquième et à la sixième mesure, une exclamation, qui semble partir du fond du cœur de quelques jeunes vierges, est peinte par la flûte et les hautbois. Elles ne disent que deux mots : *grand Dieu!* mais ces mots sont tellement empreints du sentiment qui les anime, qu'ils font répandre des larmes. Cette même interjection se répète cinq mesures après, sur des cordes plus aiguës, et accompagnée des cors, pour rendre la gradation plus marquée.

Deuxième période de l'Introduction.

366. Les premiers Violons et les seconds répètent la prière que les Bassons, les Violoncelles et les Basses (1) viennent de faire entendre dans la première Période. Ceux-ci représentent les vieillards et les hommes faits ; les violons représentent les femmes, les filles et les jeunes garçons.

367. Le second violon qui marche à contre-tems, exprime l'agitation et la crainte des mères tendres

---

(1) Quand on dit la Basse après avoir parlé des violoncelles c'est toujours des contre-Basses que l'on veut parler, à moins que ce ne soit dans un orchestre incomplet, où les moindres violoncelles font la Partie de contre-Basse, les autres celle de Violoncelle.

qui tremblent bien moins pour elles que pour leurs enfans.

L'exclamation de la première période se reproduit ici, mais elle y est modifiée pour jeter un peu de variété.

368. Les trois notes graves des cors [notation musicale] semblent une voix sourde et ténébreuse qui sort des tombeaux, et qui vient redoubler l'émotion et la terreur dont les plus jeunes ames sont frappées.

L'*ut*[b] du premier violon et les demi-soupirs du second et de l'Alto, qui commence à se faire entendre, prouvent que la crainte va croissant et gagne de proche en proche.

Troisième période de l'Introduction.

369. A la troisieme période, la flûte joint ses pressantes supplications à celles du premier Violon. Les accens du premier violon et de l'Alto sont renforcés par ceux des Bassons, [notation musicale], puis par ceux des Hautbois. Les Contre-Basses se taisent un instant pour laisser entendre les sons plaintifs des violoncelles. Enfin, tous les instrumens à archet achèvent la prière à l'octave ou à l'unisson.

370. Le tonnerre ayant cessé de gronder, on sort de l'église, et là commence l'*Allegro con spirito*.

Première période de l'Allegro.

Les moins effrayés prennent la parole et disent aux autres, en les plaisantant :

Ah mon dieu ! ah mon dieu ! que vous avez eu peur !

Deuxième Période.

Ici tout le monde exprime la joie qu'il ressent de voir que le danger a cessé.

Troisième Période.

371. Le Hautbois dit : *On se rit de nous.*
Le plus grand nombre répond avec force : *Cessez, cessez de les plaisanter.*

Quatrième Période.

Chaque grouppe dit : *Cessez de plaisanter.* « *Rappelez-vous Lycas frappé de la foudre, il y a un an* ». *fa* sol mi*^{b} *ré fa* sol.* C'est sur ce *sol* que tombe l'expression *frappé de la foudre* ; c'est ce qui est peint par l'accord de septième diminuée de la quarte chromatique *mi*$^\natural$ *sol si*^{b} *ré*^{b}.
Lycas plaisantait comme vous, lorsqu'il fut atteint : fa, la$^\natural$; c'est ce *la*$^\natural$ sec, qui peint le coup.

Cinquième Période.

372. Le Hautbois à l'unisson du premier violon exprime une danse champêtre qu'exécute à l'instant les jeunes bergers et les jeunes bergères.

Sixième Période.

Ici la joie est générale et tout le monde danse.

SECOND POINT OU SECONDE PARTIE DE LA SYMPHONIE.

Première Période.

3₇3. Chacun dit à l'autre : *C'est vous qui avez eu peur.*

Depuis la quatrième mesure jusqu'à la fin de la Période, le second violon répète : *Ouï , vous priiez , gémissiez ; ut ut ré♭ ut, ut si♮ ut.*

Seconde Période.

Le premier violon dit encore en se mocquant : *Ah , mon dieu ! Ah , mon dieu ! que vous avez eu peur !*

La Flûte à l'octave du second violon, répond : *Je n'ai pas eu peur*; puis le Hautbois, à l'octave de l'Alto, répond de même.

Les Cors et les Trompettes disent : *Ce n'est pas vrai, ce n'est pas vrai, non , non , non , non.*

Les clarinettes : *Bon dieu, bon dieu ! quelle frayeur ! oui , oui.*

La timbale : *Non , non.*

Les Basses : *Que vous avez eu peur ; oui , quelle peur, quelle peur ! oui , oui.*

Troisième Période.

374. L'Alto et la Basse. : *Je crois encore vous entendre prier. Mi♭ ré mi♭ ut, la♭ fa ré.* Ces notes qui sont celles qui commencent la prière sont repro-

duites ici dans un mouvement plus rapide parce que c'est l'ironie qui les emploie pour jeter du ridicule sur ceux qui priaient.

Les violons : *Oui vous priiez ; la♭ la♭ la♭ sol.*

Vous gémissiez : si♭ la♮ la♭ sol; et de même jusqu'à la fin de la Période.

Quatrième Période.

375. Les instrumens à archet continuent à plaisanter les autres de plus en plus vivement sur les grimaces et les contorsions qu'ils faisaient en priant.

A la cinquième mesure, ceux-ci poussés à bout disent avec humeur : *Ce n'est pas vrai, ce n'est pas vrai : non non, non non, non non !*

Cinquième Période.

376. La dispute continue, mais avec moins de chaleur.

Sixième Période.

La danse champêtre reprend et dure pendant toute la Période.

Septième Période.

La septième période devient très-tumultueuse.

Troisième Partie de la Symphonie.

La première et la seconde périodes sont telles que dans la première Partie de cette Symphonie. A la troisième Période, la Danse champêtre recommence

Quatrième Période.

377. Voici le moment de la crise la plus violente. La dispute se ranime, tous y prennent part. Elle s'envenime au point que l'on ne garde plus aucune mesure dans ses expressions. La fureur est peinte sur chaque figure et l'exaltation de la rage est portée à son comble.

Dans la peinture qu'*Haydn* fait de cette scène, on croit entendre bouillonner toutes les passions haineuses, et le mouvement qu'elles impriment porte le trouble dans l'ame des auditeurs.

Quel plus éloquent contraste *Haydn* pouvait-il amener ici que celui d'une prière qui était déjà entrée essentiellement dans son plan? Y a-t-il rien en effet de plus éloigné et de plus près à-la-fois que le délire furieux des passions qui semble faire croire à l'homme qu'il peut tout, et le sentiment de son néant qui le porte à se prosterner devant la divinité?

Que faut-il pour imposer silence à ces passions dont le fracas est si terrible?

Un coup de tonnerre : il se fait entendre.

Chacun saisi d'un nouvel effroi rentre dans le Temple; la Prière recommence.

Cependant les nuages se dissipent et avec eux la crainte; on abrège l'hymne commencé pour retourner à la danse. Mais cette fois parmi le fracas que la joie occasionne, on n'entend plus les accens de la discorde, la paix est rentrée dans les cœurs, les cris de la fureur sont remplacés par l'ivresse du contentement: tous sont heureux et le tableau d'*Haydn* est achevé.

CHAPITRE XLVII.

Des Variations et des Broderies.

578. L'ART de *Varier un thème* et le talent de *broder un canevas* ne sont pas une seule et même chose. Le premier demande plus de science, l'autre plus de goût.

Ce n'est pas qu'il y ait beaucoup de savoir dans les Variations ni dans les œuvres de tel homme à la mode; mais il y a des effets, du goût et du charme, et c'est tout ce qu'il en faut pour séduire la multitude.

Pourquoi, malgré leurs imperfections, tels opéra et autres œuvres ont-ils tant de vogue ? C'est parce que les beautés qu'ils renferment sont de nature à être senties de tout le monde, et que leurs défauts, quoique graves et nombreux, ne peuvent être apperçus que de quelques-uns.

579. Les thèmes propres à être *variés* sont ceux qui ont le plus de naturel et de simplicité et qui ne sont que de peu d'étendue. Les petits airs, bien connus, sont ceux que l'on choisit de préférence, parce qu'on est sûr que le thème est dans la mémoire de chaque auditeur. Celui que nous prenons ici pour exemple est la Romance du *Barbier de Séville ; Je suis Lin-*

dor. Les variations sont de *Mozart.* Voyez *pl.* 47, *fig.* A.

N. B. Nous avons peine à croire que la Basse du thème soit de *Mozart* ; et ce qui nous fait penser ainsi, ce sont les fautes de composition qu'il renferme ; telle dans la seconde mesure, que *sol si*^{b} sous *mi*^{b} *fa* qui forment deux quintes, implicites ou cachées entre la Basse et le Dessus, $\substack{mi\,b\ fa\\ sol\,si\,b\ si\,b}$, comme il est indiqué par les deux doubles croches à tête de blanches, ce qu'il faut éviter en faisant *sol mi*^{b} *si*^{b} en descendant, ainsi que nous l'avons marqué avec des petites notes dans la Partie de la Basse.

Il vaudrait mieux faire *sol*, *la*^{b} que *sol*, *mi*^{b}, *si*^{b}, parce que l'accord *la*^{b}, *ut*, *fa* remplaçant dans cette troisième mesure l'accord *si*^{b}, *ré*, *fa*, on éviterait une *Redondance* d'Harmonie qui résulte de ce que *si*^{b}, *ré*, *fa* frappe à la troisième et à la quatrième mesure, ce qui est défectueux, car la Dominante qui est destinée à rendre la modulation plus sensible ne doit ici se faire entendre qu'à la fin de l'Hémistiche, et pour amener le repos de la Tonique.

38o. Il ne faut pas confondre la *Répétition* avec la *Redondance.* La première est fille du génie ou du sentiment ; la seconde est l'enfant de l'ignorance ou de l'inattention. La répétition bien placée rend plus sensible ce qui est destiné à faire de l'impression ; telle est celle qui a lieu à la sixième mesure, qui est la répétition de la cinquième.

Mozart a eu soin d'éviter dans ses variations la redondance que nous venons d'indiquer plus haut. Voyez la troisième mesure de la *fig.* C : il y a *la*^{b}, *ut* *fa*, et non *si*^{b} *ré* *fa.*

Observations. Pour rendre correcte la troisième mesure du thème, sans rien changer à la seconde, il faut l'écrire comme *fig.* B, car si l'on ne faisait que substituer *la♭* à *si♭*, le *mi♭* de la même mesure serait une faute après ce *la♭*.

381. La seconde faute qui se trouve dans le thème est moins grave que la première ; ce sont deux octaves par mouvement semblable entre la Basse et le Dessus qui se trouvent à l'endroit où il est écrit *si♭ mi♭*, c'est-à-dire de la sixième à la septième mesure de la seconde Reprise de cet Air.

Pour éviter cette faute, il ne faut que faire précéder le *mi♭* de la septième mesure d'un demi-soupir. C'est le *sol* qui devrait naturellement frapper à la place de ce *mi♭* ; mais pour cela il ne faudrait pas que le *la♭* fût dans l'une des Parties intermédiaires, mais à la Basse, sans quoi il y aurait deux octaves cachées entre cette Partie et la Basse, savoir, $\frac{la♭\ sol}{si♭\ sol}$ ce qui suppose *si la♭ sol* à la Basse, et par conséquent *la♭ sol* sous *la♭ sol.*

382. Comment *Mozart* s'y est-il pris pour faire sa première Variation qui est *fig.* C, *pl.* 47 ?

Il s'est d'abord permis de supposer le thème comme *fig.* E, car c'est cette figure qui est véritablement le simple de la *fig.* C, et non pas la *fig.* A : nous allons le prouver.

Si *Mozart* eût voulu rappeler la noire qui commence le thème, il n'eût pas fait trois fois de suite *fa♯ sol, fa♯ sol, fa♯ sol,* car cela suppose *sol, sol, sol,* mais il eût varié cette noire en faisant *la♮ si♭ ut si♭* comme *fig.* E, ou simplement *la♮ si♭* comme *fig.* D.

Pourquoi n'en a-t-il pas usé comme *fig.* D ? Parce

qu'il avait résolu de suivre l'usage ordinaire qui est de faire un *double* continu de huit doubles croches par mesure. Pour être plus fidèle au thème, il eût pu en user comme *fig.* G, où non-seulement la noire qui commence la première mesure est figurée, mais où celle pointée de la seconde mesure du thème l'est aussi, ce qui n'a pas lieu dans la *fig.* F qui suppose une noire et deux croches dans chaque mesure, et encore moins dans la *fig.* C qui suppose nécessairement quatre croches, comme *fig.* E.

Le simple de la *fig.* E étant dans la tête de *Mozart*, pour en varier les neufs premières croches, il n'a eu besoin que de diminuer de moitié (1) la valeur de chacune de ces croches, et d'ajouter à chacune d'elles la note au-dessous.

Aux quatre croches qui suivent, il a ajouté la note au-dessus; ensuite il a employé une note d'Harmonie, ce qui est indiqué *fig.* E par la petite note à tête de blanche.

Dans tout le reste de la Variation, ce sont toujours les mêmes moyens qui sont employés, et l'on ne peut en employer d'autres, à moins qu'on ne s'écarte du thème, comme il arrive dans une variation libre, telle que celle qui est *fig.* I.

383. Pour *doubler* chez les Français, ou *sminuire* chez les Italiens, il faut donc, en général, ajouter à chacune des notes du thème, celle de Mé-

---

(1) Les Italiens appellent *sminuire*, diminuer, l'art de varier ou de broder un air, parce que dans cette opération on diminue ordinairement la durée des notes du thème, et l'on en augmente la quantité en proportion.

lodie qui est à la seconde au-dessus ou au-dessous,
ou celle d'Harmonie qui est à la tierce au-dessus ou
au-dessous.

384. Quand on veut varier doublement une note
avec la Mélodie, il faut prendre la note au-dessus et
celle au-dessous comme *fig.* F, où, dans les quatre
premières notes, le *si♭* est varié par *la♮* et *ut*, *la♭ si♭ ut
si♭*. Quand on veut varier doublement une note par
l'Harmonie, on prend également la note d'Harmonie
qui est dessous ou dessus. Ainsi on varie *si♭*, venant
de *si♭ sol mi♭*, par *si♭ sol si♭ mi♭*, ou par *si♭ sol mi♭
si♭* ou par *si♭ mi♭ si♭ sol*.

385. On peut se servir à-la-fois des moyens que
fournit l'Harmonie et de ceux que fournit la Mélodie, comme dans la *fig.* I, qui est une *Variation
libre*. Dans la deuxième et la troisième mesures du
Dessus de cette Variation, les notes d'Harmonie sont
les blanches.

Au lieu de faire *mi♭ si♭ sol*, on peut donc faire
mi♭ ré ut si♭ la♭ sol; au lieu de *fa ré la♭* ou de *fa ré
si♭ la♭*, on peut donc faire *fa mi♭ ré ut si♭ la♭*; et ainsi
du reste.

386. Quand le Dessus a fait sa première variation,
il est d'usage, pour former un contraste, que la Basse
se saisisse du thème et le varie, ou tout au moins
qu'elle en brode la Basse continue : c'est ce dernier
parti que *Mozart* a pris ici, où il soutient l'accompagnement contraint de la basse d'un bout à l'autre de la
fig. H. Il faut observer qu'il n'y a que le Rhythme ou
pour mieux dire le mouvement de la Basse qui soit
contraint, car le dessein de cette Basse n'a aucune
uniformité.

Il y a plus de mérite à s'astreindre à un seul dessein qu'à en changer à volonté ; mais il vaut mieux intéresser par un dessein libre, qu'ennuyer par un dessein contraint.

A la septième mesure de cette variation, *Mozart* a fait deux quintes de suite, $\frac{sib}{mib}\ \frac{lab}{ré}$ il est vrai que la seconde quinte est mineure, mais on doit l'éviter malgré cela, parce qu'elle se trouve ici dans la même Proposition musicale que la quinte juste qui la précède. Les doubles notes indiquent comment il faut éviter ces deux quintes, c'est par *sol la*^{b} *si*^{b} *ut la*$^{\natural}$ *si*^{b}. Par ce moyen on évite en même tems une redondance harmonique produite par l'accord *si*^{b} *ré fa la*^{b} et *si*^{b} *ré fa*.

Dans la douzième mesure de la deuxième reprise $\frac{mi\,b\ si\,b}{sol\ mi\,b}$ donnent deux quintes implicites $\frac{mi\,b}{sol}\ \frac{ré\ ut\ si\,b}{fa\ mib}$ qu'il faut éviter. A la treizième mesure il faut *si*^{b} *sol mi*^{b} *sol*, comme *Mozart* l'a fait à la huitième mesure de cette même reprise, parce que le *si*^{b} portant $\frac{6}{4}$ est d'obligation en cet endroit, vu que c'est le premier des *deux retours* à la Tonique. On évite par ce moyen la *redondance* que forme la Basse du premier tems de la treizième mesure avec le premier tems de la douzième.

587. Dans des ouvrages tels que ceux de *Mozart*, qui sont faits pour servir de modèle, on ne devrait pas s'attendre à trouver de pareilles négligences, et il est d'autant plus utile de les faire remarquer, que l'ignorance pourrait vouloir s'appuyer d'une telle autorité. Mais il n'y a en Musique aucune autorité, parce qu'étant une langue naturelle, elle ne peut être soumise à l'usage : tout doit y être jugé d'après les lois naturelles de l'Harmonie, de la logique, du goût et du sentiment. Une expression employée

par un grand compositeur, ne doit pas être adoptée parce qu'il s'en est servi, mais parce qu'elle cadre avec les lois que nous venons d'indiquer. Jamais les lois du sentiment ou du goût ne peuvent blesser celles de l'harmonie ou de la logique, car elles ne sont qu'une plus heureuse application de ces dernières.

588. Le mérite d'une variation telle que celle que présente la *fig.* H, *pl.* 47, est d'être correcte, d'un doigté facile et d'un effet piquant.

Section II.

Des *Variations libres.*

589. Dans les *Variations libres*, on ne suit pas servilement le thème dans tous ses contours et sinuosités, on se contente d'en conserver assez et le rhythme et l'Harmonie pour que ce thème ne sorte pas de la tête de l'auditeur.

Dans ces variations, les compositeurs qui connaissent leur art, se créent un ou plusieurs desseins auxquels ils s'astreignent.

Ainsi, dans la *fig.* I, *pl.* 47, *Mozart* ne se livre pas au gré d'une imagination qui n'a que de la chaleur et de la vivacité ; il asservit son génie à un dessein, et il établit un contre-point double à l'octave dans les endroits qui en sont susceptibles. Ce n'est pas là du fatras comme on en trouve dans beaucoup d'Airs variés, mais c'est de la science véritable, et qui n'est point pédante et lourde parce qu'elle est bien digérée.

590. Nous ne nous étendrons pas davantage sur le chapitre des Variations, parce que l'espace nous manque. Pour en avoir une idée complète, il faut

étudier celles qui sont faites par les véritables compositeurs tels qu'*Haydn*, *Mozart*, *Clementi* et quelques autres ; puis il faut comparer avec celles-ci les variations qui sont faites par ceux qui ont de l'instinct et point de science ; puis celles qui sont composées par ceux qui ont quelque savoir et point de génie, et alors on sera à portée de juger toutes les manières et de connaître ce qu'on doit imiter ou rejeter de chacune.

SECTION III.

Des Broderies.

391. La *Broderie* est la variation d'une ou de plusieurs propositions musicales, et la variation est la broderie d'un Air entier, ou tout au moins de l'une de ses Reprises.

On peut broder un Air entier, mais le Dessein de la broderie change ou peut varier à chaque proposition, tandis que celui de la variation doit être suivi aussi long-tems que le permet le thème.

392. Dans une suite de Variations, celle qu'on exécute *Adagio* est moins une variation qu'une broderie continuelle du thème, en ce que le dessein de cette broderie n'est pas suivi, mais change au gré de celui qui la compose, ou de celui qui l'exécute, car ce dernier enchérit souvent sur le compositeur.

L'*Adagio* qui est *fig.* K, *pl.* 47, est donc moins une Variation que la broderie d'un canevas.

Nous avons écrit le canevas sur la Portée supérieure, et la *Broderie* sur la Portée inférieure, afin que l'on puisse comparer l'un à l'autre.

393. La *Broderie*, ainsi que la *Variation*, peut être astreinte ou libre parce qu'elle peut également ou suivre servilement le dessein du thème, ou s'en écarter plus ou moins.

Dans les quatre premières demi-mesures de la *fig.* K, la broderie est à-peu-près astreinte. Elle est plus libre à la cinquième demi-mesure et dans la suivante, parce qu'elle s'écarte davantage du canevas.

594. Quand un passage est répété deux fois de suite dans le canevas, la gradation exige qu'on ajoute plus d'ornemens à la seconde fois qu'à la première.

Ainsi *fig.* L, la Broderie n°. 2, de *mi♭ ré fa mi♭* l'emporte sur la broderie qui est n°. 1, et le n°. 3 l'emporte sur le n°. 2, et le n°. 4 sur le n°. 3.

On peut donc employer après le n°. 1, le n°. 2 ou le n°. 3 ou le n°. 4. Mais après le n°. 2, il ne faut pas employer le n°. 1, mais le n°. 3 ou le n°. 4, parce qu'il ne faut pas dire moins après avoir dit plus.

Ce serait donc méconnaître la valeur ou l'emploi des termes que de faire succéder le n°. 1 aux autres.

Mais on pourrait prendre la première demi-mesure du n°. 3 et la seconde demi-mesure du n°. 2, pour faire suite au n°. 1, et ainsi des autres, pourvu que le plus vienne toujours après le moins

395. Quand un Air est bien dessiné, quand il est en Musique ce qu'est un beau visage dans la Peinture, on ne saurait alors être trop sobre d'ornemens, ni trop difficile dans le choix de ceux que l'on emploie, car il est bien peu de chose que l'on puisse ajouter avec succès à une belle physionomie.

Cependant, si un Air a plusieurs couplets, quelles que soit la beauté et la pureté de son dessein, on peut se permettre de le broder, non au premier couplet, mais au second et aux suivans.

Dans le premier, tout l'art du chanteur ou de l'Instrumentiste ne doit s'appliquer qu'à rendre avec autant de simplicité que de perfection, la Mélodie du thème.

396. Au contraire quand un *Air* est vague et n'a point de physionomie ou n'en a qu'une très-commune, alors il faut nécessairement prodiguer les ornemens, et couvrir par d'heureux accessoires la nullité du fond.

397. Il est des *Airs* écrits par de grands-maîtres pour d'habiles chanteurs qui n'ont qu'une demi-Mélodie, parce qu'on a réservé à dessein à l'exécutant la faculté d'ajouter selon ses moyens, son goût et sa sensibilité, tout ce que l'auteur s'est abstenu d'y mettre. Mais de tels Airs sont l'écueil contre lequel viennent échouer les chanteurs médiocres ou mauvais. Leur mal-adresse et leur mauvais goût, rappellent la fable de l'*Ane* et du petit *Chien*.

Est-il rien, en effet, qui ressemble davantage aux caresses de l'âne, que ces fredons et ces traits aussi mal imaginés qu'exécutés?

> Ne forçons par notre talent,
> Nous ne ferions rien avec grace :
> Jamais un lourdaut, quoi qu'il fasse,
> Ne saurait passer pour galant.

LA FONTAINE.

CHAPITRE XLVIII.

Des taches dans le soleil, ou des fautes et singularités condamnables qui se trouvent çà et là dans les ouvrages des grands maîtres.

598. Les fautes de métier échappées à la plume des grands Compositeurs, sont de deux espèces; celles contre l'Harmonie ou l'ensemble des Sons, et celles contre la Mélodie ou la succession des Sons.

Dans la *fig.* A, *pl.* 48, qui est tirée d'un Quatuor d'*Haydn*, il y a une faute puisqu'il s'y trouve deux quintes justes implicites de la seconde à la troisième mesure, où le Dessus descend de *ré* à *si*$^\flat$ sur la Basse *fa mi*$^\flat$, ce qui donne implicitement $\frac{ré\ ut\ si\flat}{fa\ fa\ mi\flat}$. Pour éviter ces deux quintes, il ne faut que retarder le *si* par *ut* comme *fig.* B, *pl.* 48. Ces deux quintes doivent être évitées avec plus de soin ici que dans bien d'autres cas, puisque le *ré* y est note sensible, chromatique, et doit, en cette qualité, faire sa résolution sur *mi*$^\flat$, au lieu de descendre à *si*$^\flat$. Il y a donc dans $\frac{ré}{fa}\ \frac{si\flat}{mi\flat}$ une faute de logique, une inconséquence, indépendamment des deux quintes justes implicites.

Les deux Quintes implicites $\frac{ré}{fa\sharp}\ \frac{ut\sharp}{fa\sharp}\ \frac{si}{mi}\ \frac{la}{la}$, sont aussi une faute dont le célèbre Clementi aurait dû s'abstenir.

Les deux quintes implicites qui se trouvent dans
$\frac{ut\ \ si\ \ la\ \ sol}{mi\ \ ré\ \ ut}$, *fig.* II, *pl.* 48, m'étonnent d'autant plus
qu'elles sont faites par un homme qui sort de l'école
Allemande, dans laquelle on ne devrait pas tolérer
de semblables fautes.

Associer M. *Van-Beethoven* aux grands maîtres
auxquels nous prenons la liberté de faire quelques
légers reproches, c'est prouver le cas que nous faisons
de son talent. Personne, en effet, parmi les jeunes
compositeurs actuels les plus distingués, ne promet
autant que M. *Van-Beethoven*; mais nous voudrions
qu'il fût plus difficile dans le choix et dans l'associa-
tion de ses idées, et qu'en cherchant à être original,
il évitât d'être bizarre. Nous desirerions aussi plus de
charme, plus de sensibilité et d'amour dans sa Musique; car, si l'on doit étonner, ce n'est pas par des
surprises ridicules ou fâcheuses, mais par des effets
aussi beaux qu'inattendus. Ce n'est même que de
loin en loin que l'on doit chercher à surprendre son
auditoire; mais ce à quoi il faut viser sans cesse,
c'est à lui plaire et à l'intéresser.

Dans la *fig.* I, on ne peut passer à la Basse d'*ut* à
sol, sans manquer de conséquence, puisqu'en cet endroit la résolution de l'*ut* doit s'opérer sur *si*.

Mozart a commis la même faute que son élève
dans un de ses beaux *Trios* faits pour un Piano, un
Violon et une Basse, ce qui prouve que cette faute
n'est pas considérée comme telle dans cette école,
mais ne l'empêche pas non plus d'être une inconséquence déshonorante.

399. La *fig.* O, *pl.* 48, offre une singularité remarquable; c'est un essai qu'*Haydn* a voulu faire;
mais cet essai, comme bien d'autres essais, peut s'ap-

peler un excès, car il excède les bornes de la logique
musicale que l'on doit respecter, et avec d'autant
plus de scrupule qu'on est plus savant.

Les notes à tête de blanche indiquent les fautes
que cet exemple renferme ; l'*ut* après *re** chromatique est la première de ces fautes ; *la* après l'*ut**
chromatique, en est la seconde ; et le *sol* après la note
sensible *si*, est la troisième ; voici comme je le
prouve.

Le *re** chromatique étant ascendant, ne peut
être suivi d'*ut*, non plus que l'*ut** de *la*. Le *si* diatonique étant pareillement ascendant en cet endroit,
en qualité de note sensible et mélodique, il ne peut
non plus être suivi de *sol*, sans qu'il n'y ait une faute
de logique : donc il y a trois fautes inexcusables dans
ces deux mesures. Pour qu'il n'y en eût point, il faudrait substituer ce qui est sur la portée supérieure à
ce qui est sur la seconde portée de l'Accolade de cet
exemple.

Par cette substitution on voit que l'*ut*, le *la* et le *sol*
écrits avec des têtes de blanches, appartiennent à une
seconde Partie, et non à celle qui fait *sol mi re**,
*fa ré ut**, *mi ut si*.

400. La *fig.* D présente une faute de *Clementi*,
c'est celle *ré fa**. *Ré* et *fa** étant dans la même Proposition, la Basse de ces deux notes ne peut être *ré
sol** ; car le Dessus et la Basse ne peuvent monter à-
la-fois d'une octave sur une septième majeure, sur-
tout quand ces deux intervalles n'appartiennent pas
au même accord. Il faut éviter cette faute de la manière que nous avons indiquée dans la *fig.* DD. *pl.* 48.

401. La *fig.* G présente le saut *la fa** qui est une
faute d'harmonie, car la partie qui fait *ut* sous *la*,

ut fa la fa, doit faire également *ut* sous *ré la fa* ré.* Mais cet *ut*, portant un accord de Triton, demanderait à se résoudre sur *si♭*, et c'est probablement cette quarte et sixte *si♭ mi♭ sol* que M. *Clementi* a voulu éviter en employant le *fa** sous *ré la fa* ré* ; mais alors, au lieu de mettre *ut* sous *fa ut la fa*, il fallait mettre *fa*, par ce moyen le *fa** eût été légitime, au lieu qu'il ne l'est pas après la quarte et sixte *ut fa la.* Voyez le Rondeau de la belle Sonate en *ré* majeur de l'œuvre 42ᵉ de cet auteur. On ne saurait trop admirer cet ouvrage, qui est l'un des plus beaux de ce grand compositeur, et celui qui l'emporte sur tous les autres pour la science et la profondeur.

402. La *fig.* K offre une méprise de M. *Beethoven* ; il varie l'*Air* que présente la portée supérieure par *ut* ré ut* re** au lieu de *si ut**, *si ut**, et ainsi de suite : c'est manquer d'exactitude et composer comme ceux qui n'ont pas appris le contre-point, et M. *Beethoven* a donné de trop grandes preuves de savoir pour qu'on puisse soupçonner qu'il n'a fait que des études superficielles.

La *fig.* L est la correction de la *fig.* K.

403. Ce qui rend extraordinaire le cas que présente la *fig.* M, c'est le *fa** qui y frappe trop tôt de de la valeur d'une double croche ; ce *fa** se fait remarquer par sa tête de blanche.

404. La *fig.* N semble présenter deux septièmes consécutives, et répétées plusieurs fois entre le Dessus et le second Violon ; mais de ces deux septièmes *ut♭ ré♭* la seconde est véritablement une sixte, ainsi que le fait connaître la *fig.* O, par laquelle nous expliquons ce cas extraordinaire.

Mais, dira-t-on, comment le *si*♯ descend-t-il à *si*♭, au lieu de se résoudre par *ut* ? Au moyen d'une ellipse, car un *si*♯ chromatique étant ascendant par sa nature, on ne peut lui donner pour conséquent *si*♭ qu'en retranchant l'*ut* qui devait lui succéder immédiatement. Dans tous les cas semblables, une Partie fait les fonctions de deux, mais à demi seulement. Ainsi donc la Partie qui fait *si*♯ ne devrait pas faire *si*♭, car ce *si*♭ appartient réellement à une autre Partie, et le violon qui fait ce *si*♭ devrait faire en même tems l'*ut*, ainsi qu'il est marqué dans la *fig*. P , *pl*. 48.

Haydn ne s'est donc pas compris ici, ou n'a pas voulu se faire comprendre.

La *fig*. Q offre un autre cas assez singulier.

Haydn s'y permet de mettre, sous le premier et le troisième tems, la basse du deuxième et du quatrième; et sous le deuxième et le quatrième tems, la basse du premier et du troisième : en sorte que les *mi*♭ de la Basse frappent sous les *fa*♯ du Dessus, et les *ré* sous les *sol*. Mais quoique le *si*♭ du second violon pallie un peu le défaut d'ensemble qui règne entre la Basse et le Dessus, je ne conseille à personne de suivre un tel exemple, car ce qu'on pardonne à *Haydn*, qu'on n'ose juger, on ne le pardonnerait pas à tout autre.

Qui a pu conduire ce grand compositeur à préférer ici *mi*♭ *ré* à *ré mi*♭ ? C'est qu'il a voulu prolonger le mouvement contraire entre la Basse et son Dessus comme on en voit la preuve *fig*. R. Ainsi la basse qui fait *ré mi*♭ sous *si*♭ *la*♯, fait ensuite *mi*♭ *ré* sous *fa*♯ *sol*.

Nous pourrions faire appercevoir beaucoup d'autres taches, soit dans le soleil *Haydn*, ou dans les astres moins grands et moins lumineux que lui ; mais celles que nous indiquons suffisent pour faire trouver toutes les autres.

———————————————————

CHAPITRE XLIX.

De l'Accord de la Poésie avec la Musique.

405. La Poésie peut-elle s'accorder en tout et partout avec la Musique ? Non : dans cette aimable alliance, comme dans le mariage, les parties contractantes ont des sacrifices mutuels à se faire.

Qui s'oppose à ce que cette union soit parfaite ? La nature même de la Musique qui, n'étant point une langue de convention, diffère de toutes les langues convenues entre les hommes. En quoi consiste principalement cette différence ? En ce qu'en Musique la Proposition la plus simple n'a que deux membres, tandis que la proposition grammaticale, dans quelque langue que ce soit, en a au moins trois, à moins qu'il n'y ait une ellipse. Ces trois membres sont le sujet, le verbe et l'attribut, ou le substantif, le verbe et l'adjectif.

Ce qui augmente prodigieusement cette différence, c'est que chaque tour oratoire diffère plus ou moins de l'énonciation élémentaire et primitive de la pensée et par conséquent de la proposition musicale. On pourrait néanmoins concilier la Poésie avec la Musique, si les articulations de la parole pouvaient, sans inconvénient, acquérir la même rapidité que les sons non articulés de la voix; car les propositions mélodiques pouvant se multiplier à l'infini, sans rien changer aux propositions harmoniques, on pourrait ajouter autant de notes que l'exigerait la quantité des syllabes. Mais malheureusement l'on marche ici entre deux écueils. Si la parole est trop lente, les membres de la proposition grammaticale étant très-éloignés les uns des autres, l'esprit a beaucoup de peine à en saisir la suite et l'ensemble.

Si la parole est trop rapide, le chanteur, occupé des articulations trop pressées de la langue, ne peut alors soigner son chant; et celui qui écoute, trop occupé à suivre les mots que le chanteur prononce avec une vitesse extrême, ne peut savourer la musique qui les accompagne, et qui devrait en exprimer les idées.

406. Il y a deux choses bien distinctes à considérer dans la poésie comme dans la prose, savoir la Prosodie et le sens des mots.

Pour que la Musique pût toujours s'accorder avec la durée des syllabes, il faudrait qu'elle n'eût d'autre rhythme que celui de ces syllabes elles-mêmes. Mais les paroles n'ayant le plus souvent aucune allure régulière, n'ont par conséquent point de *rhythme*; car un *rhythme* suppose de la symétrie entre les Parties d'un vers, comme le vers suppose une symétrie, une semblable mesure entre un vers, et celui qui y correspond. Dans la langue Française, par exemple, les vers de la même mesure ont bien la même quantité de syllabes, mais les syllabes n'ont jamais ou presque jamais la même durée entre elles : en sorte que tel vers, qui est censé être de la même mesure qu'un autre , se trouve cependant d'une durée ou plus longue ou plus courte. Que fait le compositeur qui a deux vers de cette espèce à mettre en Musique? il les rend souvent égaux mais c'est aux dépens de la *Prosodie* et de la *Déclamation* : aux dépens de la *Prosodie*, en allongeant les syllabes brèves; aux dépens de la *Déclamation*, en mettant trop d'espace entre un mot et celui qui le suit.

Afin d'éclaircir ces notions, prenons pour exemple le premier Air d'*Orphée*, *fig.* A , *pl.* 49.

Objet de mon amour,

Je te demande au jour,

Avant l'aurore.

Et , quand le jour s'enfuit,

Ma voix, pendant la nuit,

T'appelle encore.

N. B. Dans ces vers , toutes les syllabes surmontées d'une barre comme celle-ci —, sont longues; les autres sont brèves. Voyons si *Gluck* en a suivi la prosodie.

407. Il débute par une faute , car , dans *objet* la première syllabe étant brève, il faut qu'elle porte sur un *tems faible* ou sur la *portion faible d'un tems*, ainsi qu'il est indiqué dans la Portée au-dessous.

408. La seconde syllabe d'*objet* étant longue, elle doit porter sur le tems fort ou sur la portion forte d'un tems. Le *fa* qui est sur cette syllabe est bien

la portion forte du second tems de la mesure, mais ce *fa* n'en est pas moins une faute; et voici pourquoi, c'est qu'il n'est qu'une note de passage ou de mélodie, et que la seconde syllabe d'*objet* doit porter ou se prolonger sur une note d'Harmonie, et comme il est indiqué au-dessous. Assurément, ce n'est pas *Gluck* qui a fait cette faute, c'est le poëte qui a parodié les paroles Italiennes sur lesquelles cet Air a été composé.

409. S'il y avait *démon* au lieu de ces deux monosyllabes *de mon*, la Musique de Gluck marcherait *prosodiquement* avec les paroles; mais le pronom *mon* ne peut être séparé d'*amour* dont il est l'adjectif, sans former un non-sens, et c'est pour l'éviter que j'ai répété au-dessous le mot *objet*; par ce moyen ces mots *de mon amour* sont suffisamment rapprochés

410. *Je te de* est encore un non-sens, il faut dire *Je te demande* en prononçant je te demand-*and*-de au jour, c'est-à-dire qu'il faut que le *d* qui ne se fait pas entendre sous le *sol* se fasse sentir sous le *la*. La syllabe *a* du mot *avant* étant brève elle ne peut être placée que sur un tems faible ou sur la seconde partie d'un tems fort, comme on le voit au-dessous.

Dans la répétition de ce mot l'*a* est encore placé de la même manière et devient plus ridicule parce qu'il occupe les trois Tems de la Mesure.

411. *Et quand* forment encore un non-sens. L'*et* doit être séparé de *quand*, car cette conjonction *et* n'est pas un lien qui attache ce qui précède à *quand*, mais à ces mots : *ma voix pendant la nuit t'appelle encore*.

Quand doit donc être séparé d'*et* et lié avec *le*

40

jour, comme *le jour* avec *s'enfuit*, car *le jour* étant le nominatif du verbe *s'enfuir*, il ne peut en être séparé sans qu'il n'y ait une faute de phrase.

Dans *ma voix*, *ma* est bref: faire *ma* long est donc une faute. Dans *t'appelle*, la première syllabe est brève et ne doit pas se placer sur le frappé de la Mesure.

Objection. On me dira sans doute: *Malgré toutes vos observations, je trouve le chant de Gluck préférable à celui que vous y substituez*; et moi aussi je le préfère, comme ayant un *Rhythme* plus régulier et plus favorable au chant: mais cela ne détruit pas la justesse de mes observations; cela prouve seulement que le poëte devait mieux faire cadrer ses vers avec cette Musique, car on ne peut contester que ceux-ci s'y adaptent assez mal, du moins par rapport à la Prosodie et au Phrasé.

412. Est-il facile de composer des paroles sur de la Musique déjà faite de manière à ce qu'elles s'accordent parfaitement avec cette musique sous le rapport du sens des mots, comme sous celui de leur prosodie et de leur déclamation? Non: cela est au contraire d'une difficulté extrême.

Il n'est guères moins difficile de bien mettre des paroles en Musique, quoique de nos jours tout le monde s'en mêle. En effet, il n'est point un petit écolier qui sache à-peu-près noter un Air, qui ne veuille par une *Romance* de sa façon, prouver à l'univers la sublimité de son génie.

Malheureusement cette Romance qu'il croit enfanter avec son génie, il ne l'enfante qu'avec sa mémoire, car elle a déjà été faite mille fois cette fameuse Romance: il ne fait qu'en tronquer le dessein et déranger l'Harmonie. Ce sont cependant les gens de cette force qui s'érigent en juges suprêmes des grands-maîtres. *O Stulti!....*

Il est si rare de voir régner un accord parfait entre la Musique et les paroles, que parmi les divers Morceaux que l'on pourrait prendre pour modèle, il n'en est peut-être pas un où il ne se trouve quelque faute, soit contre la vérité d'expression, soit contre la mesure de la Prosodie, soit enfin contre la mesure de la Déclamation.

415. Ce n'est guère que dans le Récitatif obligé que la Musique et les paroles s'accordent complètement.

Dans ce genre, le compositeur n'a pas grand mérite à respecter la Prosodie et la déclamation puisque la Musique n'y a point d'autre Rhythme que celui des paroles, ni d'autre mesure que celle de la déclamation elle-même. La difficulté consiste à être vrai d'expression et avec l'expression même, car si la note tombe avant ou après le mot qu'elle exprime, c'est un défaut.

Il ne suffit donc pas que la Musique soit expressive, il faut qu'elle le soit en même tems que les paroles.

414. On ne doit pas vouloir exprimer chaque mot du Récitatif, mais seulement ceux qui sont susceptibles d'être peints par la Musique ; on se contente pour les autres d'en suivre la mesure comme prosodie et comme déclamation.

Analysons le Récitatif tiré de l'opéra d'Orphée que présente la *fig.* B, *pl.* 49.

415. Comme cette répétition du mot *Eurydice* est éloquente !

La première fois *Gluck* ne peint sur ce nom et par *ut ré mi♭*, que la tristesse et le malheur d'*Orphée*.

Mais dans la répétition de ce nom si cher sur *la♭ sol fa*, on sent que le désespoir d'avoir perdu son *Eurydice* et la crainte de ne la jamais retrouver, s'emparent à-la-fois du cœur de ce malheureux amant.

Comme *la♭ la♭ la♭ sol sol* peignent bien ces mots : *ombre chère*! Ceux-ci : *Ah! dans quels lieux es-tu* ne sont pas rendus avec moins de justesse.

416. *Objection.* Mais, dira-t-on, quelles preuves apportez-vous de ce que vous dites là?

Si vous êtes assez mal organisé pour ne pas entendre le langage de *Gluck*, il est presqu'inutile d'entrer en explication avec vous, car c'est parler des couleurs à un aveugle-né.

Cependant nous allons essayer de vous faire connaître ce que le sentiment devrait vous révéler.

417. Quand on appelle quelqu'un, on élève ordinairement la voix, mais quand on l'appelle avec la tristesse dans l'ame et dans un moment d'abattement on l'élève moins, et au lieu de dire *ut ré mi mi*, on dit *ut ré mi♭ mi♭* : oui, c'est ce demi-ton *ré mi♭* qui fait tout le prix et la justesse de cet appel d'*Eurydice*. Mais pourquoi, à la seconde fois, *Gluck* n'élève-t-il pas aussi la voix, et ne dit-il pas *fa sol la♭ la♭* au lieu de dire *la♭ sol fa fa*? Parce que c'est moins l'appel d'*Eurydice* que *Gluck* veut alors exprimer, que le désespoir qu'*Orphée* éprouve de l'avoir perdue, et l'on sait que le désespoir s'élève d'abord et tombe ensuite ; *la♭ sol fa fa.*

418. L'idée d'*ombre* entraînant l'idée de souter-

rain, de région plus basse que celle que nous habitons, c'est dans les tons graves de la voix que *Gluck* a dû en chercher l'expression. Et comme les ombres inspirent une sorte de crainte et de respect religieux, et que leur démarche est censée être grave, *Gluck* a dû donner aux deux *la*^{b} qui peignent ce mot une durée assez longue.

419. Il monte à *ré*, après *ombre chérie*, pour exprimer l'exclamation *ah!* ce qui est parfaitement convenable, et il monte ensuite de *ré* à *sol* par ces mots *dans quels lieux*, moins pour demander quel lieu habite Eurydice que pour la supplier avec ardeur de faire cesser une absence qu'il n'a plus la force de supporter.

A la fin de cette phrase interrogative, il redescend à *ré mi*^{b}. Ce *mi*^{b} qui est naturellement dans le mode mineur, sert ici merveilleusement *Gluck*, parce que le demi-ton *ré mi*^{b} dont le *mi*^{b} est la tierce mineure de la Tonique, a une expression de sensibilité et de douleur qui donne autant de vérité que d'énergie à ce que dit *Orphée*.

420. Il est d'autres Récitatifs où *Gluck* a moins heureusement employé la tierce mineure et où la tierce majeure aurait, selon nous, bien plus de justesse et de vérité d'expression. Ces mots *ton époux* signifiant ici celui qui t'aime, et qui est malheureux puisqu'il t'a perdue, sont bien exprimés par *ut ré mi*^{b} et *gémissant* on ne peut mieux aussi par *ut si*^{b} *la*^{2} où le demi-ton descendant *si*^{b} *la*^{2} peint le gémissement d'autant mieux que le *la*^{2} forme une fausse quinte avec le *mi*^{b} qui précède et une tierce mineure avec l'*ut*.

Interdit, éperdu, ces deux verbes sont aussi très-bien peints par *la♮ la♮ ut mi♭ mi♭ ut*, du moins autant qu'ils peuvent l'être, étant aussi rapprochés qu'ils le sont ici.

Quand on est éperdu, l'ame semble aller et revenir plusieurs fois d'une pensée à l'autre, comme lorsqu'on est perdu on va et revient plusieurs fois sur les mêmes traces. C'est ce que *Gluck* exprime ici par *la♮ la♮* UT, *mi♭ mi♭* UT. Il avait dit précédemment *ut ré mi♭*, *ut si♭ la♮*.

421. C'est sur *sans cesse* qu'il élève la voix et non sur *demande*, et c'est par conséquent sur ces Notes *sans cesse*, qu'il exprime, *te demande*. Il descend après, puis remonte pour marquer qu'*Orphée* demande son *Eurydice* à tous les objets, dans tous les lieux, *à la nature entière*.

Le *mi♭* qui porte sur la seconde syllabe de *nature*, rappelle que c'est avec la douleur d'un amant infortuné qui a perdu son épouse qu'il l'a demande à tout ce qui existe, et non avec la joie d'un époux heureux qui parle de l'objet qu'il adore à toute la nature.

« Les vents, hélas! emportent ma prière. »

422. Exprimer le bruit et le sifflement des *vents* est bien du ressort de la Musique, mais il n'appartient pas à la voix de s'en charger, c'est l'office des instrumens tels que les violons, car les instrumens à vent tels que les Clarinettes et le Hautbois exprimeraient mal le bruit des aquilons ou le mouvement léger des zéphyrs. La flûte pourrait se rapprocher du zéphyr et le Basson de l'aquilon, mais ce n'est que mêlés aux instrumens à archets qu'ils peuvent s'employer à cet usage. Ce sont les premiers

violons que *Gluck* a chargés ici de ce ministère, et il en a fait des zéphyrs et non des aquilons, vu que le mouvement en est lent. Le Hautbois fait écho pour *ré fa sol la♭ fa ré ut si♮* seulement.

423. *Sol la♭* placés sur *hélas!* donnent beaucoup d'énergie à cette exclamation, *emportent ma prière* sont bien exprimés aussi; mais ce qu'on doit reprocher à *Gluck*, c'est qu'en répétant ces derniers mots il dit *emporte ma*, car en s'arrêtant sur *ma* il forme un non-sens d'autant moins excusable qu'il est inutile. Nous concevons bien que l'idée de ce grand-maître a été de répéter les deux notes *fa* sol*, *fa* sol* qui ont beaucoup d'expression, mais la langue s'y opposant formellement, il lui devait ce léger sacrifice. Il aurait pu finir comme nous l'indiquons *fig.* C, *pl.* 49.

Analysons maintenant l'Air : *J'ai perdu mon Eurydice. Fig.* D, *pl.* 49.

424. *J'ai perdu* est bien; mais *mon Eu* est mal, puisque cela forme un non-sens ou un faux sens. Il faut dire :

J'ai perdu mon Eurydice; et non pas : *J'ai perdu mon Eu.*

Rien n'égale est bien; *-le mon mal*, est fort mal. On doit dire :

Rien n'égale mon malheur.

Sort cru est encore un mauvais sort que l'on fait éprouver à la langue. Il faut : *sort cruel.*

Les autres fautes contre la Prosodie qui se trouvent dans ces Airs, sont indiquées dans la version qui est sous celle de *Gluck*.

425. Pour prosodier parfaitement, il faut que toute *syllable longue* soit sur un tems où l'on puisse frap-

per, et par conséquent, sur un tems fort ou sur la première portion d'un tems faible. Voyez E, F, G, H, *pl.* 49.

426. Il faut que la syllabe brève porte sur un tems où l'on puisse lever, et par conséquent, sur un tems faible ou sur la seconde moitié d'un tems fort, ou sur le tiers ou le quart, ou sur le huitième de ce tems, comme *fig.* I, K, L, M, et jusqu'à Y inclusivement.

427. La *syllabe longue* peut porter sur deux ou sur trois notes, comme *fig.* Z et AA.

428. La syllabe brève ne devrait généralement porter que sur une seule syllabe, comme la première syllabe du mot *pitié*, dans les exemples Z et AA.

Il faut donc préférer de faire trois notes sur la *syllabe longue*, comme *fig.* AA, à faire deux notes sur chaque syllabe, comme *fig.* BB, vu que lorsque l'on met deux notes sur la brève, cela dénature les paroles, car que veut dire *prends pi* ?

Pénétré de la vérité des principes que nous établissons ici, si l'on ouvre une Partition, ou si l'on scrute un morceau de Musique vocale quelconque, on sera étonné du nombre de fautes contre la prosodie, évitables ou inévitables que l'on y rencontrera. Qu'en faut-il conclure ? Que la Musique doit des sacrifices à la prosodie, mais qu'ils doivent toujours être les plus petits possibles, et qu'il ne faut pas confondre ces sacrifices, avoués par la raison, avec les bévues que l'ignorance de la Musique ou de la Prosodie font journellement commettre.

429. Le poëte lyrique devrait s'exercer beaucoup

à varier ses rhythmes, car c'est de lui que dépend la variété de la musique, quand toutefois le Musicien respecte la mesure des paroles, et comme prosodie et comme déclamation.

Je dis, quand le Musicien respecte la Prosodie, car s'il en use, par exemple, comme *Della Maria* dans la Romance du Prisonnier, le poëte n'a pas besoin de se gêner.

Voici les fautes contre la langue française qui se trouvent dans cette Romance dont la *fig.* CC contient deux versions, celle de *Della Maria* et la nôtre.

La première faute est de s'arrêter après *lorsque dans une*; la seconde après *ce jeune homme est*; la troisième est de s'arrêter après l'article dans *mon cœur guidé par la*; la quatrième est de faire de la première syllabe de *compatir*, une longue, et ainsi de suite, ce qui présente au total ce qui suit :

Lorsque dans une — tour obscure

Ce jeune homme est — dans la douleur,

Mon cœur guidé par la — nature,

Doit com — patir à son — malheur,

Le reste de la Romance est correcte, hors que la syllabe *a d'amour* est rendue longue.

Je préférerais qu'il y eût cinq doubles croches au lieu de quatre sur *la*, puisque l'on se permet d'en user de la sorte envers un article, afin qu'il n'y en eût qu'une seule sur la première syllabe de *pitié* qui est brève.

Objection. Mais si l'on veut respecter la prosodie, ainsi que vous le faites dans votre version, adieu le rhythme de cette Romance, il disparaît de la Partie vocale et se réfugie à peine dans les Parties instrumentales. Cela est vrai, mais il faut de toute nécessité que la langue Française, ou la Musique, soit ici sacrifiée l'une à l'autre.

Il paraît qu'en cette occasion le public a consenti au mutilement de la langue, puisqu'il a si fort applaudi la musique de cette romance. Il est vrai qu'un million d'autres mutilations de cette espèce l'avait préparé à être témoin de celle-ci sans en être révolté. Quand les hommes ont du plaisir, ils jouissent la plupart, sans s'inquiéter s'il est quelque chose de répréhensible dans ce qui les charme. Il n'en est pas ainsi de ceux qui savent en même tems et juger et jouir.

Ceux là ne peuvent voir sans regret estropier la langue par le Musicien, si le Poëte manque de correction.

Par exemple, ils entendent dire avec peine à la jeune personne qu'elle devient triste *tout le jour*; car ils trouvent que cela a bien de la peine à venir. On peut, dans le langage très-familier, devenir triste *pour tout le jour*, mais non pas *tout le jour*.

La *fenêtre discrette* qui se trouve au second couplet les offusque aussi beaucoup. Ils ne peuvent penser que cette indiscrétion soit échappée à M. *Duval*, cet aimable auteur de plusieurs charmantes pièces; mais ils disent que c'est à lui à empêcher qu'on ne la commette au théâtre.

Si par hasard *discrette* se rapportait à la jeune *Rosine* et non à la fenêtre qui peut-être *secrette*, mais non *discrette*, on dirait alors que M. *Duval* aurait dû faire observer à son *Musicien* que cet adjectif *discrette*, étant entre deux virgules, il fallait que la Musique le fît comprendre à ceux qui écoutent, afin que ces derniers ne fassent pas rapporter à la fenêtre l'épithète qui appartient à *Rosine* (1).

450. Le Poëte lyrique qui serait tel que je le conçois, serait sans doute le premier des Poëtes, puisqu'au mérite et au génie qu'exigent tous les autres genres, il réunirait cette flexibilité de talent qui se prête sans effort et sans jamais faire souffrir la raison, à tout ce que demande l'oreille quant au choix des mots et à la distribution des longues et des brèves.

C'est dans la poésie lyrique que l'on doit sur-tout *faire des mauvais sons le concours odieux*, et c'est dans ce même genre de poésie que le rhythme n'est point une gêne imposée arbitrairement au poëte, mais une obligation réelle qu'exige son alliance avec la Musique, cette langue qui est symétrique et rhythmique par essence.

451. Rien n'est plus propre à bien faire entendre et comprendre les paroles, qu'une Musique qui s'accorde avec la Prosodie. Si l'on n'entend pas les trois quarts des mots chantés, c'est autant la faute du compositeur que celle du chanteur.

452. Chacun des Morceaux d'un opéra devrait être rhythmé différemment de celui qui le précède ou le suit : par ce moyen, le compositeur n'aurait pas besoin d'estropier la langue pour varier les rhythmes.

Je sens que c'est imposer aux poëtes français une

---

(1) On ne peut parler de ce rôle sans se rappeler le succès qu'y a obtenu l'inimitable Madame *St.-Aubin*. O *Préville*, *Molé*, *Comtat*, *St.-Aubin!* La nature a brisé vos moules : quand en formera-t-elle de nouveaux? Sera-ce dans cent ans ou dans mille?

tâche terrible qu'aucun d'eux n'a encore remplie ; mais c'est le seul moyen de faire régner entre la Musique et la Poésie une union charmante dont il naîtrait nécessairement les fruits les plus doux.

453. Il n'est pas nécessaire que tous les vers d'un couplet, comme ceux de la Romance d'*Ariodant*, soient rhythmés de la même manière ; il suffit que ceux qui doivent se correspondre dans la Musique, offrent cette symétrie : peut-être même est-ce un défaut que de ne pas croiser ses *Rhythmes* comme on croise les *rimes* ; car dans un Morceau rhythmé tout entier de la même manière, la Musique ressemble trop alors à une pièce de mécanique qui ne marche que par ressorts.

Puisque nous parlons d'*Ariodant*, l'un des plus beaux ouvrages de *M. Méhul*, saisissons cette occasion de rendre hommage aux talens supérieurs de ce compositeur plein d'énergie. Son école paraît être à quelques égards une extension de celle de *Gluck*. Aucun des *Duos* des trois grands musiciens tragiques *Gluck*, *Piccini* et *Sacchini* ne produit l'effet de celui d'*Euphrosine*. Il y a dans ce Morceau un nouveau développement des grands moyens qui existent dans l'orchestre.

Je conviens que ce *Duo* a fait faire beaucoup de mauvais bruit à ceux qui ont voulu imiter *M. Méhul* sans avoir ni sa science ni son génie, mais si le singe copie l'homme d'une façon ridicule et maussade, est-ce la faute de l'homme ou du singe ?

Il nous semble qu'*Adrien*, *Euphrosine*, *Phrosine* et *Mélidore*, *Ariodant* et *Stratonice* décideront la postérité à placer *M. Méhul* entre *Gluck* et *Sacchini*, mais plus près de l'Allemand que de l'Italien. L'*Irato*, *une Folie* et plusieurs autres ouvrages comiques ou bouffons, ne feront pas placer *M. Méhul* à côté de *MM. Grétry*, *Monsigny*, *Philidor* et *Duni* car c'est une autre école ; mais ils lui mériteront une statue à part que l'on pourra ériger sur les frontières de l'Allemagne, de l'Italie et de la France.

M. Méhul est l'un des compositeurs qui prosodient le mieux, et cela ne doit pas étonner, puisque c'est l'un des Musiciens les plus instruits de nos jours.

M. Le Sueur que nous estimions beaucoup comme grand compositeur, bien avant même qu'il n'eût donné ses magnifiques *Bardes*, est aussi l'un des auteurs que l'on peut indiquer comme modèle à suivre pour la Prosodie. Nous ne nous permettrons pas de désigner d'avance la place qu'il doit occuper dans le temple de Mémoire ; mais où ne doit pas le faire arriver le noble desir de plaire à la plus aimable des Impératrices et aux plus grands des Potentats ?

CHAPITRE L.

Récapitulation générale ou Analyse succincte de cet ouvrage.

Dʼaprès quel système, d'après quelles bases, d'après quels principes cet ouvrage est-il fait ? Quels sont les nouveaux apperçus, les nouvelles découvertes et les vérités neuves qu'il contient? C'est là ce que je me propose d'examiner rapidement dans ce chapitre.

Présenter la *science musicale* comme un édifice somptueux dont toutes les parties se soutiennent et s'éclairent mutuellement; tel a été mon dessein. Mais pour remplir ce dessein qu'ai-je trouvé de fait, qu'ai-je eu à faire?

Disons-le franchement. La Musique n'avait point de théorie; mais seulement une nomenclature et des règles éparses qui portaient, non sur des principes, mais sur des exemples. Pour établir la théorie que j'ai l'honneur d'offrir ici au public, j'ai eu d'abord à étudier la nature de la Musique, et en approfondissant cette matière, j'ai reconnu que la Musique n'est autre chose qu'une langue, non de convention comme celles que parlent les divers peuples, mais une langue naturelle et par conséquent de tous les tems et de tous les pays. C'est à prouver cette vérité que j'ai employé mon premier chapitre.

Quels sont les élémens de cette langue? Sont-ce des sons arbitraires et convenus? Non, car la Musique ne serait alors qu'un langage de convention. Quels sont donc ces Sons? Ceux que produit la résonnance une et multiple de tout corps sonore bien conformé.

Qu'est-ce que c'est qu'un corps sonore? C'est une corde d'instrument (1), une cloche, une lame ou

---

(1) Pour faire cette expérience, il faut prendre l'une des Notes de l'octave la plus grave du Piano afin que les harmoniques soient moins aigus, et par-là plus sensibles.

barre d'acier ou d'autre métal quelconque, tout corps enfin qui raisonne assez clairement pour qu'on distingue en même tems que le son principal, les sons concomittans qui l'accompagnent naturellement.

C'est là ce que j'appelle le *Type* naturel de la Musique. Mais ce Type ne produit pas seulement les trois Notes qui forment l'accord parfait majeur et leurs octaves, ainsi que l'a établi le célèbre *Rameau* et que l'ont répété d'après lui d'*Alembert*, *Rousseau* et mille autres échos moins respectables ; mais, en outre de ces trois notes, ce Type fait entendre clairement et distinctement la septième mineure et la neuvième majeure, plus leurs octaves. Quant à la onzième et à la treizième elles échappent à toutes les oreilles, et c'est moins *de auditu* que je les y suppose, quoique je croie les avoir entendues plusieurs fois, que par raisonnement et analogie. Mes expériences par rapport à la 7e. et à la 9e. s'accordent parfaitement avec celles de M. *Sulzer*.

Mais, une conséquence essentielle et immédiate que personne n'a tirée du résultat de cette expérience c'est que toute Corde, considérée comme génératrice des autres Cordes du Ton, est une *Dominante* et non pas une *Tonique*.

Il n'est donc pas vrai, comme on le répète d'après *Rameau*, que la Dissonnance n'est pas dans la nature, puisque la septième et la neuvième y sont ainsi que la fausse quinte et, par renversement, toutes les dissonances harmoniques. Il n'est pas vrai non plus que l'Harmonie soit une invention barbare, quoique le philosophe qui voulait nous faire marcher à quatre pattes l'ait affirmé positivement,

et cela pour déprécier la Musique des modernes,
et rehausser le Plain-chant rhythmé des Grecs. (1)

La bonne Musique des modernes est sans contredit la Musique par excellence, la Musique dans
sa maturité et son degré de perfection. Celle des
Grecs, comme tout le prouve, était la Musique dans
son enfance; et si elle a produit de si grands effets,
on doit songer que c'est dans le tems où les murs
de Thèbes se formaient d'eux-mêmes au son de la
lyre d'Amphion.

D'ailleurs pour émouvoir l'homme et sur-tout la
multitude, il ne faut qu'un chant naturel, simple
et bien cadencé, tel qu'une marche militaire, une
marche religieuse ou un Air de Danse, sur-tout quand
à cette Musique il se mêle des souvenirs précieux
ou des cérémonies augustes ou pompeuses.

On doit considérer aussi que l'effet de la Musique
est d'autant plus grand qu'elle agit sur des organes
plus neufs et moins habitués aux sensations qu'elle
procure. Les miracles qu'on raconte de la Musique
des Grecs doivent donc être relégués dans les contes
de bonne femme ainsi que tous les faux miracles dont
l'antiquité est pleine, ou bien il faut en réduire l'hy-
perbole, l'excessive exagération à sa juste valeur.
Ainsi quand on nous dit qu'*Amphion* bâtit les murs
de Thèbes au son de sa lyre, l'on doit entendre que,
pour encourager au travail ceux qui bâtissaient ces

----

(1) Je le nomme Plain-chant rhythmé parce que, d'après
Rousseau lui-même, cette Musique n'avait d'autre mesure
que celle des paroles, ni d'autre harmonie que l'octave ou
l'unisson.

murs et qui aimaient la Musique, on leur procurait le plaisir d'entendre Amphion pincer sur sa lyre des Airs que ces maçons se plaisaient à écouter. Ne voit-on pas chaque jour nos ouvriers se faire régaler d'un Air de Vielle ou d'Orgue ambulant? Dira-t-on pour cela que *nos souliers se font d'eux-mêmes au son de l'Orgue de nos Savoyards?*

Un poëte Grec ou Gascon le dirait indubitablement.

Mais sans blesser la vérité, on pourrait au moins dire que nos souliers se fabriquent, non d'eux-mêmes, mais par nos cordonniers, au son de la Vielle ou de l'Orgue.

A-t-il été nécessaire que l'on connût le Type musical pour établir le système de la Musique? Non, car il paraît que l'antiquité si riche en faux miracles a ignoré le phénomène physique de la résonnance à-la-fois une et multiple du corps sonore, de même qu'elle a ignoré la décomposition du rayon solaire. Comment a-t-elle pu y suppléer? Cela est tout simple à expliquer.

La nature aurait en vain placé pour nous le Type du système musical dans chaque corps qui résonne, si elle ne nous avait en même tems organisés d'une manière conforme à ce système. Or, si l'homme est organisé conformément à ce système, il a donc pu l'établir, non d'après ses idées et son imagination, mais en consultant ses organes et d'après ses propres sensations.

Les modernes, confondant la Gamme avec les huit cordes graduelles qui forment l'octave diatonique de la Tonique, ont par cette erreur composé leur Gamme *ut ré mi fa sol la si ut* de deux tétracordes disjoints, et introduit par-là le triton à la place de la fausse quinte, ce qui prouve évidemment que, dans cette Gamme, on a, comme on dit, *mis la charrue devant les bœufs*. Cela n'est pas difficile à prouver, car tout le monde sait que l'intervalle de quarte superflue, appelé Triton, n'est que le renversement de la quinte mineure ou fausse quinte. Or, une Gamme qui, au lieu de la fausse quinte présente le Triton est évidemment une Gamme renversée. En effet, la vraie Gamme est *sol la si ut ré mi fa*, ainsi qu'il est démontré chap. II et III, et par conséquent le premier tétracorde ou quaternaire de la gamme vulgaire est réellement le second de la vraie Gamme.

Voilà pourquoi les Grecs, guidés par leur instinct, rejetaient, dans la pratique, le Mode plagal Hypo-Ionien, *fa sol la si ut ré mi*, où se trouvent les trois tons pleins de suite *fa sol la si*, lesquels trois tons ne doivent s'employer que comme remplissage du triton harmonique *fa*, dont les deux notes doivent chacune opérer leur résolution pour n'être point une faute de composition.

Si une Gamme diatonique n'est pas la série de Notes qui séparent la Tonique de son octave, mais la série graduelle la plus naturelle des sept Notes, divisée en deux tétracordes égaux et *conjoints*, assurément cette Gamme est encore incontestablement *sol la si ut, ut ré mi fa*, et non *ut ré mi fa, sol la si ut*, et je crois que d'après ceci il n'y a plus que ceux qui ne connaissent ni la langue Française ni la Musique, qui puissent soutenir le contraire.

Dans le Type de la Musique, où j'ai découvert

la vraie Gamme, je trouve de même la véritable échelle des Consonnances et des Dissonnances.

Voici les Consonnances dans leur ordre naturel et gradué, en allant de la plus parfaite aux moins parfaites.

1. L'Octave, *la seule et unique Consonnance parfaite*, dont le renversement est l'Unisson.

2. La Tierce majeure, dont le renversement est la Sixte mineure.

3. La Tierce mineure, dont le renversement est la Sixte majeure.

Ce sont là les seules et uniques consonnances. Tous les autres intervalles ne sont pas des consonnances réelles, puisque les deux notes qui les composent n'ont point un véritable ensemble et ne forment pas un seul *Tout*, mais deux *Touts* distincts et plus ou moins insubordonnés l'un à l'autre.

Quoi ! la *Quinte juste* n'est pas une Consonnance ? Non sans doute, et si vous ne le sentez pas en n'en faisant résonner qu'une seule, par la raison que vous êtes imbu d'un faux principe qui vous empêche d'en bien juger, essayez d'en faire plusieurs de suite, par mouvement semblable. — Je m'en garderai bien, car mon maître me l'a toujours défendu en même tems qu'il me répétait que la *Quinte juste* était une consonnance parfaite. — Mais si votre maître, qui vous disait avec raison de ne point faire plusieurs *quintes justes* de suite parce qu'il savait *par expérience* que rien n'est moins agréable, s'était demandé pourquoi il pouvait néanmoins faire de suite autant d'octaves *nues* qu'il voulait, ainsi que plusieurs tierces ou plusieurs sixtes, sans que cela lui déplût, il aurait alors senti que la quinte juste n'était pas une consonnance parfaite comme l'octave, ni une consonnance telle que les tierces ou les sixtes majeures ou mineures qui ne sont point parfaites, et en conséquence, qu'une prétendue consonnance parfaite qui n'a ni les qualités d'une consonnance parfaite ni celles d'une imparfaite, est visiblement autre chose qu'une consonnance, et ne peut être tout au plus qu'une demi-consonnance.

Quoique ceci soit une vérité physique qui n'a pas besoin d'autre preuve que celle de l'expérience, il est nécessaire pour détruire le préjugé de ceux qui soutiennent contre toute évidence, et avec tout l'entêtement des gens qui ne raisonnent pas que la *quinte juste* est une consonnance parfaite, de leur opposer les propres défenses qu'ils font eux-mêmes de finir un Morceau par une quinte juste toute nue. Pourquoi donc ne puis-je jamais terminer un Morceau par une quinte, si la quinte est une consonnance parfaite? Peut-on mieux terminer un Morceau que par une consonnance parfaite? Non. Pourquoi donc ce qui est si vrai de l'octave, ne le serait-il pas de la quinte, si toutes deux sont des consonnances parfaites? En quelle qualité l'octave termine-t-elle si bien un Morceau, nierez-vous que ce soit en sa qualité de consonnance parfaite? Non : donc la quinte n'est pas une consonnance parfaite ; elle n'est pas non plus une consonnance imparfaite, car on peut quelquefois terminer un Morceau par une tierce ou une sixte, et on ne peut jamais le terminer par une quinte juste ni par aucune dissonnance : donc, encore une fois, la quinte n'est tout au plus qu'une demi-consonnance.

4. La Quinte juste est une demi-consonnance dont

le renversement est la quarte juste que j'estime être
une demi-dissonnance.

Classification des dissonnances en allant de la plus douce à la plus dure.

1. La Fausse Quinte est la dissonnance, sans contact, la moins dure. Son renversement le Triton, est
un peu plus dur.

2. La Septième mineure est la deuxième dissonnance directe ; le renversement est la seconde majeure en dessous qui est beaucoup plus dure que la
la septième, parce qu'elle est une dissonnance en
contact, c'est-à-dire qu'elle touche diatoniquement
la note dont elle est la seconde.

3. La Neuvième majeure est la troisième dissonnance directe ; son renversement est la Seconde majeure au-dessus, dissonnance en contact.

4. La Neuvième mineure est la quatrième dissonnance harmonique directe ; son renversement qui
est la plus dure des dissonnances harmoniques en contact, est la Seconde mineure.

La Septième majeure est une dissonnance non-har-
monique, ainsi que tous les autres intervalles qui ne
sont pas dénommés ci-dessus.

Après avoir classé et dénommé de nouveau et les
consonnances et les dissonnances, j'ai eu non à chercher les principes sur lesquels je devais baser toute ma
théorie, mais à les énoncer ; car j'avais déjà eu besoin d'avoir fait la découverte de ces principes pour
pouvoir me rendre compte à moi-même pourquoi
tel intervalle est plus consonnant que tel autre.

En examinant à fond les principes sur lesquels

repose la Musique toute entière, j'ai reconnu que
c'était ceux-là mêmes d'après lesquels sont établis
tous les beaux-arts et tout ce qui est bien ordonné
et agréable dans quoi que ce soit. Ces principes sont
l'UNITÉ et la VARIÉTÉ. Belle nouvelle, me dira-t-
on; tout le monde sait cela. Doucement: je sais que
l'on a parlé avant moi d'Unité et de Variété; mais,
comme je l'ai déjà observé, il y a très-loin d'une assertion vague à l'application naturelle et rigoureuse
d'un principe à tous les cas possibles, et c'est cette
application qui m'appartient et qu'on ne peut me
contester. D'ailleurs les mots d'Unité et de Variété,
quoique depuis long-tems dans la bouche de tout le
monde, plus comme des mots que comme des principes, n'ôtent rien au mérite de mes découvertes,
vu la nouvelle, la juste et constante application que
je fais de ces mots.

Par exemple, qu'est-ce qui fait qu'une consonnance est parfaite? C'est son degré d'Unité. Il n'y a
point de consonnance qui ait plus d'*Unité* que l'octave, ni de dissonnance qui ait plus de *pluralité* que
la seconde mineure; donc l'octave est la consonnance la plus parfaite, et la seconde mineure la dissonnance la plus grande. Qu'est-ce qui fait le charme
de l'octave? C'est sa *variété* harmonique, et qu'est-
ce qui fait que la Tierce a plus de charme que l'octave, et la Sixte plus que la Tierce? C'est que la
Tierce a un degré de variété de plus que l'Octave et
la Sixte un degré de variété de plus que la Tierce,
et que la Tierce et la Sixte ont néanmoins un degré
suffisant d'*unité*, pour s'unir de façon à ne présenter
qu'un tout comme l'octave elle-même, quoique ce
tout soit moins parfait, c'est-à-dire moins un.

D'après ces deux bases, j'établis et classe les accords.

Savoir les consonnans qui sont composés de deux
tierces, l'une majeure, l'autre mineure, et les dissonnans qui sont composés de deux tierces mineures,
et les dissonnans qui sont composés d'une tierce,
d'une quinte et d'une septième; puis ceux composés
de quatre tierces formant tierce, quinte, septième et
neuvième, et c'est à quoi j'emploie le chapitre V.

Au chapitre VI, je parle du Ton, de la hiérarchie des Notes, mais dans le genre diatonique
et dans le mode majeur seulement; et je tâche d'expliquer par une considération morale pourquoi le
Type de la Musique doit présenter la dissonnance en
même tems que la consonnance, si le créateur a
eu le dessein de nous guider en nous donnant ce
Type.

Je fais voir ensuite pourquoi la consonnance nous
plait mieux après la dissonnance, que non-amenée
par elle, mais je ne donne pas pour neuf ce que je
dis là-dessus : mais ce qui m'appartient bien en propre
c'est la découverte importante que, dans le discours
musical, comme dans les discours même de *Cicéron*,
de *Bossuet* et autres, qui sont pourtant conçus dans
des langues de convention, tout s'y réduit en propositions et en idées par l'analyse. Or c'est un très-
grand pas de fait dans la théorie de la Musique que
celui d'avoir découvert une telle analogie avec les
langues proprement dites.

Mais la *Proposition musicale* la plus simple, la
plus élémentaire, est-elle composée d'autant de
membres que la *Proposition grammaticale*? Non,
car la proposition musicale n'est composée que de

deux membres que je nomme *Antécédent* et *Conséquent*, tandis que la proposition grammaticale est composée de trois membres, un substantif ou nominatif, un verbe et un attribut ou adjectif.

Pourquoi la Proposition musicale n'a-t-elle que deux membres ? Par la raison que dans une langue naturelle on ne peint que les objets. Or, le verbe ne représentant point un objet, mais affirmant seulement ou niant que tel objet convient à tel autre, il ne doit ni ne peut être représenté en Musique.

Je n'ai donc pas seulement découvert que tout dans la Musique est Proposition mélodique ou harmonique, mais encore je crois faire connaître autant qu'il est possible, pourquoi ces propositions n'ont que deux membres.

Un son séparé est donc une idée simple, une simple image, ce qu'est le substantif dans la grammaire, et quand on lui fait succéder un autre Son qui en est la suite, on forme alors une Proposition ; et quand on fait succéder un certain nombre de propositions les unes aux autres, on forme alors un discours musical.

Mais d'après quel principe doit-on composer les Propositions et les lier l'une à l'autre ? Je ne réponds véritablement à cette question difficile, et plus profonde qu'on ne croit, qu'au chapitre XXXIV, après avoir établi la nécessité d'une logique dans le XXXIII. Jusque-là je me contente de faire voir, par des exemples, quel accord diatonique consonnant ou dissonnant peut succéder à l'autre, et c'est à quoi j'emploie les chapitres VII, VIII, IX, X, XI, XII et XIII.

Le chap. XIV est une récapitulation de ce qui a précédé.

Le chapitre XV traite de la composition, et sur-tout de l'acquis préliminaire qu'elle suppose, avec des observations sur les signes et leur emploi, sur la mesure et les mesures. Mais c'est sur-tout dans le chapitre XXXII, où je reprends pour ainsi dire mon ouvrage sous œuvre, que je traite particulièrement de la Mesure et d'une manière plus profonde et plus nette qu'on ne l'a jamais fait. C'est-là où je fais connaitre qu'une mesure n'est au fond qu'une proposition, et que je détermine rigoureusement pourquoi tel Tems est le *levé* et tel autre le *frappé*. C'est-là où je prouve enfin que le *levé* est le premier tems, et le *frappé* le second, et que les Barres de Mesure ne sont à leur place ni pour les yeux, ni pour l'oreille. L'oreille voudrait la Barre sur le Conséquent de la proposition d'œil après le Conséquent, comme on place la virgule après le mot qui termine un sens subordonné, et le point après un sens principal. L'usage au contraire place la Barre entre l'Antécédent et le Conséquent de la Proposition ; c'est-là que je donne la vraie explication des *tems Forts* et des *tems Faibles*, toutes choses observées et plus senties que connues ; c'est-là que je détermine la véritable durée d'une Mesure et de ses Tems ; c'est-là encore que j'établis que la Musique est non-seulement *versifiée*, mais encore qu'elle est souvent *rhythmée*.

C'est-là enfin que je fais voir, art. 28, que l'à-plomb établi de gros en gros par la Mesure, reçoit sa perfection du *phrasé*, et que c'est au *tact* qui est pour ainsi dire le *jugement des sens* et au *raisonnement* qui est le *tact de l'esprit*, à nous donner la théorie musicale que l'on desire depuis long-tems.

Dans ce même chapitre XXXII, qui est à lui seul

un traité, parce que j'y traite en quelque sorte tout
ce qui est analogue à la Composition à une seule
Partie, ce qui renferme presque tous les principes,
hors ce qui regarde l'Harmonie simultanée, je parle
aussi des Syncopes qui ne sont connues des Musiciens
que par sentiment et non par raisonnement. Je fais
connaître qu'il y en a de trois sortes, et qu'elles n'ont
lieu que par un *déplacement* de la Proposition musicale.

Mais avant d'entamer toutes ces grandes questions
et celles qui les suivent, je traite depuis les chapitres
XVI jusqu'au XXIIe., de la composition libre à deux
Parties.

Dans ces chapitres, je rappelle divers principes
déjà énoncés pour les éclaircir et les étayer.

Au chapitre XXII je traite du genre chromatique.

Je fais voir que l'on ne peut faire de la Musique
toute Chromatique, et que le Chromatique n'est
fait que pour nuancer le genre diatonique qui est le
seul genre fondamental et le seul qui puisse s'employer indépendamment des deux autres.

Il y a dans ce chapitre, page 180, une erreur que
je rectifie, chapitre XXXIV, c'est le *si*✳ et le *mi*✳ qui
sont placés dans le genre chromatique et qui doivent
être mis au nombre des cordes enharmoniques du Ton
d'*ut* majeur et de *La* mineur. Cette erreur ne vient pas
de moi, mais de ce qu'en cela j'ai suivi nos devan-
ciers. Il en est de même à l'égard des prétendus quarts
de Tons enharmoniques dont je dis un mot en passant.
Le chap. de la Logique qui m'appartient tout entier,
fait justice de ces erreurs et de quelques autres.

Au moyen du Tempérament la Musique a aussi ses
homonymes, par exemple un *fa*✳ et un *sol*♭ sont homo-

nymes pour l'oreille , mais non pour les yeux ni pour l'ame ; c'est ce qu'on voit page 184. C'est dans ce chap. que je réponds à cette question importante : *Change-t-on de Ton à chaque note chromatique ?* L'opinion ancienne était pour l'affirmative , et J. J. s'était déclaré pour elle ; mais déjà cette opinion avait perdu de sa force , et M. *Framery* avait essayé de la réfuter ; mais comme ce dernier est lui-même tombé dans une autre erreur , l'admission de plusieurs Dominantes , il n'a émis que son assertion sans énoncer de principes.

J'arrive encore assez à tems pour proclamer cette vérité fondamentale , savoir *qu'un Ton n'est établi , en Harmonie , que par un Repos* diatonique de phrases , *placé sur la Tonique ou sur la Dominante.*

C'est-là où je réfute l'erreur grave qui concerne les notes *censées* Toniques ou *censées Dominantes* qui ne sont des Toniques ou des Dominantes que pour les insensés , pour ceux qui ou raisonnent mal ou ne raisonnent pas. L'Unité , ce grand principe , s'oppose à ce qu'il y ait dans le même Ton deux Toniques et deux Dominantes ; ces Notes *censées Toniques* ne sont que des notes dont le caractère paraît incertain à ceux qui ne connaissent pas les vrais principes , et cela est tout simple , puisque sans ces principes tout est obscur et indéterminé. Mais un Ton , quoique moins sensible en certains endroits de la modulation , n'en est pas moins toujours un , et toujours existant à l'exclusion de tout autre , car deux Tons ne peuvent exister à-la-fois. Dire que dans ces endroits où la modulation est vague on n'est dans aucun Ton , c'est comme si , étant dans l'obscurité , ou prétendait n'être dans aucun lieu , parce qu'on a peine à reconnaître celui où l'on se trouve.

Dans section IIIe. de ce chapitre , page 192 , je traite de la *chromatisation* des Accords. Ce mot, *chromatisation* , que j'ai forgé , marque que les accords chromatiques ne sont au fond que les Accords diatoniques eux-mêmes , mais dont une ou plusieurs notes ont subi une modification chromatique ascendante ou descendante. J'y fais voir que ces modifications ont généralement pour but de rendre plus sensibles les notes appelantes de l'accord Antécédant, afin que celles du Conséquent , plus fortement *appelées* , soient d'un plus grand effet. J'y répète aussi qu'un *Accord consonnant* , n'en appelant pas absolument un autre , est l'image de l'équilibre ou du repos , et que la *Dissonnance* semble être un poids ajouté à l'un des bassins de la Balance qui la force au mouvement ; et en effet un accord dissonnant force à l'action , puisqu'il veut après lui un autre accord qui achève la proposition , ce qu'on appelle communément une résolution , et qu'on devrait plutôt nommer une solution.

J'entre ensuite dans les détails de la formation des accords chromatiques ou plutôt *chromatisés* , puisqu'il n'y a pas réellement d'accords chromatiques , mais des accords diatoniques *chromatisés* , ou si l'on veut *chromatiqués*. Mes tableaux d'Accords ne sont pas de faibles lambeaux sans base et sans ordre. J'y présente toujours les accords de manière à faire connaître et leur origine et leur usage.

Au chapitre XXIII se présente le Mode mineur comme n'étant que le Mode majeur dont on a baissé la

tierce et la sixte d'un semi-ton chacune, lesquelles
tierce et sixte sont prises, dans cette hypothèse, dans
le genre chromatique. Mais c'est une méprise dans laquelle je suis tombé par le desir de rendre plus sensible la différence du majeur au mineur, en établissant pour l'un et l'autre la même Tonique, la même
Dominante, la même Quarte, la même Seconde,
et la même Septième, hors en descendant où je suis
obligé de la modifier chromatiquement, ainsi que
je modifie la tierce et la sixte en montant comme en
descendant. Je me suis apperçu de cette erreur,
quand, voulant enfin ne dissimuler aucune difficulté,
mais voulant les aborder toutes et les vaincre, j'ai
cherché et trouvé, dans mon jugement, le *grand
Système musical*. En conséquence, ce n'est pas au
chap. XXIII que l'on doit chercher le Mode mineur,
mais au chap. XXXIV, chap. que j'ai écrit après deux
ans de méditation de plus, ce qui a occasionné le re-
tard de l'entière publication de cet ouvrage. Mais
quoique ce chapitre soit entaché de cette erreur, il
n'en présente pas moins la vraie réfutation de la fausse
origine que donnait *Rameau* au Mode mineur, et de
celle bien plus ridicule qu'a prétendu lui donner d'*A-
lembert*, toujours imbu, d'après *Rameau*, que le
corps sonore ne produit que l'accord parfait.

Comment se fait-il qu'un philosophe de la trempe
de *d'Alembert* ait pu admettre deux principes pour
une seule et même chose, et qu'il ait prétendu que
le Mode mineur est produit par les deux généra-
teurs *ut* et *mi^b*? On a peine à croire une pareille
bévue de la part d'un homme aussi célèbre en fait de
raisonnement.

Je réfute ensuite *Rousseau* qui prétend toujours,

d'après *Rameau*, que le mode mineur n'est pas donné par la nature parce qu'il est aussi faussement imbu que le Type naturel de la Musique ne donne que l'accord *ut sol mi*, c'est-à-dire, la 1re., la 12.e et la 17e. majeures.

Je dis ensuite ma façon de penser sur le système de *Tartini* qui prétend que deux sons en produisent un troisième qui est leur générateur commun. A supposer que ces expériences soient vraies, comme elles ne donnent d'autres résultats que ceux mêmes que donne la résonnance du corps sonore, supposé ne donner qu'*ut sol mi*, elles ne feraient que confirmer celles de *Rameau*, et ce serait à tort qu'on leur donnerait la préférence, car en outre qu'il est ridicule et bizarre de faire produire le père ou la mère par les enfans, c'est partir de deux principes à-la-fois pour trouver un produit, au lieu de partir d'un seul principe pour trouver divers produits. Au surplus, je le répète, j'ai fait cent fois ces expériences, et je n'ai jamais pu obtenir aucun des résultats que *Tartini* prétend avoir trouvés, et voici comme je raisonne pour prouver qu'on ne doit pas les y trouver. Je dis que les diverses parties d'un tout se trouvent dans ce tout : rien de plus juste et de plus raisonnable ; mais qu'une corde soit contenue dans deux de ses parties qui sont ensemble moins longues que cette corde entière, c'est ce qui est impossible.

Dans la seconde section de ce chapitre, je place une Table des *intervalles harmoniques* et une des intervalles *non harmoniques*, distinction nécessaire et importante que personne n'a faite encore.

Je parle ensuite page 212, des repos de Tonique et

de Dominante qui jouent un si grand rôle dans le discours musical.

J'en reviens après, page 214, à la Dominante, et je prouve victorieusement que, d'après les données du *Corps sonore*, c'est elle qui est absolument la génératrice du Ton, sans quoi il faudrait admettre deux fausses quintes *Diatoniques* dans chaque Ton majeur, ce qui est contradictoire et absurde.

Page 217, j'établis que la phrase ou le vers musical, à l'instar de la phrase grammaticale, est toujours composée d'un sens principal et direct, et souvent d'un ou de plusieurs sens obliques, incidens et subordonnés.

Toutes ces vérités n'appartiennent qu'à moi seul, et sont divulguées pour la première fois.

Mais la section III traite du chromatique en mineur. Avant de lire cette section, il convient de voir le chap. XXXIV qui présente le *Grand systéme* tout entier.

Dans le chap. XXIV je fais voir combien le domaine du Ton, si rétréci dans la manière ordinaire de l'envisager, peut s'étendre en le considérant comme il doit l'être ; mais c'est le chap. XXXIV qui présente la généralité de ses élémens ; et ce sont les quatre suivans, et sur-tout le XXXVII et le XXXVIII qui en montrent le développement et l'emploi.

Le chapitre XXV traite des chiffres qui suppléent aux notes dans l'écriture des accords. Ils se placent sur la Basse-continue, et par-là on épargne une Portée, mais aussi, on s'expose à bien des bévues, car les chiffres sont une écriture bien moins parfaite que celle des notes qui sont toujours placées dans l'octave où elles doivent l'être, et à la distance les unes des autres qu'elles doivent avoir.

Dans ce chapitre, je nomme la Basse fondamentale sans examiner encore ses principes ou ses règles. C'est dans le chap. XXX que j'entreprends de faire connaître combien sont insuffisantes et erronnées les six règles établies par *Rameau*, et copiées par *Rousseau* et autres sur la marche que doit tenir la Basse fondamentale.

Le chap. XXVI traite des Accords praticables sans sortir du Ton, sur chaque note de ce Ton, en employant les trois genres. Mais le chap. XXXVII en offre un second Tableau plus complet.

Dans le chapitre XXVII, je parle brièvement des *Imitations*, des Sujets ou Desseins. Cette matière se trouve approfondie dans les chap. *Fugue et Contre-points obligés*.

Le chap. XXVIII présente quelques analyses qui donnent lieu à diverses explications neuves et utiles. J'y dis un mot sur la *Broderie* et les *Variations*, que je traite plus à fond au chap. XLVII.

Ces analyses me donnent lieu à parler aussi des *Propositions musicales elliptiques*, matière absolument neuve. Voyez depuis la page 279 jusqu'à la page 282.

Le chapitre XXIX traite du Canon à deux Parties, ou *Duo en écho*.

Le chap. XXX, qui termine le premier volume, roule sur la composition à quatre Parties. J'y mets sous les yeux de mes lecteurs ce que dit *J. J. Rousseau* et du *Trio* et du *Quatuor*, et j'oppose à ses allégations des raisonnemens et des preuves. J'y rappelle le principe de l'Unité; j'y fais voir que le degré de consonnance des intervalles s'accorde avec l'ordre dans lequel ces consonnances naissent de la corde génératrice, page 305.

J'y donne de nouvelles preuves que la Quinte n'est pas une Consonnance, et qu'il n'y a pas d'accord même dissonnant sans Tierce ou sans Sixte, et qu'ainsi *ut sol* n'est pas un accord, ni *ut sol ut* non plus, mais qu'*ut mi ut* est un véritable accord; quoique l'on ne considère ordinairement un tel ensemble que comme un fragment d'*ut mi sol ut*, et surtout dans le Système de la Basse fondamentale. Cependant on doit regarder comme un accord la fausse quinte, parce que c'est une dissonnance harmonique immédiate, puisqu'entre une note et sa fausse quinte il n'y a pas de dissonnance harmonique. On doit considérer de même le triton, parce qu'il n'est que le renversement de la quinte mineure.

Ici je présente pour exemple de *Quatuor*, le premier Morceau de celui en *ré* mineur du grand *Mozart*.

Voici le travail que j'ai fait sur ce Morceau.

1°. La *pl.* 30, *fig.* A, présente, dans les quatre portées supérieures de chaque page, le *Quatuor* tel qu'il est écrit par *Mozart*.

2°. La cinquième Portée présente le premier violon écrit une seconde fois, mais de manière à faire connaître aux yeux chacune des propositions qui en composent le Chant.

N. B. Les numéros des Propositions recommencent à chaque vers.

3°. La sixième et la septième Portées présentent les cadences Harmoniques numérotées : c'est l'analyse des Accords contenus dans ce Morceau.

4°. La huitième Portée présente une troisième fois

la Partie du premier Violon ; mais ici elle est revêtue de paroles qui sont une traduction fidèle et interlinéaire de ce qu'exprime le Morceau de musique instrumentale de *Mozart*.

5°. La huitième et la neuvième Portées forment un accompagnement de Piano. Toute la partition s'y trouve autant qu'il est possible, et ce n'est pas un petit travail, quoique ce soit un des moindres mérites de ce Tableau, unique dans son genre.

6°. Enfin, la dixième portée offre les Accords considérés fondamentalement, c'est-à-dire dans l'ordre primitif et générateur. La Note fondamentale est la plus basse de chacun de ces Accords.

Le but de ce Tableau, neuf dans sa conception et lumineux dans ses résultats, est de prouver d'une manière incontestable que, dans la Musique comme dans les langues proprement dites, tout n'est, pour l'analyste, qu'un assemblage plus ou moins bien formé de Propositions; que la Musique est faite en Vers et non en prose ; que ces vers sont souvent coupés en deux parties dont chacune est un Hémistiche ; que le discours musical a aussi ses périodes. Ce chapitre est fort long parce que les diverses analyses prennent d'autant plus de place, que c'est une matière toute neuve en Musique, et qu'en conséquence il y faut tout expliquer sous peine de n'être point entendu.

Je parle dans ce chapitre de la *Règle de l'octave*, c'est-à-dire des Accords qu'on emploie communément sur les notes de la Gamme. Vouloir restreindre les compositeurs à cette règle, c'est interdire à un habitant d'une ville toutes les rues, hors la grande rue ou la rue la plus fréquentée.

Que la Musique instrumentale, bien faite, n'est

point vague et insignifiante comme le prétendent
ceux qui n'en connaissent pas l'idiôme, mais qu'elle est
aussi suivie, aussi conséquente que les meilleurs discours du plus grand orateur, soit grec, soit latin,
soit français; mais, avec cette différence cependant
que la Musique étant une langue naturelle, elle n'a
pas d'expressions pour toutes les idées, mais pour
un grand nombre seulement, et sur-tout pour celles
qui peignent les sentimens et les passions.

Pourquoi les langues de convention sont-elles si
riches en mots? C'est que n'offrant point l'image des
objets, mais des signes convenus qui en tiennent
lieu, ces signes peuvent se multiplier à volonté, et
peuvent rendre à leur manière tous les objets, toutes
les idées. On peut dire qu'elles *désignent* tout, parce
qu'elles ne sont pas obligées de rien *dessiner*.

J'y trouve aussi l'occasion de réfuter l'opinion absurde de d'*Alembert* sur l'origine de l'accord de la
septième diminuée, et une erreur tout aussi grave,
échappée à M. *Framery*. Voyez page 557 et suiv.

Ce chapitre contient une analyse poétique du Morceau de *Mozart* que l'on voit *pl.* 30, *fig.* A. Il renferme aussi une courte digression sur ce que doivent
être les *Accompagnemens*; des réflexions sur les
Parodistes ou poëtes qui adaptent des vers à de la
Musique instrumentale ou à de la Musique vocale.

J'allègue, en passant, que ceux qui ont le mieux
réussi à mettre des paroles en Musique n'ont pas
toujours été ceux qui étaient le plus Musiciens, mais
ceux qui avaient ce tact particulier et très-précieux.
La preuve de la vérité de cette allégation est dans
mille Partitions qui annoncent la faiblesse et l'ignorance des Compositeurs qui les ont écrites, tout en

prouvant néanmoins leur habileté à saisir dans la Musique les expressions qui s'accordent le mieux, quant à la partie vocale, avec le sens des paroles. C'est ainsi qu'on voit quelquefois les peintres les moins savans saisir la ressemblance à merveille, quoiqu'ils ignorent l'art du dessin.

Je me demande enfin si l'on pourrait pousser la connaissance de l'art musical au point qu'elle suffirait seule pour composer parfaitement : je penche pour l'affirmative ; mais cela supposerait de si longues et de si sérieuses études, que je suis forcé de convenir qu'il faut être né pour la Musique pour y réussir à un certain point. Cependant quelque bien que la nature nous ait traité, on ne doit pas croire que l'on puisse devenir un grand poëte ou un grand musicien sans beaucoup d'étude.

On m'objectera peut-être que plusieurs compositeurs ont une grande réputation, malgré leur profonde ignorance de l'art d'écrire en Musique. Mais je répondrai que, malgré leur réputation, jamais les ouvrages de ces hommes-là ne seront placés au rang des modèles, hors peut-être pour la manière d'adapter la parole à la Musique, et non pour la manière d'écrire une Partition ou celle de traiter un sujet, car tout cela tient essentiellement à l'art profond d'écrire en Musique.

C'est dans la Musique *sur-tout*, parce que c'est une langue naturelle dont les lois ne peuvent jamais être impunément violées, que

Sans la langue, en un mot, l'auteur le plus divin
Est toujours, quoiqu'il fasse, un méchant écrivain.

Boileau.

SECOND VOLUME.

Dans le chap. XXXI qui commence ce volume (1), je poursuis l'analyse du grand Morceau du *Quatuor* de *Mozart* que je n'avais poussée que jusqu'à la seconde Reprise exclusivement, et je débute par dire que c'est particulièrement dans la première partie de la Seconde Reprise d'un grand Morceau, que le grand et le petit compositeurs se font connaître, le premier, par son beau savoir, l'autre, par sa triste ignorance, malgré tous les efforts qu'il fait pour la déguiser. Voyez les pages 587 et suivantes. Ici l'analyse commence à porter sur les points les plus profonds de la science ; mais ce n'est cependant qu'au chapitre XXXIX et dans les six qui le suivent que je traite décidément de la Composition asservie à un ou à plusieurs Sujets, et par conséquent de la Fugue et du Contre-point double ou manière de composer à-la-fois à deux fins différentes ; du Contre-point triple ou à trois fins ; du Contre-point quadruple ou à quatre fins et des Canons. C'est dans ces chapitres que j'ai cherché à répandre le plus de

---

(1) J'ai fait suivre la numérotation des chapitres et des pages pour qu'on ait la faculté de faire relier les deux volumes en un, si on trouve cette manière plus commode pour l'étude de ce Cours, vu qu'il n'y a qu'une seule table des chapitres et un Dictionaire qui sert en même tems de Table des Matières.

clarté possible sur le savant mécanisme et les sombres mystères du Contre-point double.

Page 397, chap. XXXI, je donne pour la première fois des noms aux Périodes. Je les divise d'abord en deux classes, les *capitales* et les *inférieures*.

J'admets quatre sortes de Périodes capitales, celles de *Début*, celles de *Verve*, les *Mélodieuses* et les *Traits*. Trois sortes de Périodes inférieures, les *intermédiaires*, les *complémentaires* ou *codataires* et les *conjonctionnelles* ou les *liens*. C'est encore là une des parties de la théorie que j'ai été obligé de créer. Voyez la définition de ces Périodes.

Nous avons vu précédemment ce que contient le chapitre XXXII : voici de quoi traite le chapitre XXXIII.

Ce chapitre établit que tout ce qui, dans un Ton, sort de l'Unité de ce Ton, et ce qui dans une Partie ou Voix sort de l'Unité de cette Voix ou Partie, blesse la raison et le jugement. J'y prouve que c'est notre ame, par le canal de notre oreille, et non notre oreille elle-même, qui est blessée quand une Proposition musicale qui sort de l'Unité de Ton se fait entendre ; car s'il en était autrement il faudrait admettre que nos sens sont chacun le siége de la mémoire et du jugement, que nous avons cinq ames puisque nous avons cinq sens, et que chaque individu, comme le fut un moment la France, est gouverné par cinq *Directeurs* ; ce qui supposerait nécessairement que le CRÉATEUR, qui est *l'unité même*, se montrerait, dans son plus bel ouvrage, aussi inconsidéré et aussi absurde que nos demi-anarchistes l'ont fait en nous donnant un *Directoire* composé de *cinq membres égaux* ; ce qui établirait enfin que nous sommes, au moral, des monstres à cinq têtes. On sent qu'une pareille opinion tombe d'elle-même. Cette monstruosité a existé, mais ce n'est que dans les *corps politiques* appelés *démocraties* et dans ceux nommés *aristocraties* ; et c'est précisément ce qui a fait le tourment de ces corps qui, conduits par différentes têtes, devaient être nécessairement tiraillés sans cesse en sens contraire. Une *République* est donc un monstre, et le consulat français était même une difformité en politique que les vœux des bons français ont fait disparaître en appelant au trône *Napoléon le Grand*.

De ce que c'est notre ame qui juge en Musique, il s'ensuit qu'il y a une Logique de la Musique, c'est-à-dire qu'il y a dans cette science, comme dans celle du Discours, *une théorie de la raison et du jugement*. Cette théorie, je l'établis dans le ch. XXXIV.

Les chap. XXXV et XXXVI, qui traitent de la *Basse-continue*, et même tous les autres, ne sont que des conséquences plus ou moins directes des principes de la logique musicale, laquelle devrait former le chapitre 1er de cet ouvrage plutôt que le XXXIV, puisque c'est de là que découlent toutes les règles qui ont rapport à la formation et à l'enchaînement des Propositions tant harmoniques que mélodiques. En ce cas, pourquoi ne l'avez-vous pas mis le premier, me dira-t-on ? parce que je n'avais pas encore découvert toutes les vérités neuves qu'il contient ; et que, les eussé-je déjà trouvées, j'aurais peut-être balancé encore à le placer en son vrai lieu par la raison que je n'aurais pas cru mes lecteurs suffisamment préparés à l'entendre.

Comme il a été dit dans le chap. XXXVII, je traite

de l'*Harmonie* d'une manière plus complète qu'on ne l'a jamais fait, non-seulement parce que mon système étant beaucoup plus étendu que les autres, il me fournit un plus grand nombre de combinaisons harmoniques de Sons et d'Accords, mais parce qu'ayant découvert les vrais principes de l'Harmonie et de la science musicale, tout s'ordonne naturellement d'après eux depuis le premier élément musical jusqu'au dernier.

Le chapitre XXXVIII traite de l'art de Moduler dans un Ton, et de l'art de passer régulièrement d'un Ton dans un autre, ce qu'on nomme *Transition*.

Dans ce chapitre, je divise les Modulations en *principales*, en *secondaires*, en *accessoires* et en *instantanées*.

Au chap. XLVI je traite de la *Symphonie* à grand orchestre, et j'analyse une Symphonie d'*Haydn* à peu-près comme j'ai analysé le Quatuor de *Mozart* dans les chap. XXX et XXXI; c'est-à-dire que je la considère dans toutes ses périodes et sous tous les rapports, savoir harmoniques, mélodiques, logiques et oratoires, ce qu'il faut voir dans son lieu pour se faire une idée juste des choses substantielles et instructives que ces diverses analyses renferment.

Je n'ai pas présenté d'analyse de *Concerto*, ni de *Symphonie concertante*, il suffira à celui qui aura bien appris ce que contient ce traité, de voir la coupe de ces sortes de Morceaux dans les œuvres de *Pleyel*, de *Viotti* et autres, pour se mettre aussitôt au fait.

Le chap. XXXVII indique la manière dont se font les *Variations* et la manière dont les *Canevas* ou Chants simples se brodent. Tous ces traités ne sont aucune-

ment formés de compilations, ils m'appartiennent
pour le fond et pour la forme.

Le chapitre XXXVIII relève quelques fautes
échappées à la plume des grands compositeurs et
qui dénotent d'autant mieux l'absence des vrais principes, que l'on voit les hommes les plus savans s'en
écarter dans les momens, *rares à la vérité*, où leur
instinct précieux semble dormir ou paraît les laisser
abandonnés à des règles insuffisantes ou fausses.

Je termine enfin cet ouvrage par l'accord qui
devrait régner entre deux sœurs chéries, la *Poésie*
et la *Musique*, accord qui est souvent troublé soit par l'ignorance du Musicien, soit par celle
du Poëte. Je fais connaître que, dans cette union,
comme dans le mariage, les parties ont des sacrifices mutuels à se faire ; ces sacrifices sont nécessités
soit par les caractères des deux langages, soit par la
coupe trop peu lyrique qu'ont les vers.

Je distingue deux sortes de Mesure ou marche dans
les mots, celle de la *Prosodie* et celle de la *Déclamation*, et j'établis d'après ces bases et la nature
de la Musique, des règles sur la place que doivent
occuper, dans la Mesure ou Proposition musicale,
les syllabes longues et les brèves.

Pour que les *paroles* soient parfaitement adap-
tées à la Musique ou la Musique aux *paroles*, il
faut que ces deux mesures des paroles y soient observées, et sur-tout que la Note qui peint telle expression soit placée sur cette expression-là même.

*Il ne suffit pas que la Musique soit expressive,
il faut qu'elle exprime ce que disent les paroles,
et en même tems que les paroles, sans en altérer la
marche Prosodique, ni la déclamation, et c'est là*

ce qu'il est impossible d'observer toujours exactement, et ce qui nécessite les sacrifices dont nous venons de parler.

Conclusion.

D'après les principes établis et développés dans
cet ouvrage, il est constant que la Musique est une
langue naturelle et universelle; que les élémens du
discours sont dans cette langue comme dans toutes les
langues, les Propositions, ainsi que le prouvent toutes
nos analyses; que la Musique a une Logique, c'est-à-dire
une théorie des règles, d'après lesquelles la raison juge,
approuve ou désapprouve; que tout, dans le discours
Musical suit les lois de cette logique comme dans le
discours oratoire, et peut-être plus rigoureusement
encore, et que tous les préceptes que l'on donne sur
l'éloquence proprement dite, s'adaptent parfaitement à la Musique, aux modifications près que nécessite la différence d'un idiôme naturel avec un
idiôme de convention, et qu'enfin la Musique doit
être enseignée comme une véritable langue et n'a
une théorie qu'à compter de la publication de cet
ouvrage, puisque ces vérités fondamentales ne sont
énoncées encore nulle part qu'ici où elles sont assises
sur des bases qu'on ne peut ébranler.

N. B. Si j'eusse écrit tout mon ouvrage avant d'en
commencer l'impression, et n'en eusse pas délivré
les premiers cahiers par souscription, j'aurais évité
plusieurs des imperfections qu'il renferme, soit dans
la distribution des matières, soit dans toute autre
chose, mais si je ne m'étais lié envers le public par
une souscription, peut-être aussi n'aurais-je jamais

eu le courage de surmonter toutes les difficultés que j'ai eues à vaincre; et j'aurais probablement laissé mes premiers travaux sans suite. Tel qu'il est, cet ouvrage pouvant être très-utile, il me laisse espérer que le public daignera le recevoir avec bonté, et que les critiques voudront bien l'examiner avec quelque soin et le juger avec impartialité. Pour de l'indulgence, je n'en demande pas, il faut que justice se fasse, et que la vérité se dise; mais si l'on se trompait en voulant me la dire, on voudra bien me permettre de faire entendre mes réclamations, car mes découvertes et mes travaux sont des cliens dont je dois être l'avocat naturel. Mais puisse-t-il en trouver un plus éloquent dans l'accueil favorable du public. (1)

____

(1) Je nommerai ici trois personnes distinguées par leur amabilité, leur mérite et leurs connaissances, qui m'ont particulièrement encouragé, par lettres, dans cette carrière pénible; ce sont M. *Tahier*, procureur impérial à Napoléonville, M. *Pascault*, de Cognac, et M. *Simonin*, juge à Luxembourg.

DICTIONNAIRE
ET TABLE DES MATIÈRES.

A.

A, Lettre par laquelle on désigne le *la*.

Les sept lettres A, B, C, D, E, F, G, répondent aux noms des notes *la si ut ré mi fa sol*.

En Allemagne, où les notes n'ont pas d'autres noms que celui des lettres, le *si* naturel se désigne par H, en conséquence le *si* est toujours le *si♭*. Pour désigner les autres bémols on y ajoute *mol* à chacune des lettres.

A mol, *C mol*, *D mol*, *E mol*, *F mol*, *G mol*. Pour désigner le Dièze, on ajoute *is*, finale de *Diez-is*.

Ais, *Bis*, *Cis*, *Dis*, *Eis*, *Fis*, *Gis*.

Pour désigner à la Partie de Cor ou de Trompette dans quel Ton elle doit se jouer, on y met une des sept lettres.

Les Italiens désignent le Ton de *la* par *A la mi ré*.

Le Ton d'*ut* par C, *sol fa ut*, c'est parce que chantant par Nuances, c'est-à-dire en donnant différens noms à la même note selon la Modulation, ils indiquent en désignant le Ton cette Nuance ou Mutation de noms.

En France, il était naguères d'usage de dire qu'un Morceau était en *A mi la*, ou en *B fa si*, en *C sol-ut*, en *D la ré*, en *E si mi*, en *F ut fa*, en *G ré sol*. Par ce moyen on désignait la Tonique, et par son nom moderne et par son nom ancien et la dominante de cette Tonique par son nom moderne seulement. Aujourd'hui on ne nomme plus que la Tonique en y ajoutant l'épithète de dièze ou de bémol et le mode.

On dit en *ut* majeur, en *ut* mineur, en *si♭* majeur, en *si♭* mineur, et ainsi des autres.

ACCENT. L'accent musical consiste, *selon moi*, à forcer la première note de chaque phrase ou sens musical.

ACCOLADE, ligne perpendiculaire, double ou simple, terminée aux deux bouts par des crochets, et qui embrasse autant de Portées qu'il y a de Parties différentes qui marchent ensemble, à moins qu'il n'y ait plusieurs Parties écrites sur la même Portée, comme il arrive dans les partitions pour les Parties de Flûte, de Hautbois, de Cors, de Trompettes, de Clarinettes et de Bassons.

ACCOMPAGNATEUR. Celui qui accompagne sur l'Orgue ou sur le Piano. Il se dit aussi d'un violon ou d'une flûte ou de tout autre instrumentiste qui accompagne le Piano ou la voix.

ACCOMPAGNEMENT. Tout ce qui, dans une Partition, n'est pas le Chant ou la partie principale est accompagnement.

Affinité des Notes d'un Accord, page 58.

Agrémens, broderies, ornemens.

Aigu, opposé à grave.

Air, chant mesuré musicalement, versifié et souvent rhythmé.

On distingue en Italie trois sortes d'Airs. L'*Aria parlante*, l'air déclamé ou parlé, et dans lequel l'acteur se montre. L'*Aria cantabile* dans lequel le chanteur développe son art de chanter, son expression, sa sensibilité et son goût, et l'*aria di bravura*, l'air d'exécution de force, d'habileté et d'adresse, où il montre toute l'étendue de sa voix, et tout ce qu'il en sait faire d'étonnant.

Alla Stretta; imitation serrée. Voyez Imitation.

Altus ou contre-altus. Voyez Haute-contre.

Ame. On dit d'un musicien qui manque d'expression dans son chant ou dans son jeu, qu'il n'a point d'ame.

Amoroso. Voyez mouvement.

Analyse, 270, 272, 307, 586.

Andamento. Promenade. Voyez fugue.

Andante. Voyez Mouvement.

Antécédent, premier membre d'une Proposition musicale. Voyez Proposition.

Anticipation. Note qui se fait entendre avant que l'accord dont elle fait Partie ne frappe.

A-plomb. Avoir de l'A-plomb, c'est avoir bien le sentiment de la Mesure et une grande égalité de mouvement dans l'exécution.

Appoggiatura, note appuyée, petite note que l'on ajoute au-dessus de la note de valeur, et quelquefois au-dessous, et qui semble s'appuyer sur la suivante.

Arbitrio. Ce mot marque que l'on doit exécuter la musique selon sa volonté, son libre arbitre, c'est-à-dire sans gêne. Ce qui signifie que le mouvement est entre le lent et le vîte et qu'on s'en repose sur le sentiment du Musicien pour saisir le véritable *mouvement* du Morceau.

Arco. *Arco* ou *col-arco* désigne qu'il faut cesser de pincer les cordes du violon avec les doigts, et qu'il faut les faire résouner avec l'archet.

Ariette diminutif d'*Aria*, air.

Arioso, air expressif et propre à être varié.

Armer la clé, c'est y poser les dièzes ou les bémols que comporte le Ton du Morceau.

Arpéger, c'est faire les accords comme sur la Harpe, en passant successivement de la Note la plus grave à la plus aigue ou l'inverse.

A tempo giusto. C'est-à-dire que l'on doit faire les Tems rigoureusement justes. En français cela se désigne par le mot *mesuré*.

Attaco, attaque. Voyez Fugue.

Attaquer un son, c'est le faire entendre d'une manière ferme et non tâtonnée, c'est l'accentuer.

Attraction des Sons, 58.

Aubade. Concert à l'aube du jour qui se donne sous les fenêtres de quelqu'un que l'on veut fêter.

B.

B, lettre qui désigne le si ou le *si♭*, voyez A.

B-mol ou bémol petit *b* qui marque que la note qui suit doit être baissée d'un semi-ton diatonique, ou chromatique, ou enharmonique, selon que le bémol a l'une ou l'autre de ces qualités.

Le double Bémol se marque par deux *bb* et indique qu'il faut baisser la note de deux demi-tons.

Pour la position des bémols, voyez Ton.

Ballade. Vieille chanson à couplets sur laquelle on dansait.

Ballet. Le ballet ne saurait trop expliquer l'action qu'il représente soit par la pantomime, soit par la Musique. Ceux de M. Gardel sont des modèles dans ce genre. Musicien très-distingué, il entend presqu'aussi bien le langage des sons que l'harmonie des pas.

BARRES DE MESURE. Barre qui sépare l'Antécédent du conséquent; les Barres de mesures sont placées arithmétiquement et non harmoniquement. 154, 288, 408, 410, 423. Voyez Proposition.

BARCAROLLES. Chanson que les gondoliers de *Venise* chantent en menant leur barque.

BARYTON. Voix qui n'est pas une Taille décidée. On l'appelle aussi Concordant.

BASSE CONTINUE. 447 et 453.

BASSE-CONTRE. La plus grave de toutes les voix et la seule que l'on puisse faire chanter contre la Basse ou Basse-taille quand cette dernière fait le Dessus.

La Basse-contre est la contre-basse des voix, comme la contre-basse est la basse-contre des instrumens à archets. Elle joue la même Partie que la Basse, mais à l'octave plus bas, comme la Basse-contre chante la même Partie que la Basse-Taille.

BASSE FONDAMENTALE. Au moyen de la Basse fondamentale tous les accords se réduisent, dans la spéculation, à deux ou à trois tierces. La note fondamentale est celle qui sert de fondement, c'est-à-dire celle de laquelle il faut partir pour que les diverses notes de quelque accord que ce soit ne présentent que deux ou trois tierces directes.

Les accords par supposition, offrent deux accords à-la-fois, ou plutôt un accord entier et une portion d'un autre.

Voyez page 50, 65, 154, 281, 321, 339, 351, 360.

BASSE-TAILLE. Voix qu'on nomme aussi Basse.

BATON. Silence qui vaut quatre mesures. Voyez Silence.

BATTERIE. La batterie se compose de plusieurs notes d'un même accord que l'on fait entendre l'une après l'autre. Il faut prendre garde dans l'emploi des batteries qu'une Partie ne fasse pas de suite contre une autre Partie, deux intervalles qui ne sont pas en Harmonie, tels que deux quartes, deux quintes, ou une quarte et une quinte, ou une octave et une quinte, ou une quarte et une octave, ou l'inverse.

Beaucoup de compositeurs sont trop peu scrupuleux à cet égard, et s'imaginent, à tort, qu'un accord en batterie et comme s'il était plaqué. C'est sur-tout quand la batterie est lente qu'on doit prendre garde aux rencontres non-harmoniques.

BINAIRE. 263.

BLANCHE. Voyez caractères et signes.

BREF ou SEC. Ces mots signifient que l'on doit exécuter avec une grande brièveté les notes auxquelles ils s'appliquent.

BRODERIES, ornemens, Doubles. Voyez Variations.

C.

C, lettre qui désigne l'*ut*.

C. Le C désigne la mesure à quatre tems qui contient la valeur de quatre noires. On devrait y substituer le signe $\frac{4}{4}$ qui indiquerait mieux que le C, que la Mesure contient quatre quarts de la Ronde. Le C barré devrait être remplacé par $\frac{2}{4}$, quand la mesure ne contient qu'une seule Cadence Harmonique, et par $\frac{4}{4}$ quand elle en contient deux.

CADENCE. On nomme ainsi le *Trille* ou *tremblement* et on le désigne par *tr*.

CADENCE ELLIPTIQUE. 153, 279 et 281.

—— évitée, chap. XI, pag. 130.

—— De quatre genres, pag. 125.

—— HARMONIQUE. C'est ce que nous nommons *Proposition*. Chap. VII, pag. 50, 125, 279.

CADENCE MÉLODIQUE. 125, 218, 405.

—— parfaite. 50 et 80.

—— retardée. Chap. XII, pag. 122.

—— rhythmiques , 125 et 305.

CADENCÉ. Un morceau dont les cadences harmoniques sont bien sensibles , est bien cadencé.

CADENZA ou ARBITRIO, la *Cadenza* que nous nommerons le Bouquet , par analogie au bouquet d'un feu d'artifice , a lieu sur le conséquent de la musique qui précède la cadence parfaite par laquelle on termine un morceau. C'est là que l'exécutant montre son habileté et son génie en improvisant un certain nombre de mesures où la profondeur , l'amabilité et le brillant , doivent se trouver réunis. Ce bouquet se nomme *point d'orgue* , parce qu'en cet endroit l'orgue qui accompagne doit se taire car l'accompagnateur ne pouvant deviner la marche de l'improvisateur il ne pourrait que gêner celui-ci ou gâter ce qu'il improvise.

CANEVAS. Thème qui prête à la broderie ou à la variation.

CANEVAS. On appelait ainsi des mots sans suite que le Musicien mettait autrefois sous un *Air* , pour indiquer au Poëte quelle sorte de vers il devait employer pour parodier cet *Air* ; c'est-à-dire pour y adapter des paroles qui pussent s'accorder avec le rhythme musical. Voyez Parodier.

CANTATE, Espèce de Drame très-court , que l'on met tout entier en Musique. Le défaut des cantates est d'être en récit au lieu d'être en action.

CANTILENA , terme de la musique italienne ; c'est proprement le thème principal d'un Morceau , c'est ce qui le fait distinguer de tous les autres , c'est en quelque sorte son visage. Tout compositeur qui ne trouve pas de véritables *Cantilene* manque de génie. Voyez Chant.

CANTO-FERMO. Voyez Plainchant.

CAPRICE. Morceau plein de verve et d'originalité. Il ne devrait être permis qu'aux grands compositeurs de faire des caprices parce qu'eux seuls peuvent racheter par le savoir ce qui peut manquer à ces sortes de morceaux du côté du charme et de l'agrément.

CARACTÈRE. Toute musique doit avoir un caractère et celui-là même qui convient à ce qu'elle doit exprimer. Toute Musique sans caractère est ennuyeuse et soporifique , et mérite d'être brûlée sans pitié , à moins qu'elle ne présente une combinaison profonde.

CAVATINE. Une cavatine est une ariette abrégée.

CENTONE ou PASTICCIO , nom qu'on donne en Italie aux opéra composés d'airs tirés de diverses Partitions.

CÉSURE. Voyez vers.

CHACONNE. La chaconne ancienne était toujours à trois tems. C'est de tous les airs de danse le plus étendu. *Floquet* en a fait une à deux tems sur un motif très-heureux.

La Chaconne commence au second tems de la Mesure.

CHANSON. Le plus aimable des petits poëmes lyriques , porté au plus haut degré de perfection par les poëtes français. Les jolies chansons et les jolis petits airs deviennent rares. Ce genre est-il épuisé ou manque-t-on de talent pour créer de nouveaux airs ?

CHANT , *Dessus* , *soprano* , sont souvent synonymes. Le chant est la Partie que toutes les autres doivent tendre à faire ressortir.

CHANT et MÉLODIE sont en quelque sorte synonymes. Cependant le CHANT est la Mélodie des Mélodies. C'est le choix , la fleur du miel (1) et pour la pureté et pour le goût. Un chant peut être l'enfant du génie , de la sensibilité et d'un savoir profond , mais un assez grand nombre des chants qui ont fait fortune n'est que le fruit d'une heureuse inspiration (et tels hommes qui ont été d'assez minces Musiciens ont eu dans leur vie beaucoup de ces aimables trouvailles que de plus savans auraient enviées. Le savoir ne donne pas la faculté d'engendrer , il ne fait que diriger la main qui crée. Il fortifie le génie , il le soutient dans sa course

____

(1) On sait que *Melos* d'où l'on a fait *Mélodie* , signifie Miel.

rapide, et sans lui, Pégase manquerait presque toujours d'haleine et ferait mille faux pas. Aussi ne voit-on jamais les compositeurs qui ignorent les principes et les ressources de leur art, produire des Morceaux d'une certaine étendue. Une symphonie, un bon quatuor, une belle ouverture ou tout autre grand morceau, est un écueil contre lequel leur faible barque vient presque toujours se briser. Ils se tirent d'affaire auprès de la multitude qu'on amuse avec quelques jolis chants et avec quels effets bien ou mal amenés, mais ils n'échappent pas au mépris des connaisseurs qui ont, pour les toiser, l'échelle sur laquelle sont faites les symphonies d'*Haydn*, l'ouverture d'*Iphigénie* et celles de *Mozart*. Il faut bien se garder de confondre un long Morceau avec un grand Morceau. Le long Morceau est toujours l'ouvrage d'un écolier présomptueux ; un grand Morceau est toujours celui d'un habile homme, d'un grand Maître, lorsqu'il est bien conduit.

CHANT. L'art du chant demande beaucoup de naturel et de travail. Solfier n'est pas chanter, comme lire correctement la tragédie ou la comédie du ton dont on lit la gazette n'est pas être ni tragédien ni comédien. Le chanteur est celui qui sait déclamer, ensemble, la musique et les paroles.

Tout chanteur qui ne s'occupe que des sons et néglige la parole est un instrument vocal et non un véritable chanteur. Je dirai aux étrangers : Voulez-vous savoir s'il est des français qui savent chanter ? Allez entendre *Laïs* à l'Opéra ; *Martin* et *Elleviou* à Feydeau, et, dans la société, le virtuose *Garat*.

Les cathédrales faisaient d'assez bons musiciens et d'assez mauvais chanteurs ; mais elles formaient des voix, parce que c'est en chantant dans de grands vaisseaux que la voix se développe et s'affermit.

Si l'on rétablit la Musique dans les églises, qu'elle soit majestueuse et pleine d'onction, et non sèche, insignifiante et mal exécutée, telle que celle que j'ai entendue à Notre-Dame de Paris, il y a quelque tems, car c'est insulter à la religion et à Dieu même. Le Plainchant ne doit céder le pas qu'à de la Musique faite par des hommes d'un vrai génie et imbus des idées que M. Lesueur a développées en 1787, sous le titre modeste d'*Essais sur la Musique sacrée*.

CHARGÉE. Une *Musique chargée* est celle où il y a trop de notes, et dans laquelle les Parties accessoires étouffent les principales. Si une telle Musique est susceptible d'être bonne, elle ne peut le devenir qu'en séparant le froment de l'ivraie qui l'étouffe.

CHASSE. Morceau vocal ou instrumental à 2 où l'on rappelle les Tons ou Airs consacrés à la Chasse, et où l'on imite autant qu'il est possible ce qui se passe dans une chasse. L'ouverture du *Jeune Henri* est un modèle de chasse instrumentale à grand orchestre.

CHEVROTER, c'est faire le trill ou cadence à la manière des chèvres.

CHIFFRER. On chiffrait autrefois les Basses, et cela était assez bien vu, car cela forçait les compositeurs à se rendre à-peu-près compte des accords qu'ils employaient.

L'ignorance s'est affranchie de ce joug, et les savans ont suivi sur cela l'exemple des ignorans, ce qui arrive dans plus d'un art et dans plus d'une profession.

CHŒUR. Morceau chanté par un peuple, par une armée, ou par une troupe d'individus quelconques. Un chœur peut n'avoir qu'une seule Partie vocale ou en avoir plusieurs. C'est au compositeur à juger s'il convient au sujet qu'il traite que tout le monde dise la même chose à l'unisson ou à l'octave, où s'il vaut mieux qu'il divise la troupe qu'il a à faire chanter, en divers pelotons. Lisez la Poétique de M. de Lacépède et étudiez les chœurs de *Handel*, de *Gluck*, de *Sacchini* et les finales Italiennes.

CLAVIER *général*. L'échelle des sons réguliers que peuvent former les voix et les instrumens en allant du grave à l'aigu, ou de l'aigu au grave. Le clavier général contient au moins sept *Octaves* ou sept *Septièmes*, voyez pag. 135.

CORDE. Neuvième partie d'un Ton. Voyez Intervalle.

COMPOSITEUR. Le vrai compositeur est celui que la nature a créé Musicien et qui possède à fond l'Harmonie et le Contrepoint. Toujours juste dans ses expressions, conséquent dans l'arrangement de ses idées, gradué dans ses effets, il réunit le naturel à l'art, le charme à la profondeur. Il ne vise pas à causer sans cesse des surprises, cependant il étonne quelquefois, mais plus souvent il nous enchante et nous ravit.

COMPOSITEURS. On m'a observé que dans mon discours préliminaire j'avais négligé de citer beaucoup de compositeurs, soit morts, soit vivans, qui ont illustré leur nom par de bons ouvrages; ce reproche n'est pas fondé, car je n'ai pas eu l'intention de nommer tous les compositeurs, mais un nombre suffisant pour établir une chaîne de bons auteurs depuis le dix-septième siècle jusqu'à nos jours, sans quoi aurais-je pu oublier *Leo*, *Porpora*, *Hasse* et tant d'autres qui ont vécu avant ou après ceux-ci? Et si j'eusse eu en vue de faire une notice exacte de ceux qui existent actuellement à Paris, n'aurais-je pas commencé par *Tarchi*, lui qui a obtenu trente succès sur les premiers théâtres d'Italie, et qui en compterait sûrement autant en France s'il eût eu à mettre en Musique des poèmes analogues à son génie, car son *Trente et Quarante*, *d'Auberge en Auberge*, le *Cabriolet jaune*, *Ste.-Foix*, *Aurore de Gusman*, ne sont en quelque sorte que d'aimables échantillons de son rare talent.

Aurais-je pu ne pas orner cette note du nom de *Chérubini* quand il n'aurait fait ni *Démophon*, ni *Medea*, ni *Lodoïska*, ni les *Deux Journées*? N'avait-il pas déjà une réputation avant ces ouvrages sérieux et respectables?

Me serais-je tû sur *Martini* qui a mis tant de fraîcheur, de sensibilité, d'amabilité et de justesse d'expression dans *L'Amoureux de quinze ans*, et dans le *Droit du Seigneur*?

Et *Dalayrac*, si fécond, si naturel et si heureux dans ses Romances comme dans la plupart des Morceaux qui composent ses nombreux et jolis opéra, aurais-je pu ne pas rendre hommage à la justesse de son tact, et à son entente de la scène?

N'aurais-je pas fait l'éloge de *Berton* l'auteur de *Montano* et *Stéphanie*, du *Délire*, d'*Aline*, des *Maris Garçons*, ouvrages dans lesquels on trouve de nombreuses preuves de son grand talent pour la composition, et de son jugement pour ce qui convient au théâtre et aux chanteurs?

Aurais-je manqué de faire figurer dans cette notice, *Champein* comme auteur de la *Mélomanie*, feu *Devienne* comme ayant fait les *Visitandines*; *Bruni*, comme auteur de *Toberne*? Aurais-je manqué de parler de *Kreutzer* qui a fait la Musique charmante et pittoresque de *Paul et Virginie* et de *Lodoïska* et celle d'*Astianax*, grand opéra? De *Boyeldieu* auquel on doit *Zoraime et Zulnare*, le *Calife*, *Beniowski*, ma *Tante Aurore*? De *Gaveaux* qui nous a donné *Léonore*, le *Petit Matelot*, le *Traité Nul* et beaucoup d'autres ouvrages où l'on trouve du naturel, de l'esprit et de la grâce, comme dans ceux de *Solié*, dont je citerai le *Secret*, le *Chapitre Second* et le *Jockey*.

Ma plume ne se serait-elle pas hâtée d'écrire aussi le nom du sensible et spirituel *Plantade*, lui qui a fait *Palma et Zoé*, sans compter les chœurs d'*Esther* et une foule de *Romances* qui font les délices de la bonne société?

N'aurais-je rien dit de feu le *Moyne* qui a fait les *Prétendus*, les *Pommiers et le Moulin*, *Phèdre et Jephté*?

Et *Vogel* et *Edelmann*, aurais-je pu les oublier?

Ne me serais-je pas souvenu aussi de *Candeille*, de *Porta*, de *Persuis*, de *Le Brun*, de *Jadin*, de *Spontini*, de *Blangini*? Aurais-je négligé de parler de *Nicolo Isouard*, lui qui, en très peu de tems, nous a donné *Michel-Ange*, *l'Intrigue aux Fenêtres*, *Léonce*, *le Déjeûner de Garçons*, et plusieurs autres opéra comiques qui se distinguent par un coloris plein de fraîcheur.

À la vérité parmi les compositeurs qui seraient entrés dans cette liste, plusieurs ne savent pas la composition, ou la savent très-mal, quoique quelques-uns s'en disent maîtres, et prétendent l'avoir enseignée ; cependant comme cette ignorance n'empêche pas d'avoir quelques réminiscences ou de trouver quelques chants aimables au moyen desquels on se tire d'affaire auprès de la foule qui ne sait ni lire ni juger une Partition, mais qui sait goûter ce qui lui plaît, l'émeut et la charme soit qu'on l'ait inventé ou pillé, j'aurais passé là-dessus : d'ailleurs n'ai-je pas été obligé de citer, dans mon discours préliminaire, quelques compositeurs qui sont à-peu-près dans le même cas que ceux dont je parle ici, à l'exception pourtant qu'ils ont montré plus de vrai génie et de naturel ?

Si j'ai évité de faire entrer dans mon cadre une semblable notice, c'est que j'avais compris la difficulté qu'il y aurait de faire accorder les prétentions de chacun avec la justice et la vérité.

Les pianistes doivent me pardonner de ne les avoir pas cités soit comme compositeurs, soit comme exécutans, quand je n'ai rien dit de *John Cramer* si connu par ce double talent, ni de *Woelfel*, ni même d'*Adam* pour lequel j'ai une estime particulière.

Ceux qui ont écrit des Quatuors et que je n'ai pas compris dans mon énumération, doivent se consoler aussi puisque je n'ai parlé ni de *Davaux*, ni de *Cambini*, ni de *Kreutzer*, ni de *Hanzel*.

Quant à ces Pièces pour divers instrumens qui ont été écrites non par des compositeurs mais par des instrumentistes, elles doivent être regardées comme non avenues, étant nulles en composition, à l'exception pourtant de celles qui se distinguent de la foule par des chants heureux et neufs ou par quelqu'originalité piquante et de bon goût.

COMPOSITION. La science du compositeur qu'on a cherché à développer dans tout cet ouvrage. Voyez pag. 134.

CONCERT. Je dois à celui qui était établi rue de Cléry, à Paris, un hommage particulier pour la perfection rare avec laquelle on y exécutait les superbes symphonies du grand *Haydn* sous la direction, en dernier lieu, de M. *Grasset*. Je ne puis parler de ce concert dont je voudrais pouvoir nommer tous les membres, sans me rappeler le plaisir que j'y ai goûté en y entendant successivement MM. *Rode*, *Kreutzer* et *Baillot*, trois grands violons chacun d'un caractère différent ; les deux frères *Davernoy*, l'un sur le Cor, l'autre sur la Clarinette ; MM. *Ozi* et *Delcambre* sur le Basson, et MM. *Breval*, *Levasseur*, *Lamare* et *Rhomberg* sur le Violoncelle, et l'*Orphée Garat*.

CONCERTO. Le concerto n'est beau que sur le violon et peut-être sur le Piano. Dieu préserve tout bon musicien de l'obligation d'avoir à avaler un concerto de basson ou de flûte, ou de clarinette, ou de contre-basse, ou de guimbarde, car c'est un véritable poison.

Le violoncelle lui-même n'est bon à être entendu en *solo*, que pendant une ou deux périodes ; il en est de même des instrumens à vent quelconque, et encore faut-il que ces deux périodes soient dans le diapason et dans le caractère de ces instrumens, sans quoi cela devient insupportable. Quand le grave violoncelle, qui doit me faire entendre le langage majestueux des dieux ou la voix d'un tendre père, s'avise de faire des sauts périlleux et des gambades, il me semble voir un évêque ou un magistrat habillé en arlequin ; ce qui est tout ensemble un délire et un scandale.

Instrumentistes, voulez-vous nous faire connaître votre talent ? Commencez par nous montrer que vous connaissez parfaitement la nature de l'instrument dont vous jouez. Gardez-vous pour vous montrer habiles, d'en forcer la voix et d'en dépasser le diapason. Il est pour ainsi dire un sexe et un âge pour chaque instrument.

En conséquence, que celui qui est destiné à nous peindre la mollesse et les graces d'une jeune nymphe, ne s'avise pas d'avoir le ton grivois, dur et altier d'un racoleur;

Que le vieillard ne prenne pas les airs du jeune freluquet;

Que chacun reste dans son véritable caractère, il sera sûr alors d'obtenir les suffrages de la multitude comme celui des vrais connaisseurs.

Il y a un plus heureux emploi à faire des voix et des instrumens que celui de les occuper à franchir sans cesse les bornes naturelles, et exciter par-là la surprise et l'étonnement, c'est celui de tirer parti de leurs véritables moyens pour toucher et pour plaire.

Il y a un malheur pour les instrumens à vent, c'est que les grands compositeurs n'en jouent pas, et que ceux qui en jouent ne sont pas ordinairement de grands compositeurs.

CONCORDANT. Espèce de voix de Taille.

CONDUITE. La conduite d'un Morceau fait juger du génie, du talent et de l'adresse du compositeur. Voyez Compositeur.

CONSÉQUENT. Second membre de la proposition musicale. Voyez Proposition.

CONSÉQUENTE. C'est dans la Fugue la partie qui fait la Réponse. La *Conséquence* est la Réponse elle-même. Voyez Fugue.

CONSONNANCE, 54, 56, 92 et suiv. 154.

CONTRE. Cette Proposition s'applique à toutes les Parties qui chantent ou jouent contre une autre Partie et lui sert de Basse. La Haute-contre sert de Basse à la partie Haute, ou Dessus; la Basse-contre à la Partie de Basse vocale; la Contre-Basse à la partie de Basse instrumentale.

CONTRAINT. La composition contrainte est celle où l'on est astreint à un ou à plusieurs Sujets.

La chaconne ancienne se composait autrefois sur une Basse contrainte, c'est-à-dire sur quatre ou huit mesures qui se répétaient un certain nombre de fois, pendant que le Dessus poursuivait son discours, ou variait sa première période.

CONTR'ALTO. Haute-contre; la plus aigüe des voix d'hommes.

CONTRASTE. Opposition du *forte* au *piano*, du travaillé au simple, du chargé au clair. Il ne faut pas confondre les *disparates* avec les *contrastes*.

Les contrastes évitent la monotonie et l'ennui, les disparates détruisent l'Unité.

CONTRE-FUGUE. Fugue où la Réponse, *la consequenza*, se fait en sens inverse. Voyez Fugue. Il ne faut pas confondre la contre-Fugue avec le double Fugue, ou Fugue à deux sujets.

CONTRE-POINT, synonyme de composition, en général et en particulier de composition scientifique.

Voyez les chapitres XXXIX *et les suivans.*

Tout musicien qui ignore le *contre-point obligé*, ne sait la composition qu'à demi, fût-il même un grand harmoniste, ce qui est très-rare.

CONTRE-SENS. Vice dans lequel tombent journellement les compositeurs qui n'entendent qu'imparfaitement la langue appelée Musique.

Les Paroles faites par les poëtes qui ne sont pas excellens musiciens, ou qui ne se donnent pas assez de peine pour trouver l'expression propre et la mettre à sa place, fourmillent de contre-sens. Cela ne peut pas être autrement puisqu'ils ne voyent dans les notes que des longues ou des brèves, et non la peinture des divers sentimens qu'elles expriment.

CONTRE-TEMS. Un Morceau est écrit à contre-tems, ou à contre-Mesure, quand les *levés* occupent la place des *frappés*. Voyez Propositions.

CORDE GÉNÉRATRICE. Type du système musical. Voyez la page 11, le chapitre XIV, page 214.

CORDES STABLES. La première et la quatrième de chaque tétracorde des anciens, parce qu'elles ne variaient pas, mais formaient toujours entre elles une quarte juste.

Corps sonore. Tout corps qui en résonnant fait entendre un son principal, accompagné de ses harmoniques. Voyez *Corde génératrice*.

Couplets. Voyez Variation.

Crescendo. En allant par une gradation bien ménagée du *piano* ou *pianissimo*, du *forte* au *fortissimo*.

Criarde. Musique criarde où l'on entend beaucoup trop de cris ou d'instrumens criards.

Crier. Un cri bien placé peut faire un grand effet dans une scène tragique; mais quand on crie tout ce qui ne demande que de la force, on ne chante plus, on beugle.

Croque-notes ou Croque-sol. Un Croque-notes est un Musicien qui ne voit dans la musique que des Notes, au lieu d'y voir l'expression des sentimens et des passions.

D.

D. Cette lettre est synonyme de *ré*.

Da capo. Ces deux mots italiens, qu'on écrit en abrégé par D. C. signifient qu'il faut reprendre depuis le *capo*, la *tête* ou commencement du morceau, jusqu'au mot fin.

Descendre. On ne descend réellement, en Musique, que sur le papier et pour les yeux. Sur le Clavier, descendre, c'est aller de droite à gauche. Descendre, pour l'oreille, c'est aller d'un son aigu à un moins aigu, ou d'un son grave à un plus grave.

Dessein. *Sujet* ou *thème* sont synonymes en bien des cas: le dessein général d'un Morceau est la distribution des phrases et des périodes qui le composent. *Haydn* est un modèle parfait dans ce genre. Tout dans ses ouvrages, est mis où il doit être, et rien n'y occupe ni trop ni trop peu d'espace.

Dessus, *Soprano*. La voix la plus aiguë.

Détacher, c'est séparer un son d'un autre par un silence plus ou moins sensible.

Détonner, c'est sortir de l'intonation, c'est chanter ou jouer faux. Le compositeur détonne quand il traite une corde chromatique comme si elle était diatonique. Voyez *Logique*.

Diagramme. C'était chez les Grecs la double gamme.

Dialogue. Morceau d'orgue à deux Chœurs ou seulement à deux Parties.

Diapason. Ce mot signifie chez les anciens l'intervalle de l'octave et quelquefois la gamme elle-même.

Le diapason d'une voix est son étendue du grave à l'aigu. Diapason signifie également l'étendue du système musical, les octaves exceptées.

Il y a aussi un instrument d'acier qui porte le nom de diapason et qui rend le *la*, raison pour laquelle on le nomme aussi *A-mi-la*. Au moyen de ce corps sonore, on peut accorder par-tout les instrumens sur le même Ton.

Diatonique. Voyez Genre.

Diéser une note. C'est y mettre un dièze.

Dièze. Signe fait ainsi ♯ et qui indique qu'il faut hausser d'un semi-ton la note à laquelle il s'applique.

Les Dièzes qui se posent après la Clé servent pour toutes les notes du Morceau, à moins qu'un bécarre n'en ordonne autrement, 363.

Le dièze double, qu'on nomme double-dièze, fait hausser la note de deux semi-tons.

Diminué. Voyez Intervalles.

Diminuer (*sminuire*, en Italien). C'est diminuer la durée des notes et en augmenter le nombre; c'est ce que nous appelons broder ou varier.

Diminution. L'action de diminuer la durée des notes. Voyez diminuer (ce terme a vieilli.)

DIRECT. Intervalle qui n'est pas renversé. Voyez Intervalle.

DISCORDANCE. Voyez Détonner.

DISCORDANT. Son qui ne concorde pas avec les autres Sons.

DISJONCTION. Intervalle qui sépare deux tétracordes.

Dans la gamme vulgaire, *ut ré mi fa — sol la si ut*, il y a une disjonction entre le *fa* et le *sol*, mais il n'y en a pas dans la vrai Gamme *sol la si ut, ut ré mi fa*, parce que ces deux tétracordes sont conjoints par l'*ut* qui appartient à tous deux. Voyez Gamme.

DISSONNANCES *diatoniques en contact*. Ce sont la seconde, la septième et la neuvième. La seconde est en contact avec l'unisson; la septième et la neuvième sont en contact avec l'octave. Voyez les pages 41, 91 et suivantes et les chapitres IX et X.

DISSONNANCES *diatoniques sans contact*. Ce sont la fausse quinte et son renversement le Triton.

DISSONNANCES *chromatiques*. Tous les intervalles chromatiques ou non qui ne forment point octave juste, tierce ou sixte majeures ou mineures, ou quinte juste, sont dissonnans, hors la quarte juste accompagnée de la sixte, car seule elle est dissonnante. La quinte seule ne consonne qu'à demi.

DISSONNANT. Intervalle qui n'est point consonnant.

DITON. Di-ton, deux tons. Les Grecs appelaient ainsi la Tierce majeure, parce qu'elle est composée de deux Tons.

DIVERTISSEMENT. Petit Ballet placé dans un acte d'opéra ou à la fin de l'opéra même. On nommait autrefois divertissemens, *divertimenti* une suite de Morceaux différens composés pour un ou plusieurs instrumens.

DIXIÈME. C'est la Tierce portée à l'octave.

DO. C'est la note *ut*, qui se nomme aussi *ut* en Italie; les Italiens l'appellent *do* quand ils solfient, ce qui est très-bien; car *do* est plus favorable au développement du son, que le mot *ut*, et sur-tout quand il est prononcé à la française, car les Italiens disent *out*.

DOIGTÉ. Le vrai doigté est celui qui est le plus facile et le plus propre au phrasé et à l'expression. Le doigté est pour le Piano et pour la Harpe ce qu'est *la respiration* pour le Chant. Il n'en est pas de même pour le Violon, car c'est l'archet qui en est la respiration. Que les artistes fassent attention au grand sens que ce peu de mots renferme, ils éviteront les nombreux contre-sens qu'ils font en exécutant.

DOLCE, doux.

DOMINANTE. Voyez Corde génératrice, 187, 214, 353 et 354.

DOUBLE. Vieux synonyme de Variation.

DOUBLE-CROCHE. Demi-croche, appelée *Double-croche* parce qu'elle a deux crochets, quand elle est seule de son espèce ou séparée de celles qui la précèdent ou la suivent. Voyez Notes.

DOUBLE EMPLOI. Accord de quinte et sixte, sur la quatrième note du Ton quand il se résout sur l'accord parfait de la Tonique ou sur l'un de ses renversemens, et dont *Rameau*, pour être conséquent aux règles qu'il avait inconséquemment établies sur la Basse fondamentale, a voulu absolument faire un accord fondamental. Voyez les pages 18, 34, 351 à 353.

DOUBLE FUGUE. Voyez le chapitre XXIX, et particulièrement la seconde section, page 535.

DOUBLE SENS. 164.

DUO. Morceau à deux parties obligées, et qui dialoguent d'une manière plus ou moins serrée.

Un Morceau à deux Parties n'est pas un *duo* quand l'une de ces deux Parties n'est qu'accessoire. Voyez les pages 160, 161, 184, 291.

Duo *vocal*. Tout le monde connaît les beaux *Duo* dramatiques de *Gluck*, celui d'Orphée: *Viens, suis un époux qui t'adore*, celui d'Iphigénie: *Ne doutez jamais de ma flamme*; celui d'Armide: *Aimons-nous*, et plusieurs autres d'un mérite plus ou moins parfait.

Je ne finirais pas si je voulais citer tous les beaux *duos* de *Sacchini*.

de *Piccini*, de *Gretry*, de *Paisiello*, de *Cimarosa*, et ceux des autres auteurs qui approchent plus ou moins du mérite de ceux-ci ; mais je n'ai pas besoin de les indiquer aux amateurs distingués, car ils les savent tous par cœur ; je dois me borner à conseiller aux jeunes compositeurs de les prendre pour modèle, après qu'ils en auront bien senti les beautés, examiné la coupe, et étudié la magie.

Durée des notes. Voyez valeur des Notes.

E.

E. Lettre qui désigne le *Mi*.

Échelle musicale. Voyez Système et Gamme.

Écho. Son réfléchi ou renvoyé par un corps solide et qui par ce renvoi ou réflexion, se répète à l'oreille. Il se dit aussi de l'endroit où la réflexion du son s'opère.

Écho ou Réponse, en Italien *Conseguenza*. Voyez le chapitre XXIX, page 201.

Effets. L'étude des effets est, après l'étude de l'harmonie et du contre-point, celle à laquelle le Compositeur doit le plus s'appliquer. Ce sont les causes les plus simples, les plus naturelles qui produisent souvent les plus grands effets. On s'en convainc par l'examen des ouvrages des grands maîtres, non-seulement en musique, mais dans quelque genre que ce soit.

J. J. Rousseau dit avec raison qu'*une longue pratique peut apprendre à connaître les effets, mais qu'il n'y a que le génie qui les trouve*. Cependant comme le génie se développe et se fortifie par l'étude et l'application, et qu'il faut une longue habitude pour pouvoir rendre toujours bien ce qu'il dicte, il ne faut pas se reposer uniquement sur son génie, il faut que l'expérience nous aide à saisir ses intentions et nous les fasse quelquefois deviner.

Échelle. Les sons connus étaient chez les Grecs, les sons musicaux que l'on peut noter ; ceux qui se trouvent dans la mélodie. Les sons tels étaient ceux qu'on ne pouvait apprécier et noter, et qui par-là se trouvaient ce, c'est-à-dire, hors de la mêle ou mélodie.

Éloquence. Si l'éloquence du musicien diffère en quelque chose de l'éloquence proprement dite, ce n'est que parce qu'une langue naturelle diffère nécessairement de tout langage de convention. Sans cette différence naturelle, les préceptes qu'on donne à l'orateur et au poète, seraient en tout les mêmes que ceux qu'on donne au Musicien.

Tous les préceptes sur l'*Éloquence* se réduisent à-peu-près à ceux-ci, soit qu'on s'adresse au Musicien, à l'Orateur ou au Poète. *Soyez suivis et conséquens dans vos propos ou propositions, fleuris dans vos expressions, contrastés dans l'emploi de vos couleurs, gradués dans vos effets*, et frappez de loin en loin des coups inattendus.

Ensemble. Voyez Morceau d'ensemble et finale.

Ensemble *dans l'exécution*. Voyez Orchestre.

Ensemble *Harmonique*. Voyez Accords et Harmonie.

Entonner juste, est opposé à détonner.

Entonner, signifie aussi commencer. On ne dit pas commencer le *Te deum* ; on dit entonner le *Te deum*.

Entrée. L'entrée d'une partie est le moment où elle prend la parole. On appelle aussi *Entrée* la Ritournelle pendant laquelle un acteur entre en scène.

Eptacorde, qui est composé de sept cordes. Telle est la Gamme *sol la si ut ré mi fa*.

Exécutant. Chacun des Musiciens, professeurs ou amateurs qui exécute de la musique dans un concert ou dans un orchestre.

Exécution. Elle peut être chaude, brillante. Pour être tout ce qu'elle doit être, il faut qu'elle ait toutes les qualités qu'on exige dans le jeu d'un acteur parfait. Il faut que l'exécutant sache faire comprendre la ponctuation des phrases par la liaison et par l'accentuation des notes.

Expression. Un Morceau a de l'expression , quand ce qu'il peint est exprimé d'une manière très sensible. L'expression, dans le compositeur comme dans l'exécutant, tient à la sensibilité du cœur, à la chaleur de l'ame et à la vivacité de l'esprit. Toute Musique sans expression doit être jetée au feu. Tout homme qui manque d'ame n'est pas né pour être musicien.

Expression (la vraie). C'est dans la Composition , l'emploi des véritables cordes, le mot propre. Dans l'exécution , c'est le véritable accent et le juste degré de douceur ou de force appliqué à chaque note.

F.

F. Lettre qui désigne le *Fa*.

Face. Un accord parfait a trois faces directes , et un accord de septième en a quatre ; page 45 et 56.

Fantaisie. Morceau dans lequel le Compositeur sort de la coupe ordinaire des morceaux.

La *Fantaisie* doit présenter quelque chose d'original, de recherché et de recherchable.

Il n'appartient qu'à l'homme de génie et qui a la facilité d'improviser , de faire des CAPRICES : il n'est permis qu'aux savans d'écrire des fantaisies, parce qu'il faut y remplacer par la profondeur ce qu'on ôte à la régularité. Il faut donc faire des papillotes de la plupart des fantaisies qui existent. Les Compositeurs donnent quelquefois le nom de caprices à leurs Fantaisies. Quelques-uns aussi contiennent des airs Variés , et rentrent , à peu de chose près , dans le genre des variations régulières.

Fausse quinte ou *quinte mineure*. Voyez la note de la page 87 ; puis les pages 99, 100, 102, 109, 215 et 342.

Fausset. Portion aiguë de la voix dont les sons ne se tirent pas de la poitrine, mais de la tête. Les Basse-tailles prennent le fausset entre le *re* et le *sol* ♯ du milieu du clavier ; la haute-contre entre *sol* ♯ et l'*ut* ; les dessus ou voix de femmes , une octave plus haut.

Faux. Tout ce qui n'est pas juste , soit en soi-même , soit comparativement.

Faux-bourdon. Plainchant sur lequel on forme un contre-point simple à quatre parties , et note pour note.

Feinte. Mot suranné qui désignait un *dièze* ou un *bémol* quelconque et qui n'aurait jamais dû s'appliquer qu'au dièze ou au bémol chromatique, parce qu'au moyen d'un tel bémol ou dièze on feint de passer dans un Ton où l'on n'entre pas , au lieu que le dièze ou le bémol diatonique ne feint rien.

Figurer. Un Accord n'est point une figure , mais il en prend une dès que l'une ou l'autre des Parties de cet accord fait entendre plusieurs notes différentes , prises ou non dans l'accord même , ou quand elle répète plusieurs fois la même note. On peut figurer plus ou moins chacune des parties du même accord ou de chaque accord. Voyez Variation et Broderie , et les chapitres XVIII. XIX , XX et XXI , et page 179.

Filer. Filer un Son , c'est le soutenir long-tems , soit avec égalité , soit en *crescendo et diminuendo*.

Finale. Morceau d'ensemble par lequel les Italiens terminent brillamment et sans confusion, un acte d'opéra. Les poëtes Français, en général , trop peu au fait de la coupe des morceaux lyriques , ne savent ni amener , ni développer une finale. Il est vrai que plusieurs de nos Compositeurs ne seraient pas moins embarrassés d'en faire la Musique. Quelques-uns méprisent les finales Italiennes, comme le *Renard* de la fable méprise les raisins qu'il ne peut atteindre.

Ils sont trop verts et bons pour des goujats.

Ces mêmes hommes proposeraient volentiers aux Italiens l'entière suppression de ces morceaux précieux, et cela , avec le même désintéressement que le *Renard sans queue*, proposait à ses confrères de se faire couper la leur. Mais ces grands tableaux puissamment animés, où le génie et le savoir étalent avec magnificence leur trésor et leurs richesses, se conserveront en dépit de ceux qui voudraient les voir disparaître, afin qu'on ne pût plus mesurer la distance immense qu'il y a entre ces belles finales et un petit chœur bien mesquin et bien retréci, sorti de leur plume.

FINALE, (la note) est la Tonique.

FLEURETIS. Vieux mot synonyme de fleuri.

Le Fleuretis est le contre-point fleuri ou figuré.

FREDON. Ce mot ne se prend plus qu'en mauvaise part, et désigne un agrément de mauvais goût.

FREDONNER. On dit d'un homme qui a l'habitude de chanter à demi voix, en marchant, qu'il fredonne sans cesse.

Fredonner est aussi préluder bien ou mal avec la voix.

FUGUE. Chap. XXXIX, art. 216 page 317. On distingue dans la fugue, le sujet, la *conséquence* ou *réponse*, *l'attaque* et *l'andamento* ou *promenade*.

Le Sujet ou Thème est la phrase par laquelle commence la fugue.

La *Conséquence* est l'écho, l'imitation du Thème que l'on nomme aussi Réponse;

L'attaque est un petit Sujet de deux ou trois notes tiré ou non du Thème,

L'*Andamento*, la *Promenade* est une espèce d'ajouture que l'on place, dans une *Révolution du Sujet*, après le Sujet et ses Réponses ou conséquences, pour laisser reposer le Thème et séparer une *Révolution* du Sujet de la suivante. En un mot, c'est un hors-d'œuvre.

G.

G. Cette lettre désigne le *sol*.

GAMME. Échelle musicale, système mélodique.

La *Gamme* est la Mélodie fondamentale et élémentaire.

La Gamme diatonique vulgaire est composée de deux tétracordes disjoints; mais comme deux tétracordes disjoints ne forment pas réellement une Gamme mais un *octenaire* ou *octave*, il s'ensuit que les notes *ut ré mi fa sol la si ut* sont un octenaire et non une Gamme. Les notes *sol la si ut ré mi fa*, forment la vraie Gamme de ce Ton parce qu'elle est la série la plus fondamentale, la plus élémentaire, la plus simple et la plus harmonieuse que l'on puisse former graduellement avec ces sept notes. Voyez les pages 9, 11, 25, 201.

La Gamme harmonique est *sol si ré fa la ut mi*, ou plutôt *sol si ré fa la sol mi ut*.

GAVOTTE. Air de ballet à deux tems et qui commence en levant.

GÉNIE. Le *Génie* est cette faculté sublime de l'esprit qui le rend propre à engendrer. C'est une sorte de terrein précieux dans lequel nos propres semences et celles d'autrui germent, croissent et multiplient. Quelque fort et robuste que soit le génie, il a besoin de s'appuyer sur le savoir, sans quoi il ressemble à ces arbres trop hâtifs qui donnent des fleurs et point de fruits ou n'en produisent que d'imparfaits.

Rousseau a dit: Si vous n'avez pas de *génie*, faites de la musique française, c'est-à-dire faire du Contre-point comme on en faisait au seizième et dix-septième siècles et tels qu'on en chantait dans les cathédrales, en France et en Italie même. Mais je dirai plus, si vous n'avez pas de génie, copiez de la Musique, arrangez-en si vous en avez le talent, mais abstenez-vous d'en faire.

Mais n'est-ce pas condamner à l'inaction la plume de la plupart des musiciens? Oui, sans doute. En ce cas, parlez plus bas, et ne faites pas lire votre livre ni aux graveurs, ni aux mauvais compositeurs, car ils le déchireront.

GENRE. On dit ordinairement qu'il y a trois genres, le diatonique, le chromatique et l'enharmonique. Mais on ne doit pas croire pour cela qu'il soit possible de faire de la Musique toute chromatique ou toute enharmonique : on n'en peut faire que de la diatonique mêlée ou non de nuances chromatiques, et avec ou sans nuances enharmoniques. Voyez le chap. XXXIV où l'on traite du grand système musical et de la logique.

GIGUE. Air de danse à ⁶⁄₈.

GOUT (le) a sa source dans la finesse de l'esprit et dans la délicatesse du cœur. Il sait orner et embellir le sentiment et la raison. Il ne faut pas le confondre avec l'expression. Celle-ci appartient à la sensibilité du cœur et à la chaleur de l'âme.

Fontenelle avait, comme homme et comme écrivain, beaucoup de goût, J.-J. Rousseau beaucoup d'expression. Gluck avait comme musicien, plus d'expression encore que de goût. Mozart a quelquefois réuni l'un et l'autre au plus haut degré.

La perfection consiste à appliquer à chaque chose la dose de goût ou d'expression dont elle est susceptible.

GRAVE, l'un des mouvemens.

GRAVE est opposé à aigu : plus les vibrations d'un corps sonore ou résonnant sont lentes, et plus le son qu'il rend est grave. V. Son.

GROUPE. On appelait Groupe quatre croches ou doubles-croches, telles que *re ut si ut*, *mi re ut re*.

GUIDE (le) en Italien la *Guida*, est dans une Fugue, la Partie qui énonce le Sujet.

GUIDON. Signe qui se mettait et se met quelquefois encore au bout d'une Portée pour indiquer par quelle note commence la Portée suivante qui appartient à la même Partie.

H.

H, lettre qui désigne en Allemagne le *si*.

HARMONIE. La science qui apprend à composer les accords et à en faire usage.

Voyez depuis le chap. IV jusqu'au XXXVe. et sur-tout le XXXVIIe.

HARMONIEUX, ce qui a un ensemble qui fait plaisir. Cela tient en musique aux rapports qu'ont entre elles les proportions des différentes cordes qui se font entendre à-la-fois. Une figure harmonieuse est celle qui se rapproche le plus du type du beau.

HARMONIQUE, qui appartient à l'Harmonie, à l'ensemble des sons.

HARMONISTE. Celui qui connaît les accords et leur emploi.

HAUTE-CONTRE. La plus aiguë des voix d'hommes.

HEPTACORDE, qui a sept cordes.

HIÉRARCHIE. Il est une sorte d'Hiérarchie parmi les cordes d'un Ton. Voyez Ton.

HYMNE CHRÉTIEN. Chant sacré en l'honneur de Dieu ou des saints.

HYMNE PAYEN, chant en l'honneur des dieux ou des déesses.

I.

IMITATION. 262. Voyez aussi contre-point à la seconde, à la tierce, à la quarte, à la quinte, à la sixte et à la septième, et les contrepoints doubles, triples et quadruples.

IMPROVISER. L'Improvisateur est le Musicien né qui fait de la Musique comme un rosier porte des roses. Une dame de beaucoup d'esprit a dit de l'inimitable La Fontaine qu'il faisait des fables comme un poirier porte des poires. C'est avec cette même facilité que le grand improvisateur doit pouvoir faire parler à son gré toutes les passions et exprimer tous les sentimens. *Mozart* improvisait à sept ans, il improvisait aussi à trente, mais c'était d'une toute autre manière. S'il était à sept ans bien au-dessus de tous les enfans de sa profession et de son âge, et au-dessus même de plusieurs hommes faits ; à trente, il laissait bien loin derrière lui tous les compositeurs du monde, à quelques exceptions près.

INTERMÈDE. Petite comédie ou drame lyrique qui se jouait entre deux actes d'un grand opéra. *Le Devin du Village* se jouait ainsi dans son origine.

INTERVALLE. Un intervalle se compte d'après le nombre de degrés qu'il y a à monter ou à descendre pour aller d'une note à l'autre.

Quand l'ut♯ ou l'ut♭ est posé sur la même ligne que l'ut naturel, de l'ut à l'ut♯ ou de l'ut à l'ut♭ ou de l'ut♭ à l'ut♯, il n'y a pas un intervalle, mais un faux unisson parce qu'il n'y a point sur le papier de degré à monter ou à descendre en allant de l'une de ces cordes à l'autre. Mais de l'ut au ré♭ ou de l'ut au si, il y a un intervalle, parce que, pour aller d'ut au ré♭ il faut monter d'un degré ou descendre d'autant pour aller d'ut à si. Ce ne sont donc pas les touches ou les cordes qui forment les degrés, mais l'appellation de ces touches ou degrés.

Quand on monte ou descend d'un degré on forme un intervalle de seconde ou deuxième, parce qu'on passe sur deux degrés différens. Quand on monte ou descend de deux degrés, on forme une tierce ou troisième, parce qu'on passe sur trois degrés différens. Il y a une tierce de l'ut au *mi*, soit que l'on passe d'*ut* à *mi*, en faisant le *ré* entre ces deux notes, ou soit que l'on franchisse le *ré*. Cela doit s'entendre également de chaque intervalle. Cependant je préférerais qu'on nommât *ternaire* les trois notes *ut ré mi*, et tierce *ut mi*; *quaternaire*, *ut ré mi fa*, et quarte *ut fa*; *quintenaire*, *ut ré mi fa sol*, et quinte *ut sol*; *sixtenaire*, *ut ré mi fa sol la*, et sixte *ut la*; *Septenaire*, *ut ré mi fa sol la si♭*, et septième *ut si♭*. Voyez page 263.

Table des intervalles.

La seconde mineure est l'intervalle de deux degrés composant un semi-ton.

La seconde majeure est le même intervalle composé de deux semi-tons ou d'un Ton.

La seconde superflue est composée de trois semi-tons ou d'un ton et demi.

La tierce diminuée est l'intervalle de trois degrés composant deux semi-tons.

La tierce mineure, est composée de trois semi-tons.

La tierce majeure, de quatre semi-tons.

La quarte juste, de cinq demi-tons.

La quarte superflue ou triton, de six demi-tons.

La quinte mineure, appelée fausse quinte, de six demi-tons.

La quinte juste ou majeure, de sept demi-tons.

La quinte superflue, de huit semi-tons.

La sixte mineure, de huit semi-tons.

La sixte majeure, de neuf semi-tons.

La sixte superflue, de dix semi-tons.

La septième diminuée, de neuf semi-tons.

La septième mineure, de dix semi-tons.

La septième majeure, de onze semi-tons.

L'octave, de douze semi-tons.

Renversement des intervalles.

1	2	3	4	5	6	7	8
8	7	6	5	4	3	2	1

Voyez la Table des intervalles qui entrent dans la composition des Accords, page 210.

Si l'on considère cette table comme celle des intervalles véritablement *harmoniques*, il faut en retrancher la seconde mineure, la tierce diminuée et la septième majeure qui manquent de subordination, et ne peuvent se faire entendre *sans préparation*, et sans former une discordance. Il faut donc ajouter ces trois intervalles à la table des intervalles *mélodiques*, laquelle, au lieu de dix intervalles en présentera treize.

INTONATION, est juste ou fausse, trop haute ou trop basse, trop forte ou trop faible. Voyez ENTONNER.

J.

JEU. Manière dont un instrumentiste joue de son instrument. Il se dit particulièrement de l'orgue et du piano. J'aime le jeu de tel organiste; tel pianiste a le jeu très-brillant; tel autre manque de netteté; quelle légèreté et quelle vélocité dans les doigts de celui-ci, mais en revanche comme cet autre a la main lourde! On peut dire d'un Morceau exécuté par ce jeune homme qu'il est bien frappé. Est-il l'élève de *Clementi* ou de *Cramer*; non sans doute, car il ne frapperait pas ainsi.

JOUER. Comme en Italie on dit *sonare*, en France on dit *jouer* d'un instrument quelconque; cependant, quoiqu'en dise *Rousseau*, je ne vois pas qu'il y ait de la pédanterie à dire *jouer de l'Orgue*, *sonner de la Trompette*, *donner du Cor*, *toucher le Piano*, *pincer la Harpe ou la Guitarre*.

L.

LA, sixième note de la Gamme d'*ut* majeur.

LEVÉ. Tems *levé*, voyez MESURE.

LIAISON ou *lien*. Ligne courbe au moyen de laquelle on attache ensemble deux notes qui représentent la même corde pour indiquer que l'on ne doit pas prononcer la seconde, mais prolonger la première de toute la valeur de celle-ci.

On se sert aussi de la liaison pour indiquer que toutes les notes qu'elle embrasse doivent être liées et faites d'un seul coup d'archet ou tout d'une haleine.

La *Liaison d'Harmonie*, pag. 356.

LICENCE. Une licence est un cas imprévu par celui qui a établi une règle, mais ce cas ne peut déroger au principe dont la règle elle-même est une conséquence, une suite naturelle.

On ne peut jamais déroger à un principe sans faire une faute ou sans renverser le principe, car un principe n'est tel qu'autant qu'il ne souffre aucune exception; une règle, au contraire, peut en admettre plusieurs.

Pourquoi admet-on des *licences* dans les beaux-arts?

C'est parce que ce sont des demi-savans qui en ont tracé les règles. S'ils avaient connu à fond l'art dont ils ont traité, ils auraient classé les licences parmi les exceptions prévues, et non parmi les infractions, car une exception peut exister avec des principes et des règles, mais une seule infraction détruit et les règles et les principes.

La *Licence* qui est permise est donc celle qui n'est qu'*une extention de la règle*, et non celle qui en est la *violation*.

LIGATURE. Vieux synonyme de liaison et de lien.

LIGNE. Cinq lignes droites, parallèles et horizontales forment la Portée musicale. Voyez Portée.

LOURER, c'est lier les notes à la manière dont la voix lie les sons.

M.

MADRIGAL. Musique faite sur des Madrigaux; celle que l'on faisait en Italie au seizième siècle, était ordinairement d'un contre-point recherché. Voyez les Duos de *Durante* et pour exemples plus anciens i *Nervi d'Orfeo*, à la bibliothèque impériale.

La Musique française que l'on faisait il y a un siècle, ressemblait à ce genre de Musique, mais celle qui se fait actuellement en France par ceux qui savent la composition et qui ont du véritable génie, tient le milieu entre la bonne musique allemande et la musique italienne de nos jours. Quant à celle qui est composée par des Italiens, des allemands ou des français bien ignorans et pleins d'impudence, qui, se disent maîtres et qui ne sont pas même des écoliers passables, elle ressemble à tout et ne ressemble à rien.

MARCHE. Air militaire à deux tems lents ou à quatre tems vites, qui s'exécute pendant la marche grave d'un régiment ou d'une troupe quelconque.

MÉDIANTE. C'est la note du milieu de l'accord parfait de la Tonique. Dans *ut mi sol* c'est *mi*. La note du milieu de tout autre accord parfait que celui de la note Tonique, n'est point une médiante.

MÉDIUM. Octave du milieu du clavier ou d'une voix.

MÉLODIE. *Melos*, *le miel* de la Musique, le chant principal d'un Morceau soit vocal, soit instrumental. Plus ce chant, qui est à la Musique ce que le visage est au corps humain, a de physionomie et d'expression, et plus il est parfait en lui-même.

MÉLODIEUX. Ce qui est chantant par excellence et d'une expression tendre et gracieuse.

MÉLOPÉE. C'était anciennement l'art de composer ou de varier régulièrement un chant.

La Musique des Grecs, simple comme le Plain-chant, avait des bornes très-limitées, mais celle des modernes infiniment étendue, paraît n'en plus avoir, et cependant elle en a de réelles que nous avons la gloire d'établir dans le chapitre où nous traitons de la Logique.

MENUET à l'allemande est un Morceau à trois tems qui se joue *allegro* ou *allegretto*. Le *Menuet* à la française se joue *Andante*. Voyez Walze.

MESURE. La durée d'une Proposition harmonique. Page 408 et pages 38, sixième alinéa ; page 281, septième alinéa.

MÉTRIQUE. Musique métrique, celle dont les pieds des vers sont ordonnés et symétriques.

Les vers d'une semblable Musique sont nécessairement rhythmés. Voyez page 416, art. 20, 21, 22 et 23.

MI, troisième note de la Gamme majeure d'*ut*.

MODE, signifie ordre, arrangement, manière, façon. Ce mot n'est pas féminin, comme la *Mode* qui signifie la manière du jour, à l'égard de la parure et des vêtemens ; il est masculin comme les Modes des verbes. Il y a quatre manières ou modes principaux dans les verbes, mais il n'y en a que deux dans la musique, le *Mode majeur* et le *Mode mineur*.

Mais les Grecs n'avaient-ils pas sept Modes dont chacun se divisait en authentique et en plagal? Oui; ils étaient donc plus riches que nous? Au contraire, ils l'étaient infiniment moins, mais il est tout simple qu'ils se trouvassent sept Modes divisibles en principaux et en accessoires, puisqu'ils comptaient pour un *Mode* chaque manière d'aller graduellement dans le même Ton d'une note à son octave.

Chez les grecs *ut ré mi fa sol la si ut*, était le Mode *Dorien*.

Ré mi fa sol la si ut ré, le Mode *Phrygien*.

Mi fa sol la si ut ré mi, le Mode *Lydien*.

Fa sol la si ut ré mi fa, le Mode *Mixo* ou *Myxo-Lydien*.

Sol la si ut ré mi fa sol, l'*Éolien* ou *Hypo-Dorien*.

La si ut ré mi fa sol la, l'*Ionien* ou *Hypo-phrygien*.

Si ut ré mi fa sol la si, le *Sur-Ionien* ou *Hypo-Dasien*.

Chez nous, tous ces Modes ne sont que le Ton et le Mode majeur d'*ut*, parce que nous faisons abstraction pleine et entière des *Modes Mélodiques*, à cause que, pour l'ordinaire, notre système est complètement harmonique. Pourquoi notre système est-il ordinairement harmonique? Parce qu'en outre des unissons et des octaves, nous faisons entendre à-la-fois plusieurs autres cordes différentes. Et pourquoi ce système détruit-il les Modes Mélodiques? Parce que ce qui est vague et indéterminé quand une seule note se fait entendre, cesse de l'être quand deux ou trois autres cordes se joignent à cette note et déterminent sa signification.

Ainsi, en outre des sept Modes Mélodiques des Grecs, dont nous faisons de tems en tems usage *quand nous n'employons que des unissons ou des octaves*, nous avons les *deux Modes harmoniques* dont un est le majeur et l'autre le mineur. Nous avons donc neuf Modes tandis que les Grecs n'en avait que sept.

Le Mode majeur est celui dont la tierce de la Tonique est composée de quatre semi-tons, et la sixte de neuf semi-tons. Le Mode mineur est celui dont la tierce de la Tonique et la sixte sont chacune plus petite d'un semi-ton, et c'est de-là que lui vient le nom de Mode mineur.

Dans le Mode mineur, la septième de la Tonique est-elle diatoniquement majeure ou est-elle mineure? J'avais d'abord envisagé le Mode mineur, comme n'étant que le Mode majeur dans lequel on substituait deux cordes chromatiques, (la tierce et la sixte mineures,) à deux cordes diatoniques, (la tierce et la sixte majeures ;) et dans cette hypothèse la septième était naturellement majeure et diatonique. Mais ayant reconnu ensuite et en établissant mon grand système musical complet, chap. XXXIV, que le Mode mineur n'était réellement que le Mode majeur lui-même, non-considéré d'après un même centre ou Tonique comme je l'avais fait dans le chap. XXIII, mais d'après un autre centre ou Tonique, il s'ensuit que, dans le Mode mineur, la septième mineure est diatonique, ainsi que la tierce et la sixte elles-mêmes; car la Tonique du Ton mineur, Ton qui se forme des vingt-sept mêmes cordes que le majeur auquel il est relatif, est la septième note de ce Ton majeur, et non pas la première.

Ainsi donc les vingt-sept cordes *fa ut sol re la mi si , fa*✕ *ut*✕ *sol*✕ *re*✕ *la*✕*, mi*✕ *si*✕ *fa+ ut+ sol+ et si mi la re sol ut fa ,* (1), *si*♭ *mi*♭ *la*♭ *re*♭ *sol*♭, *ut*♭ *fa+ si*♭♭ *mi*♭♭ *la*♭♭ sont celles du Ton d'*ut* mode majeur, et celles du Ton de *la*, mode mineur, et non pas celles du Ton d'*ut* mineur. En conséquence, il faut regarder comme nul et non avenu tout ce qui se trouve de contraire à cette doctrine, dans le chapitre XXIII et ailleurs, et ne suivre à cet égard que ce qui est dit chapitre XXXIV, ou ce qui vient à l'appui de cette vérité qui y est énoncée.

Modulation. La Modulation est composée des vingt-sept cordes d'un Ton, ou d'une portion seulement de ces vingt-sept cordes employées relativement au mode majeur ou au mode mineur. On entend aussi par *Modulation*, le passage d'un Ton à un autre. Voyez le chap. XXXVIII. Voyez Ton.

Moduler, c'est faire usage d'une Modulation ou Ton, ou successivement de plusieurs Tons ou Modulations. Voyez chap. XXXVIII.

Monocorde. Le *Mono-corde* est ce qui n'a qu'une corde, *Mono* signifiant un ou une.

On donne aussi ce nom à une espèce de Piano qui n'a qu'une corde pour chaque touche. Mais le Monocorde dont on se sert pour constater les proportions harmoniques est une corde à boyau ou une corde de laiton tendue sur une planche ou sur une table d'harmonie.

Monodie se disait d'un morceau à une seule Partie et par opposition à *Chorodie* qui est composée de plusieurs Parties.

____

(1) Dans les vingt-sept cordes on ne compte pas *si mi la re sol ut fa*, parce qu'elles sont les mêmes que *fa ut sol re la mi si*; autrement il faudrait compter trente-quatre cordes dans le système complet et non vingt-sept seulement. Voyez Logique.

MONOLOGUE. Scène où il n'y a qu'un seul acteur sur le théâtre, qui se parle à lui-même ou s'adresse aux Dieux ou aux absens.

MONOTONIE. C'est proprement un chant fait sur une seule et même corde ou Ton. Il n'est plus en usage qu'au figuré, et se dit d'une Musique dont la mélodie et l'harmonie manquent de variété.

MONTER. C'est, pour l'oreille, aller d'un *son* à un autre moins grave ou plus aigu. Cela s'appelle monter, parce que sur le papier on monte toutes les fois qu'on va d'un *son* à un autre moins grave ou plus aigu; à moins que l'on ne change de *clé*. Voyez Descendre.

MORCEAU., Pièce. Plus un Morceau a d'unité et de variété, et plus il a de mérite.

MOTIF, Sujet, Dessein principal par lequel on commence un Morceau. Plus un Morceau a d'*unité*, et plus tout ce qui le compose sort directement ou indirectement du *motif* ou Thème, ou des Motifs qui le composent, car il est rare qu'il n'y ait pas plusieurs desseins ou thèmes dans un Morceau.

MOTET. Morceau de Musique d'église.

MOUVEMENT. Le *Mouvement* d'un Morceau est le degré de vitesse ou de lenteur dans lequel il doit être exécuté. Ralentir un mouvement, en musique, c'est non-seulement comme si l'on aggrandissait dans la peinture chaque trait de l'objet que l'on peint; mais c'est encore refroidir l'action, et, par conséquent, ôter de la vie à cet objet. Presser un mouvement, c'est non-seulement rappetisser toutes les proportions d'un objet; mais c'est aussi en augmenter l'action et la vie, et l'un ou l'autre ne peut se faire sans dénaturer plus ou moins le Morceau que l'on exécute.

Ce n'est plus, comme autrefois, par l'espèce des notes employées pour écrire un morceau que l'on juge du mouvement de cette pièce; ce mouvement s'indique depuis longtems par *un ou deux mots Italiens* écrits en tête du Morceau.

Ces mots sont, en allant du lent au vite, *Largo, Adagio, Andante, Allegro* et *Presto*.

Mais il est des *Adagio* qui vont plus lentement que certains *Largo*, et d'autres qui vont plus vite que certains *Andante*; en sorte que ces indications n'ont rien de bien précis. Pour leur donner plus de justesse, on y joint les adverbes *più*, plus; *molto*, beaucoup; *poco*, un peu; *ma non troppo*, pas trop; où l'on se sert des diminutifs, *Larghetto, Andantino, Allegretto*, ou des augmentatifs, *Allegrissimo, Prestissimo*.

On se sert aussi de termes qui indiquent le caractère du Morceau en même-tems que son degré de vitesse; tels sont *Agitato*, agité; *Vivace*, avec de la vie; *Gustoso*, avec goût; *Con brio*, avec noblesse; *Amoroso*, avec tendresse. Mais tous ces termes ont besoin d'être interprétés par un bon Musicien, pour avoir dans la tête de l'exécutant la même valeur que dans celle du Compositeur. Pour obvier à l'imperfection de ces termes, on avait imaginé un *Chronomètre*, ou pendule divisé en un grand nombre de degrés; mais quoique cela fût très-bien vu, on n'en a pas fait usage.

NUANCES. Mutations des noms des notes quand on chante par transposition, et plus particulièrement quand on solfie avec six noms de notes, comme cela se pratiquait avant l'invention du *si* ou avec quatre seulement, comme cela est d'usage encore en Angleterre.

MUSETTE. Air propre à être joué sur l'instrument qui porte ce nom, ou à en rappeler le genre.

MUSICIEN. Cette épithète se donne à celui qui compose de la Musique, comme à celui qui l'exécute. Mais de tel Musicien à tel autre, il y a aussi loin que de cet écrivain du coin, digne secrétaire de nos servantes, à *Voltaire* qui était aussi un écrivain.

Boëce ne voulait pas honorer du nom de Musicien celui qui ne sait qu'exécuter la Musique. Il est vrai qu'on ne donne pas le nom de poète à l'acteur qui exécute ou joue les tragédies ou comédies en vers; mais on nomme peintre celui qui barbouille la muraille d'un cabaret, comme celui qui a fait le tableau de la *Transfiguration*.

Si le genre d'instruction que demande l'art seul de bien exécuter la Musique n'était pas séparable de toute autre espèce d'études, on ferait beaucoup plus de cas qu'on ne fait des Musiciens, car il faut plus de talent naturel et acquis, et bien plus de tems pour faire un bon exécutant en Musique, que pour faire un bon négociant, un bon notaire, et un assez bon mathématicien ; et pour être un grand compositeur, il ne faut pas moins de naturel et d'application que pour devenir à-la-fois un grand poète et un grand littérateur.

Je n'appelle pas grand compositeur celui qui, né avec beaucoup de génie pour la Musique, ignore cependant et l'Harmonie et le contrepoint, car il n'est capable de rien créer de grand et de soutenu, ni de rien écrire avec pureté. Il peut produire une belle période ou deux tout au plus ; mais à la troisième et aux suivantes, et même dans les accompagnemens des deux premières, on reconnaît l'ignorant, parce qu'en cet endroit où le génie nous abandonne, l'Art doit venir à notre secours ; et comme l'art est presque nul pour celui qui n'a pas fait de bonnes études, il s'ensuit que l'éruption du génie faite, un tel compositeur est sans aucun moyen, et tombe aussi bas que le dernier d'entre eux.

MUSIQUE. Voyez le chap. I.

N.

NEUVIÈME. Intervalle qui est l'octave au-dessus de la seconde.

NOELS. Airs anciens et populaires qu'on chante aux approches de Noël, et dont les paroles ont rapport à la naissance de Jésus-Christ ; on les exécute aussi sur l'orgue, malgré que la plupart de ces Airs aient été profanés par des paroles assez peu édifiantes.

NOEUDS. Les deux extrémités de chaque division naturelle d'une corde qui vibre.

NOTER. Voyez Notes.

NOTES. Caractères avec lesquels on désigne et nomme les sons. Chaque note n'équivaut point seulement à une lettre, comme on le croit communément, mais à un mot tout entier ; car une lettre n'est qu'un des élémens d'un mot écrit, et ne signifie rien quand elle est isolée, à moins que ce ne soit un *a* lequel marque à lui seul la troisième personne du présent de l'indicatif du verbe *avoir* et ainsi de quelques autres mots *monolettres* ; mais en Musique, un Son est toujours un mot tout entier ; et un accord où plusieurs notes se font entendre à-la-fois est un substantif revêtu de ses bonnes ou mauvaises qualités, de ses adjectifs ou qualificatifs.

Avant qu'on eût inventé les signes qui sont de nos jours en usage pour noter ou écrire la Musique, chaque pays avait son écriture musicale particulière ; mais on a trouvé les signes inventés du tems de *Gui*, qui vivait au onzième siècle, et perfectionnés depuis, si commodes que presque toutes les nations les ont adoptés, en sorte que cette écriture est devenue une véritable *Pasigraphie*, une langue universelle (1).

______

(1) Le mot *Pasi-graphie* est composé des deux mots Grecs, *Pasi*, à tous, et *Graphô*, j'écris. Dans cette langue dont M. De Maimieux (ancien major d'infanterie, et membre de l'académie des sciences de Harlem) est l'inventeur, on traduit toutes les *idées* au moyen de douze signes. Il serait à souhaiter que tous les vrais amis des sciences et du perfectionnement de la raison humaine fissent usage de ce nouvel idiôme, plus philosophique et infiniment plus simple que tous ceux qui existent. J'apprends avec un vrai plaisir et pour la propagation de cette langue et pour la satisfaction de son auteur, que M. Frochot, conseiller-d'état, préfet du département de la Seine, vient d'autoriser un cours public de Pasigraphie dans le local de la Bibliothèque de la rue Saint-Antoine.

Il y a deux choses à considérer dans chaque Note, son degré de gravité ou d'aigu et sa durée.

C'est à l'aide de cinq lignes, auxquelles on ajoute momentanément au-dessus ou au-dessous, selon le besoin qu'on en a, et au moyen des Clés, que l'on figure le degré de gravité ou d'aigu d'un Son. Sa durée est désignée par la figure de la note. La position de la Note ne désigne donc que le degré qu'elle occupe dans l'échelle des Sons, c'est sa figure qui désigne sa durée relativement à la Ronde qui est l'objet de comparaison.

Il y a huit ou neuf espèces de Notes, savoir: les Rondes, les Blanches, les Noires, les Croches, les Doubles-Croches, les Triples - Croches, les Quadruples-Croches, les Quintuples-Croches et les Sextuples-Croches. Voyez en le tableau pl. A, fig. 40.

Chaque espèce se divise en deux classes, et sur tout à partir des croches.

Les Notes de la première classe valent chacune la moitié de l'espèce au-dessus, celle de la seconde classe ne valent que le tiers.

Ainsi, il faut trois croches de la seconde classe pour une Noire de la première classe; trois doubles-croches de la seconde classe pour une croche de la première, Voyez l'échelle de proportion, fig. A, pl. 40.

Il faut pareillement trois noires de la deuxième classe pour une blanche de la première classe, et trois blanches de la seconde classe pour une ronde; mais il est très-rare qu'on se serve de blanches et même de noires de la deuxième classe.

On met ordinairement un 3 par-dessus les Notes de la seconde classe, de quelqu'espèce qu'elles soient, pour désigner qu'il en faut trois et non deux pour une Note de l'espèce au-dessus. On augmente la valeur ou durée d'une note de moitié, en mettant un petit point après elle. Le second point que l'on place après un autre, ne vaut que la moitié du premier, le troisième la moitié du second.

On augmente aussi la durée d'une note en l'attachant à une autre qui est de la durée que l'on veut ajouter à la première.

Notes. Il n'y a que sept Notes, parce qu'après sept Cordes diatoniques on ne trouve que les octaves de ces sept mêmes Cordes. Quand aux Cordes chromatiques, c'est avec raison qu'on leur donne le même nom qu'aux diatoniques, en y ajoutant seulement l'épithète de dièze, de bémol, ou de bécarre, double ou simple, car ces cordes ne sont que les diatoniques elles-mêmes modifiées. Les Cordes enharmoniques n'étant que les chromatiques modifiées, elles ne doivent pas non plus porter d'autres noms que les chromatiques. Donc, il n'y a que sept Notes dans la Musique, mais il y a vingt-sept cordes dans le grand système musical pratique, ainsi qu'il est établi chap. XXXIV. Voyez Logique, Genre et Mode.

Il y a toujours eu sept Notes dans la Musique, même dans le tems où l'on nommait les sept Notes avec quatre noms seulement, comme chez les Grecs, avec *Te*, *Ta*, *Thê*, *Tho*, ou, chez les Anglais, avec *mi*, *fa*, *sol*, *la*, parce que la Musique étant indépendante de la volonté de l'homme, son système est aussi invariable que la nature elle-même, mais sa théorie et sa pratique peuvent être plus ou moins parfaites et plus ou moins avancées. *Gui*, d'*Arezzo*, ville d'Italie, n'a donc point ajouté de Notes à la Musique, il n'a ajouté que des noms pour désigner ces Notes. Nul être au monde ne peut ajouter rien au système musical, fût-il le plus instruit des mortels, et vécût-il dix mille ans; mais on pouvait mieux connaître ce système qu'il ne l'avait été jusqu'ici, et l'auteur de cet ouvrage ose se flatter d'en donner ici la preuve.

Notes de goût. Notes écrites ou non, que le goût fait ajouter à celles qui sont strictement nécessaires pour former un Air quelconque.

Les Notes de goût sont le plus souvent des Notes de Mélodie; cependant il en est parmi elles qui sont Notes d'harmonie, et d'autres qui sont même absolument nécessaires au sens de la phrase. Voyez page 463, art. 107.

Petites Notes. On nomme ainsi les notes qui sont surnuméraires dans une Mesure, parce qu'elles sont écrites en plus petit caractère que les autres que l'on nomme *Notes de valeur.*

NOTES D'HARMONIE ou *Harmoniques.* Celles qui entrent dans la composition de l'accord qui se fait entendre.

NOTES DE MÉLODIE ou *Mélodiques.* Celles qui ne font pas partie de l'accord qui résonne et qui sont intermédiaires entre celles d'Harmonie.

NOTE SENSIBLE. La septième majeure de la Tonique. Pages 11, 27, 72, 99, 118, 216, 312. En mineur, la note sensible est chromatique.

NOTER. C'est écrire la Musique.

NOURRIS. Les Sons nourris sont pleins et soutenus.

<h2 style="text-align:center">O.</h2>

O. Cette lettre capitale désignait dans l'ancienne Musique, la Mesure à trois Tems qu'on nommait Mesure parfaite, parce que le nombre trois est le nombre parfait, selon les cabalistes. Le C qui désignait et désigne encore la mesure à quatre tems, était le signe de la mesure imparfaite.

OBLIGÉ, en. Instrument ou Partie qu'on ne peut retrancher sans rendre le morceau de musique incomplet.

OBLIGÉ signifie aussi contraint, assujetti.

OCTACORDE. Composé de huit cordes.

OCTAVE. L'intervalle de huit degrés diatoniques remplis ou non par les notes diatoniques seulement, ou par les diatoniques et les chromatiques. Voyez Septenaires et les pages 16 et 17.

OCTAVIER. On dit, d'un tuyau d'orgue qui rend l'octave ou tout autre intonation que celle qu'il doit rendre, qu'il octavie.

ŒUVRE. En Italien *Opéra.* Œuvre, en Musique, est toujours masculin, soit au pluriel soit en singulier.

OPÉRA. On distingue en France les pièces de théâtre, en *Grands Opéra* et en *Opéra Comiques.* Un *Grand Opéra* se met entièrement en Musique. Dans un *Opéra Comique,* on ne met en Musique que les endroits les plus saillans. Voyez le Discours préliminaire depuis la page 16 jusqu'à la page 10. Voyez aussi le chapitre XLIX qui traite de l'accord de la Poésie avec la Musique.

Je distingue trois écoles au Grand Opéra; Celle de *Lulli,* perfectionnée et enrichie par *Rameau* et qui était l'école française d'autrefois. Celle de *Gluck* et celle de *Sacchini* et *Piccini.* Les grands opéra de *Grétry* ont un cachet à eux, mais ils ne forment point école. Plusieurs ont donné des grands opéras qui ne forment point non plus école, mais qui y font naturellement renvoyer leurs auteurs. Voyez l'article OUVERTURE.

ORATORIO. Espèce de drame dont le sujet est tiré des Livres Saints, et quelquefois d'ailleurs. La *Création du Monde* est un *Oratorio* assez médiocre pour la conception poétique; mais il tire un très-grand prix de la Musique d'*Haydn.* C'est un des plus beaux ouvrages de ce grand maître. Il a paru cependant, y oublier, pendant quelques notes, que le chaos même ne doit se peindre en Musique que selon les lois de l'Harmonie, car hors de ces lois il n'y a point de salut, ou plutôt point de Musique, mais seulement un bruit discordant qui ne peint rien, mais qui déchire les oreilles et insulte au bon sens et à la raison. Tout grand et sublime peintre qu'est *Haydn,* il est des choses qu'il ne peut saisir parce qu'elles sont inaccessibles à la Musique. Vouloir exprimer ces choses, c'est prouver qu'on ne connaît pas les bornes de son art, et s'exposer à compromettre la dignité de son talent.

ORCHESTRE. C'est le lieu où sont placés les Musiciens instrumentistes dans une salle de Spectacle ou de concert, ou l'ensemble des Musiciens qui y font leur Partie.

OREILLE. Comme c'est par l'oreille que les sons arrivent à l'âme, on attribue à l'oreille tous les jugemens qu'elle met l'âme à portée de former.

Avoir de l'oreille, c'est être organisé de manière à se plaire à tout ce qui, dans les sons, a de la justesse, de l'harmonie et de la précision. Manquer d'oreille, c'est être organisé de façon à pouvoir entendre, sans en être choqué, des intonations fausses, de faux accords, ou des choses contre la Mesure et la Cadence.

OUVERTURE. Espèce de Symphonie par laquelle commence un opéra sérieux ou un opéra comique.

Le modèle d'ouverture le plus parfait que l'on puisse citer dans le genre noble, est sans contredit celle d'*Iphigénie en Aulide* du chevalier *Gluck*. Quelle pompe, quelle majesté il y a dans cette Ouverture, et comme on y entend bien gémir la tendresse ! Que d'unité dans ce chef-d'œuvre du plus grand des compositeurs tragiques ! Il n'y a que la superbe ouverture d'*Alceste*, du même auteur, qui approche de celle-ci, pour la beauté des images et la chaleur d'expression.

Les compositeurs d'opéra sont, la plupart, très-embarrassés quand ils ont à faire une Ouverture ; et pourquoi cela ? C'est parce qu'ils ne sont pas assez Musiciens. Ils ont beau vouloir se dissimuler cette vérité à eux-mêmes, et chercher à faire croire le contraire aux autres, les véritables connaisseurs ne seront jamais leur dupe à cet égard. Il y a bien loin d'une Ouverture où il y a de jolies choses, à une bonne ouverture ; car l'une peut n'être que l'ouvrage d'un écolier qui a des idées et qui est conduit par elles, au lieu que l'autre est toujours l'ouvrage d'un maître qui a non-seulement des idées, mais qui sait les classer, les conduire et en tirer le meilleur parti possible.

N'est-il pas plus facile de faire une belle ouverture que de faire une belle scène ? C'est le contraire. On trouve en Italie vingt compositeurs qui sont capables de faire une belle scène, contre un qui sait faire une ouverture, une Symphonie ou une Sonate d'un mérite médiocre. Mais si la scène n'exige pas un aussi grand Musicien que la Symphonie, elle demande un Musicien plus sensible et plus passionné. Avec de l'âme et de la sensibilité, un jeune homme passablement musicien peut, à quelques défauts près dans la distribution de ses accompagnemens, composer une scène d'un bel effet ; mais avec sa chaleur et sa vivacité, il ne pourra produire que des lambeaux d'une ouverture, parce qu'il manque d'haleine, de logique et d'art pour pouvoir enchaîner un certain nombre d'idées et leur donner cet ensemble, cette unité qu'exige une ouverture, une sonate ou une symphonie. Compte-t-on beaucoup de bonnes et belles ouvertures ? Presque point ; mais il y en a un très-grand nombre où l'on trouve de jolies choses et quelquefois de belles choses. Et de belles scènes, y en a-t-il beaucoup ? Il y a peu de scènes parfaites sous tous les rapports ; mais il y en a beaucoup qui ont de l'expression, du charme et de l'effet. Donc un compositeur de Symphonie tel qu'*Haydn*, ou de Sonates, tel que *Clementi*, est infiniment plus grand musicien que tous les compositeurs qui ne savent faire que des scènes ou de faibles opéra sérieux ou comiques ; et c'est à tort que le vulgaire croit qu'un opéra est le grand œuvre en Musique. Il est vrai que pour faire un opéra comme l'immortel *Gluck*, il ne faut pas seulement être grand Musicien, mais il faut connaître parfaitement le cœur humain, et la force de chaque expression musicale que l'on emploie. Ce n'est pas précisément dans *Gluck* qu'on doit étudier le contre-point ; mais c'est dans ses partitions admirables que l'on doit apprendre à donner à chaque sentiment, à chaque passion, le langage et la couleur qui lui conviennent. C'est encore moins dans les Partitions de *Grétry* qu'on doit étudier la Composition, car elles sont bien loin d'être pures et irréprochables ; mais c'est-là, quand on ne la trouve pas dans sa propre sensibilité, qu'il faut aller chercher pour la Mélodie, l'expression pittoresque, le mot propre. C'est par cette justesse, c'est par ce tact fin, délicat et spirituel que *Grétry* s'est placé au premier rang des compositeurs d'opéra comiques, et c'est là aussi son titre incontestable à l'immortalité.

P.

P. Lettre initiale du mot *Piano*.

PARFAIT. Voyez Accord.

PAROLES. On appelle Paroles les vers et les poëmes que l'on met en Musique. On dit, par exemple, de l'Opéra d'*OEdipe*: les paroles sont de *Guillard*, et la musique de *Sacchini*.

PARTIE. C'est le rôle que chaque voix ou chaque instrument a à jouer dans une Piece ou Morceau de musique quelconque. Dans les chœurs, on emploie plusieurs voix sur chaque Partie, comme dans les symphonies on y emploie plusieurs Instrumens.

PARTITION. Livre ou cahier qui contient tous les rôles ou toutes les Parties tant vocales qu'instrumentales d'un Opéra, ou toutes les Parties instrumentales d'une Symphonie, d'un Quatuor ou d'un Morceau quelconque, écrites l'une au-dessous de l'autre au moyen de quoi un maître de Musique a la facilité de conduire un Orchestre, et s'il sait bien la Composition, de juger du mérite et même de l'effet d'un ouvrage. Voyez la page 137, et l'art. Symphonie.

PARTITION. Faire la Partition pour un facteur d'orgues ou un accordeur de Pianos, c'est accorder les douze premiers semi-tons sur lesquels les autres s'accordent par octave. Voyez *Temperament*.

PASSAGE. Se dit en Musique comme en littérature d'un fragment ou petite portion quelconque d'un Morceau.

On entend aussi par passages, *passi* en Italien, des Notes qu'on glisse et *passe* entre celles qui sont écrites. Voyez *Broderies*.

PAUSE. Silence d'une Mesure.

PÉRIODE. Partie d'un discours composé d'un ou de plusieurs vers de Musique. Voyez les différentes espèces de Période, page 397, troisième alinea.

PHRASE. Sens complet composé d'une ou de plusieurs Propositions musicales. Dans une phrase, il peut y avoir plusieurs sens, savoir le sens principal qui commence et termine la Phrase, et les sens explicatifs, incidens, obliques et subordonnés; voyez page 217. On donne souvent le nom de phrase à chaque sens, et l'on appelle alors la phrase, Période.

PHRASÉ. L'art de débiter une phrase s'appelle le *Phrasé* ou *Phraser*. Art. 28 et 29, page 424.

PINCÉ. Mordant simple tel qu'*ut si ut* ou *si la♯ si*. Cet agrément et le nom qu'il porte ne sont plus guères en usage.

PIQUÉ. Très détaché.

PIZZICATO. Ce mot écrit sur la Partie d'un instrument à archet, signifie qu'on doit pincer les cordes avec les doigts et sans se servir de l'archet.

PLAGAL, accessoire et opposé à *Authentique*. *Ut, ré mi fa sol la si ut, sol mi ut, re ut*, étoit chez les Grecs le Ton d'ut pris authentiquement. *Sol la si ut re mi fa sol, mi ut ré ut* étoit le Ton d'ut pris plagalement. Voyez la *pl.* 2, *fig.* H.

Je crois que ce qu'on appelle Tons *plagaux* sont les *authentiques* et que les *authentiques* sont les *plagaux*, et je me fonde sur ce que les *authentiques* ou principaux doivent être pris dans les cordes principales de la voix, et renfermés à-peu-près dans les bornes de la Portée musicale, comme le sont les Plagaux, *fig.* H, *pl.* 2. En conséquence les Tons plagaux ou secondaires, doivent être ceux qui dépassent les bornes les plus naturelles de la voix d'Homme, *qui est celle de basse-taille*, et pour lesquels on est obligé d'ajouter plusieurs lignes au-dessus de celles qui composent la Portée; comme il arrive dans les Tons Authentiques, *fig.* H, *pl.* 2.

PLAIN-CHANT ou *Plein-chant*. Le chant d'église. On le nomme en

Italien *Canto fermo*. Le *Plain-chant* est de la Musique en prose, elle est purement mélodique.

Le *Chant sur le livre* qui est une sorte de Musique ajoutée impromptu au *Plain-chant* est une chose détestable, à quelques exceptions près, parce que l'on confond dans ce mélange les procédés de la *Musique harmonique* avec ceux d'une Musique qui est de sa nature exclusivement *mélodique*. On sent donc qu'il doit y avoir beaucoup d'incohérence dans ce fâcheux amalgame, et qu'une longue habitude ou des organes peu délicats peuvent seuls nous le rendre supportable. Quoique le plain-chant soit en général un peu monotone, il vaut pourtant mieux seul que mal accompagné.

Cette musique est à peu de chose près ce qu'était celle des Grecs, et sur-tout dans les Proses qui sont des morceaux de poésie latine rimés et rhythmés. Voyez page 36a.

PLEIN-JEU. Le *Plein-jeu* se compose, sur l'Orgue, de tous les jeux ou genres de tuyaux, hors de ceux qu'on nomme *cornets*, *nazards* et *jeux d'anches*.

POÉTIQUE DE LA MUSIQUE. C'est proprement l'art qui enseigne à embellir par la cadence et par des expressions fleuries, vives et animées tous les tableaux que présente la Musique (1). Ce n'est pas en lisant une poétique, que l'on devient poète ni musicien, car tout le monde sait que

> C'est en vain qu'au Parnasse, un téméraire auteur
> Pense de l'art des vers atteindre la hauteur;
> S'il ne sent point du ciel l'influence secrète,
> Si son astre en naissant ne l'a formé poète,
> Dans son génie étroit, il est toujours captif;
> Pour lui Phœbus est sourd, et Pégase est rétif.

Si notre esprit et notre ame n'ont pas la faculté d'engendrer, il est aussi ridicule de vouloir être auteur qu'il l'est à un homme impuissant de vouloir devenir père.

L'art ne donne pas la faculté de créer, mais il développe, il fortifie le génie, le guide et le soutient dans la route qu'il doit tenir.

POINT. Le point ne sert pas en Musique à la Ponctuation mais à augmenter une note, ou un premier ou second point, de la moitié de sa durée ou valeur.

Les *Points* qu'on place au-dessus des notes marquent qu'il faut détacher ces notes l'une de l'autre par un silence. Ce silence est souvent presqu'insensible.

POINTER. C'est faire alternativement une croche plus longue de moitié que l'autre. Anciennement dans la mesure à deux tems, sur quatre croches, on en faisait deux pointées et deux double-croches. Les deux pointées étaient la première et la troisième, les deux double-croches étaient la seconde et la quatrième. Maintenant on pointe toutes les croches qui doivent l'être, et l'on n'écrit plus avec une croche celle qui doit être exécutée comme une double-croche.

PONCTUER. C'est composer et exécuter la Musique de façon à faire bien distinguer le sens principal d'une phrase du sens secondaire, incident ou explicatif. Voyez Accent.

PORT-DE-VOIX. Petite note au moyen de laquelle on porte agréa-

---

(1) M. *De La Cépède*, grand-chancelier de la légion d'honneur, a fait en 1785, un ouvrage excellent sur cette matière. Nous y renvoyons nos lecteurs. Après l'étude sérieuse et sèche du contre-point, il est bon de réchauffer son imagination par la lecture d'un ouvrage qui est écrit avec autant de feu que de sensibilité.

ment la voix d'une note de valeur à une autre. Cette petite note est ordinairement la répétition de la note de valeur qui précède ou qui suit.

PORTÉE. Les cinq lignes qui portent les notes et dont la distance du bas en haut forme la *Portée* ou l'étendue d'une voix ordinaire, en ne comptant que les sons de Poitrine, et faisant abstraction du *fausset* ou voix de tête.

De la première à la seconde ligne inclusivement, il y a trois degrés parce que l'interligne est également un degré. On peut monter d'un semi-ton, et même d'un ton sans changer de degré sur la Portée. Quand on passe d'ut à ut, on monte d'un semi-ton sans changer de degré sur l'échelle ou Portée, et quand on passe de l'ut# à l'ut## on monte d'un Ton sans changer de degré.

La Portée du Plain-chant n'a que quatre lignes.

POSITION. La position d'une note est le degré sur lequel elle est placée sur la Portée ou échelle musicale, allongée ou non par des lignes ajoutées au-dessus et au-dessous des cinq premières lignes.

PRÉLUDE. Introduction, discours musical, préliminaire et improvisé, ou censé l'être, dans lequel un compositeur fait connaître sa science musicale et son habileté sur l'instrument sur lequel il prélude.

L'art de préluder est particulièrement du ressort de l'*Organiste* et du *Pianiste*. Il demande un génie aussi facile que profond. Les préludes des gens sans science et sans génie ne sont guères composés que de sons périlleux et de quelques Transitions dures et hazardées.

PRÉPARATION. L'action de préparer l'oreille à entendre une dissonance qui la choquerait comme contraire à l'Harmonie. Pages 103, 154 et 156.

PRESTO. Avec prestesse ou vitesse. Voyez Mouvement.

PROPOSITION. Cadence mélodique ou harmonique. Une Proposition simple est composée d'un Antécédent et d'un Conséquent. Voyez pages 81, 120, 122, 125, 145, 272, 280, 282 et le chap. XXVII depuis l'article 2, page 205, jusqu'à l'art. 27 exclusivement. Voyez aussi *Cadence* et l'analyse du quatuor de *Mozart*, chapitre XXX, et sur-tout le chapitre XXXIV.

PROSODIE. Voyez le chap. XLIX.

PSALMODIER. Réciter les *Psaumes* d'un ton soutenu et sur une seule note.

Q.

QUADRUPLE-CROCHE. Voyez Notes.

QUART-DE-TON. Intervalle qui n'existe pas dans la pratique et qui s'imagine dans la théorie.

Il n'y a dans la musique que des demi-tons et qui sont ou diatoniques, ou chromatiques ou enharmoniques, et quoique par le Tempérament ces demi-tons soient rendus égaux ou presqu'égaux, jamais une oreille savante et exercée ne se trompe sur l'espèce de demi-ton qu'on lui fait entendre, lorsqu'elle peut être éclairée sur la nature de ces demi-tons par ce qui précède. Voyez Genre et la page 197.

QUARTE. L'intervalle de quatre degrés. Voyez *Intervalles* et *Tétracorde*.

QUATUOR. Suite de trois ou quatre Morceaux de Musique de genre différens à quatre parties obligées. Voyez les chap. XXX et XXXI, page 209 et page 287.

Les quatuors d'*Haydn* et ceux de *Mozart* font l'admiration et les délices des connaisseurs. Ceux de *Pleyel*, moins profonds, mais pleins de naturel et de grace, font le charme de toutes les ames sensibles et délicates. On ne peut nommer ceux de *Boccherini* sans rappeler mille sensations agréables, et tout le monde a joué avec plaisir dans leur tems, ceux de *Jadin*, ceux de *Davaux* et ceux de *Cambini*. De nos jours, on entend volontiers ceux de *Kreutzer* qui ont des beautés réelles.

Les *Quartetti* ou *quatuors* composés pour les Parties vocales, différentes et obligées, sont ordinairement accompagnées de l'orchestre et ne contiennent souvent qu'un seul Morceau.

Un Morceau à quatre Parties dont deux ou trois ne sont que des Parties de remplissage, n'est pas un vrai *Quatuor*, mais simplement un Morceau à quatre voix ou à quatre instrumens.

Les Compositeurs ignorans seul incapables de faire de vrais *Quatuors*. Aussi les Morceaux qui portent ce nom dans la plupart des opéra, ne sont rien moins que de véritables *Quatuors*, puisqu'on n'y trouve qu'une voix obligée plus ou moins mal accompagnée par trois autres.

QUEUE. Les blanches et les noires ont une queue et une tête. Les croches ont de plus un crochet ou une barre qui en tient lieu.

QUEUE, *Coda*, c'est une période complémentaire plus ou moins longue ou plus ou moins courte qui termine un Morceau ou seulement l'une de ses Reprises ou de ses grandes divisions quelconques.

QUINQUE ou *Quintetti* pour les instrumens, suite de trois ou quatre Morceaux de différens genres et mouvemens à cinq Parties obligées. Ceux de *Boccherini* ont eu une vogue étonnante et la justifient à plusieurs égards. *Mozart* en a trop peu faits; *Pleyel* ne saurait trop en faire.

QUINTE. Voyez Intervalles. La quinte juste n'est point une consonnance parfaite, mais simplement une demi-consonnance. Pages 55, 63, 71, 74 et 306.

QUINZIÈME. C'est la double-octave.

R.

RAVALEMENT. Se dit de l'étendue du clavier de l'orgue ou du piano.

Un clavier à grand *Ravalement* était naguères à cinq octaves, maintenant il en a cinq et demie ou six entières. Un clavier à petit Ravalement avait à peine quatre octaves complètes.

RE ou *D*. Seconde note de la Gamme d'*ut* naturel soit en majeur soit en mineur.

RECHERCHES ou RICERCARI. Morceau de Musique d'une composition savante et recherchée. Il y a environ quatre-vingt ans qu'on n'en fait plus, et cela pour deux causes; d'abord parce que nos compositeurs manquent, en général, de science, et passent à étudier des sauts périlleux sur un instrument quelconque, le tems que les anciens donnaient à l'étude approfondie du Contre-point; et ensuite parce qu'on a acquis plus de goût et qu'on exige moins de pédanterie et plus d'amabilité dans les Compositions.

RÉCIT ou *Solo*. Ce qui se chante à voix seule.

RÉCITATIF. Déclamation musicale et notée. Musique qui n'a d'autre Rhythme que celui des paroles, et dans laquelle il est impardonnable de manquer à la mesure de la Prosodie, comme à celle de la Déclamation, puisque rien ne gêne pour en observer les loix si ce n'est l'ignorance où l'on est de ces mêmes loix. Voyez chap. XLIX.

Les *Récitatifs* de *Gluck* sont en général des modèles pour la noblesse et la vérité d'expression, et pour la quantité ou mesure de la Prosodie, et quelquefois pour la Mesure de la *Déclamation*. Les compositeurs se négligent presque toujours sur ce dernier point, et laissent à l'acteur le soin d'y pourvoir. C'est mal-à-propos qu'on en use ainsi, car les acteurs qui sont éloignés des conseils des grands maîtres sont exposés par-là à manquer souvent à la mesure de la déclamation, par la crainte, mal fondée, de manquer à la quantité musicale, la Musique n'en ayant point d'autre alors que celle même de la Déclamation.

Le défaut des Récitatifs est d'être trop multipliés et d'être souvent accompagnés de trop d'instrumens. Nos organes sont fatigués de tant de Musique. On ne sort guère d'un grand opéra sans avoir une espèce d'indigestion des notes qu'il a fallu y avaler.

On ne saurait trop, dans un grand opéra, dégager un *Air* d'un autre *Air*, ni trop varier la couleur et le genre des morceaux de Musique, surtout quand ils se suivent. En conséquence, on ne saurait donc trop élaguer les scènes inutiles; et le poëte doit savoir ne rendre nécessaires au développement de son action que celles qui ont autant d'intérêt que de variété; car il n'y a que celles-là qui puissent plaire et ne pas nuire, soit à la scène qui précède, soit à celle qui suit.

Le défaut des opéra comiques Italiens, en général si pleins de phrases aimables et d'accompagnemens fleuris et brillans, est principalement dans le récitatif maussade, qui est accompagné d'une manière fâcheuse par un Piano et des violoncelles qui forment un tout très-disparate. Je sais qu'on n'écoute guère ce Récitatif que pour se mettre au fait de l'intrigue de la Pièce. Mais malgré cela il vaudrait beaucoup mieux laisser reposer l'oreille *en parlant le dialogue*, que de la fatiguer en le chantant ainsi. Les Français ont ce bon esprit, dans leurs opéra comiques, et je les en félicite.

Le défaut capital des Compositeurs qui manquent d'expérience, c'est, dans les grands Opéra sur-tout, de vouloir toujours faire de l'effet, car c'est le moyen de n'en produire jamais. Voyez *Opéra*.

REDONDANCE. Voyez art. 380, page 626.

RÈGLE DE L'OCTAVE. Choix d'Accords au moyen desquels on accompagne la Gamme ascendante et descendante. Voyez page 354, dernier alinéa, et les pages qui suivent.

RENVERSER. Renverser un accord en Harmonie, c'est mettre successivement à la Basse continue la seconde ou la troisième note de cet accord, s'il n'en a que trois différentes; ou la seconde, la troisième ou la quatrième note, s'il est composé de quatre notes, comme le sont tous les accords de septième. Dans les principes d'accompagnement on fait complétement abstraction des autres différentes faces que présentent ou la distribution, l'éloignement ou le rapprochement des Parties entr'elles, quelque soit d'ailleurs l'effet qui en résulte; et cela parce qu'on n'a alors en vue que de déterminer si la Note de Basse est la première, la seconde, la troisième ou la quatrième Note de l'accord qu'on doit frapper, et quel est l'accord que l'on a à faire entendre de la main droite.

Mais, en Composition, il est très-important de prendre garde aux effets qui résultent de ces différences, quoiqu'on ne se soit pas occupé de leur donner des noms.

RENVOI. Signe qui indique où l'on doit reprendre quand on est arrivé à l'endroit où est placé un signe pareil au premier.

RÉPERCUSSION. Le renvoi d'un son par un autre corps que celui qui l'a produit.

RÉPÉTITION. *Prova*, en Italien, c'est l'épreuve que l'on fait de l'exécution d'un Opéra, ou des Morceaux d'un Concert pour savoir si cet Opéra ou ces Morceaux sont sus, et juger de leur effet.

RÉPLIQUE. Synonyme d'Octave. On appelle aussi réplique, au théâtre, les derniers mots de la période d'un interlocuteur, par lesquels celui qui doit y répliquer est averti que c'est à son tour à prendre la parole; on use de ce moyen aussi dans un Opéra comique, pour avertir quand l'orchestre doit partir.

REPRISE. Voyez *Fugue*.

REPOS. Les Vers de Musique doivent ordinairement présenter un Repos de Dominante ou un Repos de Tonique à la fin de chaque Hémistiche. Voyez pages 213 et 230.

REPRISE. La première ou la seconde Partie d'un Morceau qui est divisée en deux portions égales ou inégales. On appelle chacune de ces Portions une reprise, parce qu'ordinairement, quand on est arrivé à la fin de l'une de ces divisions, on la reprend ou recommence.

RÉSONNANCE. La Résonnance du corps Sonore est cette faculté naturelle et étonnante qui fait qu'une corde d'instrument mise en vibration ne rend pas seulement un son unique et prolongé ; mais cinq sons bien distincts, sans compter leurs octaves doubles, triples et quadruples. Voyez *Type* de la Musique et de l'Harmonie.

RESSERRER L'HARMONIE, c'est rapprocher les Parties les unes des autres.

RHYTHME. De la symétrie des repos principaux de la période ou de la phrase musicale, résulte la *versification* ou la chute régulière des phrases ; et de la symétrie des petits repos intermédiaires et de proposition mélodieuse entre eux et l'Hémistiche, résulte le *Rhythme* musical. Voyez pages 610 et suivantes.

RITENUTO. Partie de remplissage.

RITOURNELLE. Petite introduction ou conclusion instrumentale, par laquelle on commence et finit un Morceau de Musique vocale. On place aussi des ritournelles dans différens endroits d'un Morceau de chant, pour laisser respirer le chanteur et ajouter de la variété au Morceau.

ROMANCE. Air simple, naïf et touchant, sur lequel on chante les couplets d'un petit Poëme qui porte le même nom. Depuis qu'un nombre infini d'ignorans Musiciens ou amateurs s'est avisé d'inonder le public de ses misérables productions, la *Romance* a pris tous les tons, excepté celui qui lui convient. On devrait faire un *auto da fe* de toute la mauvaise Musique, en commençant par les Romances, et l'on devrait en faire autant de tous les mauvais livres qui corrompent le jugement et le goût des lecteurs vulgaires, surchargent et ruinent la librairie.

RONDE. Note qui a le plus de valeur ou durée. Voyez Notes.

RONDEAU ou *Rondo*. Morceau léger par lequel finit assez souvent une Sonate, un Quatuor, un Concerto ou une Symphonie, on l'appelle Rondeau, parce que le thème ou premier couplet, se répète après chacune des reprises ou autres couplets de ce Morceau.

Tout le monde fait des Rondeaux, mais ce n'est pas comme ceux de *Pleyel*, de *Clementi*, de *Mozart* ou d'*Haydn*, mais c'est comme on fait tant de *duos*, de *sonates*, de *concertos* et de mauvaise Musique de toute espèce. Le *Rondeau* vocal exige moins de science que le rondeau instrumental, mais il demande autant de coquetterie et de grace, et peut-être encore plus de naturel et de charme.

Je ne donne point de plan de ce Morceau, non plus que de tout autre, il faut voir ces plans dans les ouvrages faits pour servir de Modèle et les imiter sans les copier.

ROULADE. Passage ou trait composé d'une suite de Notes plus ou moins rapides qui se font ordinairement sur une seule syllabe.

S.

SAUT. On nomme *Saut* le passage d'une corde à une autre par degrés disjoints. On doit prendre garde dans les sauts de ne pas blesser les loix de la Logique. Voyez ce mot.

SAUVER. Les Compositeurs croyent en général qu'on ne doit sauver que les dissonances ; mais c'est-là une grande erreur : car, ainsi que nous l'avons remarqué ailleurs, c'est comme si l'on disait que de quatre personnes qui parlent, il suffit qu'il y en ait une qui raisonne et qui dit et qui soit conséquente et suivie dans ses propos, et que les trois autres sont libres de déraisonner à leur gré, sans que cela nuise à la suite des propos tenus par elles. On sent combien cela est absurde. Il faut donc que chaque Note d'un Antécédent ait sa suite, sa conséquence, sa *résolution* ou *salvation* sur la note du Conséquent avec lequel elle est en contact, à moins qu'elle ne demeure la même dans le Conséquent que dans l'Antécédent de la Proposition. Voyez pag. 58 et 59, et les articles Logique et Basse-continue.

SCÈNE. Morceau composé d'un Récitatif, d'un *Andante* ou d'un *Largo* ou *Larghetto*, et d'un *Agitato* ou *Allegro*. Souvent la *Cavatine* ou premier *Air*, est séparée du grand *Air* par un couplet de récitatif. Une scène peut être à une seule ou à plusieurs voix.

SECONDE. Voyez Intervalles.

SEMI-TON. La moitié d'un Ton, synonyme absolu de *Demi-ton*.

SENSIBLE. Se dit de la septième majeure du Ton et quelquefois de l'accord de septième de la Dominante, parce que la sensible y joue un grand rôle. Voyez *Note sensible*.

SEPTIÈME. Intervalle dissonant dont la seconde au-dessous est le renversement. Voyez Intervalles et Accords, et pour les exemples, les pl. 9 et 10 et la pl. 28.

SÉRÉNADE. Musique qu'on fait à l'heure où le serein tombe, ou plus avant dans la nuit, sous les fenêtres de quelqu'un qu'on veut fêter.

SICILIENNE. Air à ...; d'un mouvement d'Andantino, fort en vogue en Sicile.

SIGNES employés dans la Musique. Voyez la pl. 50, *fig.* A pour les notes; *fig.* B pour les silences; *fig.* C pour les dièses, les bémols et les bécarres; *fig.* D pour la valeur du point; *fig.* E pour les deux points; *fig.* I pour le signe de Reprise ou de terminaison; *fig.* H pour le Guidon; *fig.* I pour le Double ou double *mordant*; *fig.* K pour la Cadence ou Trill, en Italien, *Trillo*; *fig.* L pour le *ferma*, ou point d'arrêt, et fig. M. pour la Cadence, Cadence ou point d'Orgue, c'est-à-dire, endroit où l'orgue doit cesser d'accompagner pour laisser improviser à son aise celui qui fait la partie principale.

On appelle le *trille* cadence parce qu'il se fait sur l'Antécédent de la Cadence parfaite qui termine un Morceau.

SIMPLE. Dans la Musique, tout *composé* a son *simple*, et tout *simple* son *composé*, et c'est ce qui n'a pas toujours lieu dans les langues de convention qui sont faites en partie de pièces de rapport ou d'emprunt.

Tout *écolier* doit s'exercer à trouver le *double* et toutes les autres variations du *simple*, et à trouver le *simple* de quelque *composé* que ce soit. Ce qu'on nomme le *Simple*, dans un Air varié, n'est presque jamais un *simple* absolu, mais un *simple* comparativement aux doubles ou variations qui suivent. Voyez *Variations*.

SIXTE. Voyez *Intervalle*.

SOL. Nom de la cinquième note de la Gamme d'ut.

SOLFIER, c'est chanter en nommant les Notes par leurs noms, et en appelant l'une d'elles *sol*, d'où l'on a fait *sol-fier*.

Si ce mot n'a pas été choisi au hasard ou comme sonnant mieux à l'oreille, le mot *solfier* semblerait faire croire que ceux qui ont inventé ce mot regardaient le sol comme la première note de l'échelle diatonique, comme en effet cela a lieu dans la vraie Gamme sol la si ut ré mi fa, car autrement on devrait dire *utier*.

SOLFÈGE. Méthode et leçons pour apprendre à solfier.

SOLO. Morceau à une seule Voix ou à un seul instrument.

On appelle aussi *Solo* les récits fort étendus dans lesquels l'instrument pour lequel le Concerto est fait, doit seul se montrer et briller, et où par conséquent l'orchestre ne doit que le soutenir et l'étayer, sans se faire remarquer. Voyez Tutti.

On appelle encore *solos* dans un Morceau d'ensemble quelconque les petits récits pendant lesquels un instrument accessoire fait un moment la Partie principale.

On appelle aussi *solo* un Morceau avec un accompagnement quelconque.

On écrit *solo* aussi sur la Partie de premier violon, quand on veut qu'il n'y ait qu'un seul des premiers Violons qui exécute cette Partie ou une portion de cette Partie ; ou de peur de méprise, on écrit à part la Partie qui doit être jouée par le meilleur violon de l'orchestre seul.

Son. Le *Son* qui agit si puissamment sur notre ame, qui anime ou calme nos passions, n'est physiquement qu'un frémissement de l'air occasionné par la collision de deux corps dont les parties ébranlées font frémir, comme elles, les molécules aériennes qui les environnent.

Les Sons de la Musique ne sont pas tous les Sons pris indistinctement, mais seulement ceux que contient, dans chaque Ton, le *grand système musical*, développé article Logique, chap. XXXIV. On doit considérer trois choses dans chaque *son musical*, son degré de gravité ou d'aigu, son degré de force ou de faiblesse, et la qualité de son timbre.

Le degré de gravité ou d'aigu d'un son est pour l'oreille ce qu'est pour les yeux la dimension d'un corps.

Le degré de force ou de faiblesse, ce qu'est pour l'œil la proximité ou l'éloignement d'un objet ; et le timbre d'un son, ce qu'est la couleur et la matière d'un objet.

Sons harmoniques. Appelés ainsi parce qu'ils forment harmonie avec le son principal qu'ils accompagnent. Ces *sons* doivent être considérés dans deux états différens ; d'abord, comme accompagnateurs naturels et inséparables du Son principal que rend tout corps sonore ; puis, comme *harmoniques isolés* qui peuvent se faire entendre sur le Violon, le Violoncelle, la Harpe et autres instrumens, séparément du Son principal dont ils sont l'accompagnement.

Dans la première hypothèse, les sons harmoniques se forment et résonnent d'eux-mêmes, conjointement avec le son principal que produit toute corde d'instrument ou autre corps sonore mis en vibration et en résonnance, ce qui est un phénomène auquel on ne peut comparer que la décomposition du rayon solaire par le prisme.

Dans la seconde hypothèse, les harmoniques résonnent seul à seul au moyen, sur le violon ou violoncelle, d'un doigt qu'on ne fait que poser très-légèrement sur le bourdon ou autre corde de cet instrument que l'on fait résonner avec l'archet.

Ce qu'il y a d'étonnant, c'est que les différens harmoniques naissent sans changer la position du doigt qui forme chevalet mobile, en sorte que si l'on pose, sans l'appuyer, le second doigt sur le *si*, tierce majeure de la corde *sol* du violon, on entendra *si ré♯ fa♯ la* et même *si ré♯ fa♯ la ut♯* soit dans cet ordre, soit dans un ordre différent, suivant les caprices de la corde, mais toujours ces mêmes Notes et jamais d'autres. Pourquoi, dans cette hypothèse, n'entends-je pas *sol si ré fa la ut*, puisque l'expérience se fait sur la corde *sol*? Par la raison que l'apposition du second doigt sur cette corde en fait un *si*.

Si l'on posait le doigt à la place du *la*, la corde ne serait plus ni *sol* ni *si*, mais un *la*. Elle serait également un *mi♭* si on plaçait le doigt à l'endroit du *mi♭*.

Pour mieux faire cette expérience sur le violon, il faut en descendre la corde *sol* de plusieurs tons, afin que les harmoniques étant par-là moins aigus, ils résonnent plus facilement et deviennent plus appréciables.

N. B. Ce n'est que dans la moitié et sur-tout dans le quart de la longueur de la corde, que les harmoniques se font entendre ; c'est-à-dire que ce n'est pas la tierce, la quinte, la septième mineure et la neuvième majeure d'une corde qui se font entendre, mais l'octave ou la double ou la triple octave de ces intervalles. Voyez SYSTÈME et TYPE.

Sonate. Comme la *Symphonie*, la *Sonate* est composée de trois ou quatre *Morceaux* chacun d'un caractère et d'un mouvement différens. Les Sonates de *Piano* ou de Harpe sont les seules Sonates qui offrent un ensemble complet, parce que le *Piano* est un instrument *collectif*, c'est-à-dire un instrument qui fait à-la-fois deux, trois, quatre et cinq

Parties, et par moment huit ou neuf. En un mot, un Piano est un orchestre tout entier.

Parmi les plus jolies sonates de Piano, on doit citer celles de *Pleyel* qui ont beaucoup de naturel, de grace et d'expression, et qui sont purement écrites.

Celles de *Steibelt* ont quelquefois plus d'élégance, de grandeur et d'effet, mais elles sont généralement d'un style incorrect et sont plus souvent longues encore que grandes. Il serait à souhaiter que le génie ardent de *Steibelt* fût étayé d'un savoir plus profond.

Les belles sonates de *Clementi*, de *Mozart* et d'*Haydn* sont en général des modèles presque parfaits. Cependant on désirerait plus de brillant et d'effet dans celles d'*Haydn*, qui n'est souvent pas assez Pianiste; on croit trouver quelquefois un peu de sécheresse dans celles de *Clementi*, et l'on pense que *Mozart*, qui était si fort sur le Piano, aurait pu tirer un plus grand parti encore de cet instrument, sans cesser pour cela de montrer la profondeur qu'il développe dans le bel œuvre de Sonates en Trio qui est l'un de ses chefs-d'œuvre, et qui a été imprimé à Paris sous le titre d'œuvre 17.

SOTTO-VOCE. A demi-voix.

SOURIR. Voyez SILENCE.

SOURDINE. Petite machine qui s'adapte par moment au chevalet du Violon, pour assourdir et diminuer le son du Violon. Les mots *con sordini*, avec sourdines, signifient que l'on doit employer les sourdines.

SOUS-DOMINANTE. On appelle quelquefois ainsi la quatrième note du Ton, parce qu'elle est sous la Dominante.

SOUTENU, *sostenuto*. Ce mot désigne qu'on doit soutenir les Sons, et jouer comme on chante dans le *Cantabile*.

STABLES. Chez les Grecs, la première et la quatrième cordes de chaque tétracorde étaient stables dans leur intonation et sonnaient entre elles la quarte juste; les autres étaient mobiles et changeaient selon le mode et le genre. C'est en confondant les *cordes stables* avec les consonnances, que l'on a mis la quarte et la quinte au nombre des consonnances parfaites, et c'est en confondant les Tierces et les Sixtes avec les *cordes mobiles*, qu'on les a mises au nombre des dissonnances.

Ce sont de pareilles erreurs qui font raisonner à perte de vue, bien des savans en *us* et leur font entasser sottise sur sottise que répètent gravement ensuite beaucoup de gens qui ne sont savans en rien, et qui veulent néanmoins paraître savans en tout.

STYLE. Le style d'*Haydn* a été imité par *Pleyel*; celui de *Clementi*, par *Cramer*; celui de *Mozart*, par van *Beethoven*; celui de *Gluck*, par *Salieri* et *Vogel*; celui de *Pergolèze*, par *Duni* et *Grétry*; celui de *Grétry*, par d'*Aleyrac* et *Gaveaux*; celui de *Méhul*, par ***.

Les *Guglielmi*, les *Sacchini*, les *Piccini* et les *Paësiello*, les *Farchi*, les *Cimarosa* et autres ont été et sont imités et pillés tous les jours par des gens de différentes nations que je m'abstiens de nommer. Il est aussi beaucoup de styles bâtards dont je ne parlerai point.

SUITE. Voyez THÈME et FUGUE.

SUPPOSITION. Tout accord qui est posé sur une note qui ne lui appartient pas, est un accord par supposition. Voyez ACCORD, et la sect. II du chap. XXV, pag. 252.

SUSPENSION. Prolongation d'une Note ou de plusieurs au-delà de leurs limites, et qui retarde et *suspend* l'arrivée de la note qui doit suivre, soit pour la faire désirer davantage, soit pour éviter des fautes contre l'Unité ou la Variété. Voyez chap. XII, pag. 122.

SYMPHONIE. Voyez le chap. XLVI.

SYNCOPE. Voyez l'art. 38 et les suivans, page 430; c'est là que l'on trouve la vraie théorie de la *Syncope*, qui est une des choses qui sont plus senties que connues.

Système de Musique, voyez Logique et Gamme.

Système de *Rameau*, voyez l'article Basse fondamentale, depuis la page 350, jusqu'à la page 363 et le chap. XXV, page 230.

Voyez sur le système de *Tartini* ce qui en est dit à la page 265, et dans les deux suivantes.

Quant au Système des Grecs, voyez Gamme, *Mode*, *Musique* et *Plain-chant*.

T.

Tablature, Manière de noter par lettres, en usage autrefois, pour la Guitarre, le Luth, le *Théorbe*, le *Cistre* et la *Viole*.

Tacet, Mot latin qui signifie *Il se tait* ou *Elle se tait*, et qu'on met sur une *Partie* qui se tait pendant la durée d'un Morceau tout entier.

Taille, Voix d'homme entre la Haute-contre et la Basse, on l'appelle aussi *Ténore* ou *Ténor*. Voyez pag. 136, et les *fig.* E et F, *pl.* 16.

Tasto solo. Ces deux mots Italiens placés dans une Partie de Basse continue, marquent que l'on doit s'abstenir de faire toute autre note que celle sur laquelle ils se trouvent écrits, et cela pour laisser à la Partie principale la liberté de faire ce qu'il lui plaît.

Tempérament, Voyez *Tempérer*.

Tempérer un intervalle, c'est rapprocher ou éloigner un tant soit peu les deux Sons qui le composent, c'est faire que l'ut♯ puisse servir de ré♭, ou le si♭ d'ut♯, le fa♯ de sol♭, le sol♯ de la♭, la la♯ de si♭, l'ut de do♯, le ré d'ut double-dièze ou de mi♭♭, et ainsi des autres notes, et réciproquement, en sorte que les vingt-sept cordes qui composent, dans chaque Ton, le grand système musical se réduisent à douze seulement, au lieu de 12 fois 27 qui formeraient 324 cordes différentes, sans compter les unissons et les octaves.

Les Grecs ont été divisés en deux sectes par rapport au *Tempérament*; ceux qui l'admettaient et qui étaient les Musiciens pratiques, avaient pour chef *Aristoxène*; et ceux qui le rejetaient, avaient pour chef *Pythagore*. La *fig.* DD, *pl.* 49, présente une manière d'accorder le Piano de façon à rendre tous les Tons égaux. Les tierces majeures doivent y être tenues un peu fortes, et toutes les quintes faibles. Voyez les pages 79 et 185.

Tems. Voyez Mesure.

Tétracorde. *Sol la si ut* est un *Tétracorde* et *ut ré mi fa*, un autre. *Sol la si ut et ut ré mi fa* sont deux Tétracordes conjoints par l'ut qui appartient au premier comme au second Tétracorde *ut ré mi fa*, *sol la si ut*, sont deux Tétracordes disjoints, parce que l'ut du du premier est à l'octave de l'ut du second. Voyez Gamme.

Tierce. Voyez Intervalles.

Tierce de Picardie. Voyez page 101.

Ton. Voyez chap. VI, pages 47, 225, et le chap. XXXIV, page 435. Voyez également Système et Gamme.

Ton intervalle. Composé de deux semi-tons.

Ton naturel. Voyez ce qui est dit au bas de la page 162.

Tons de l'Église. On en compte huit; quatre authentiques et quatre plagaux. Les authentiques sont ceux où la Tonique occupe le degré le plus bas de l'échelle; les plagaux ceux où la Dominante occupe ce degré.

Voici quatre vers latins très-anciens, qui indiquent par quelles Notes doit commencer le *Pseaume*.

Primus cum Sexto fa sol la semper habeto.
Tertius, Octavus, ut re fa sicque Secundus.
La sol la Quartus, fa re fa sit tibi Quintus.
Septimus fa mi fa; sic omnes esse recordor.

N. B. On transpose de nos jours plusieurs de ces Tons.

Les Tons du Plain-chant ne sont au fond que les Modes des Grecs. Voyez ces Modes.

Les organistes font cadrer comme ils peuvent, nos deux *Modes harmoniques* avec les *huit modes Mélodiques* du Plain-chant. Mais comme ils n'ont rien de commun, ils ne peuvent former qu'une union monstrueuse. En effet, les huit Tons du Plain-chant et les Modes des Grecs, ne sont que les huit manières de monter la Gamme d'*ut*, transposées ou non, Tons qui n'ont ni dominante ni sensible. Ceux que les organistes marient à ces Tons bâtards, sont les vrais Tons d'*ut* majeur et le Ton mineur de *fa*, *transposés selon le cas*, mais en général comme il suit.

L'organiste joue en *ré* mineur pour le premier Ton de l'Église, en *sol* mineur pour le second, en *la* mineur pour le troisième, en *la* mineur, finissant sur la Dominante, pour le quatrième, en *ut* majeur pour le cinquième, en *fa* majeur pour le sixième, en *ré* majeur pour le septième, et en *sol* majeur pour le huitième.

Tonique. La note principale et centrale du Ton. Voyez chap. VI et la page 81.

Toniques. Notes censées *Toniques*, Voyez pages 353 et 354.

Tutti. Ce mot Italien qui signifie Tous, se marque dans un *Concerto* ou *Symphonie concertante*, au commencement de chaque Période qui s'exécute par tout l'orchestre, comme on marque *chœur* ou *chorus* sur les *Tutti* des voix, dans les Morceaux de Musique vocale qui sont mêlés de récits ou *solo*, et de *tutti* ou chœurs.

Trait. Passage composé d'un certain nombre de Notes qui s'exécutent avec rapidité.

Transition. Passage d'un Ton dans un autre Ton. Voyez le chapitre XXXVIII.

Transposer. La Transposition consiste à transporter un Morceau d'un Ton dans un autre quelconque, ou d'une Clé sur une autre.

Pour ne chanter qu'en *ut* et en *la* mineur, il faut changer en *si* le dernier dièze qui est posé à la clé, ou changer en *fa* le dernier des bémols qui arment cette Clé : c'est ainsi qu'en usaient nos pères. Mais depuis que l'on a reconnu qu'un enfant chante aussi facilement la gamme de *fa* majeur que celle d'*ut*, et celle de *si* mineur que celle de *la* quand aucun préjugé né de l'habitude de transposer ne le déroute, on a cessé de faire usage de la Transposition qui donne une idée fausse du Diapason, puisque, par cette manière, la Note à laquelle appartient exclusivement le nom d'*ut* s'appelle tantôt *ré*, tantôt *mi*, *fa*, *sol*, *la* ou *si*, selon la distance du Ton vrai au Ton transposé.

Dans la Transposition le Ton change, mais le Mode ne change point, non plus que le genre ou les genres.

Treizième. C'est la sixte portée à l'octave au-dessus ou au-dessous, et qui compose par là un intervalle de treize degrés, *ut ré mi fa sol* LA *si ut ré mi fa sol* LA.

Tremblement, *trillo*, *trill*, c'est le battement de deux notes que l'on nommait et nomme encore quelquefois *Cadence*, et qui se désigne par *tr.*, et anciennement par une croix.

Trémolo. Espèce de tremblement qui se fait en répétant la même note d'un mouvement très-vif et qui sert à peindre tout ce qui inspire de la terreur.

N. B. On ne se contente plus d'écrire le mot *tremolo* sous les notes; on croche ces notes selon le degré de vitesse qu'elles doivent avoir.

Triade harmonique. Les trois Cordes qui composent l'accord parfait.

Trill ou *Trille*, subst. masculin. Voyez *Tremblement*.

Trio, *terzetto*. Musique à trois Parties obligées. Voyez page 298 et suivantes.

Les Trio de Musique vocale sont ordinairement avec accompagnement d'Orchestre ou de Piano. Les Morceaux à trois voix, sans accompagnement, tel que l'*O salutaris* de *M. Gossec*, sont assez rares, et ont plus rarement encore le mérite d'être aussi agréables et aussi bien faits que ce Motet qu'on entend toujours avec le même plaisir depuis vingt ans qu'il est fait.

On l'a placé dans l'oratorio intitulé *Saül*, et il y produit plus d'effet que les Morceaux les plus magnifiquement accompagnés? Pourquoi cela? Parce que ce Trio est réellement très-bon, et puis parce qu'il repose délicieusement les oreilles fatiguées d'avoir entendu de suite plusieurs Morceaux trop fortement instrumentés. Jeunes compositeurs, soyez généralement sobres dans l'emploi des accompagnemens; songez que vos maîtres ont fait des merveilles avec des orchestres de guinguette et des Partitions très-mesquines, et même quelques-uns malgré les fautes de Composition dont leurs partitions fourmillent. Cependant n'allez pas vous aviser de croire *innocemment* que ces fautes sient été faites exprès et soient des beautés, comme certains ont eu l'effronterie de le dire, car rien de ce qui est bien n'est une faute, et les fautes ne sont bonnes qu'à nuire à l'Harmonie et à la Mélodie et à prouver l'ignorance de ceux qui les commettent; mais ce dont il faut vous convaincre, car rien n'est plus certain, c'est que des Accompagnemens simples qui soutiennent un *Chant aimable* et vrai d'expression, sont de beaucoup préférables à ces riches accompagnemens qui étouffent la voix et déguisent mal l'insignifiance d'une Mélodie décousue qui manque de charme et de vérité.

TRIPLES-CROCHES. Voyez NOTES, et la *pl.* 40, *fig.* A.

TRITON. Renversement de la fausse quinte. Le Triton introduit dans la Gamme des modernes prouve que cette Gamme est le renversement de la vraie Gamme. Voyez Intervalle, Voie, Fausse quinte.

TYPE du système musical. Voyez *Corde génératrice*.

V.

VALEUR DES NOTES. Voyez *Signes*, et la *pl.* 40, *fig.* A.

VARIATION et Broderies. Voyez le chapitre XLVII, page 607 et les pages 277 et 500.

VARIÉTÉ. L'un des deux principes fondamentaux sur lesquels cet ouvrage repose. Voyez *Unité*.

VAUDEVILLE. Couplets joyeux, badins et souvent satyriques, mis sur un petit air simple, naturel et bien cadencé. Plusieurs de nos rimeurs sans gaîté et sans esprit ne pouvant mettre ni de l'un ni de l'autre dans leurs couplets, les ont farcis de niaiseries et de fadeurs qu'ils appellent du sentiment, et les Musiciens partagent leurs torts dans les *Airs* qu'ils y adaptent.

On prétend qu'un foulon de Vire, en Normandie, nommé *Basselin* est l'inventeur du *Vaudeville*, mot qui vient, dit-on, par corruption du Val de Vire, où l'on chantait ces chansons.

VENTRE. Point du milieu et des divers milieux d'une corde mise en vibration. On appelle *Nœuds* les extrémités de la corde et celles de chaque division harmonique de cette même corde, quand elle est mise en vibration.

VERBE. Il n'y a pas de verbe *être* dans la proposition musicale parce que la Musique étant une langue naturelle, elle ne peut renfermer l'image de ce qui n'a point de figure, soit dans la nature, soit dans l'imagination.

Quant aux autres verbes qui représentent en même tems et un adjectif et le verbe *être*, leur partie *adjective* se trouve dans la Musique mais non leur partie verbale. On ne peint donc pas les verbes dans la Musique? Non, on ne peint que la partie adjective de tout verbe qui en a une, et non la partie verbale qui n'est point une modification de la nature, mais une modification de l'art grammatical, un moyen ingénieux qui sert à lier l'adjectif avec le substantif dont il est extrait ou abstrait. Il n'y a pas non plus en peinture de couleurs ni d'attitudes pour peindre le mot *être*, mais il y en a pour peindre l'adjectif qui y est joint, quand il peut tomber sous les sens, parce que cet adjectif existe dans un objet, au lieu que le *verbe* comme *verbe*, n'existe dans aucun objet quelconque. Voyez les pages 280 et suivantes.

VERS. La Musique, hors le Récitatif, est ordinairement faite en vers. Voyez page 416, art. 20 et suivans. Voyez aussi pages 164 et 217.

VIBRATION. Chacun des frémissemens d'un corps sonore qui résonne. Ces frémissemens sont plus rapides en proportion que la corde est plus courte et plus tendue, et par conséquent plus lentes en proportion que la corde est plus longue et moins tendue.

VIVACE. Voyez Mouvement.

UNISSON. Son aussi grave ou aussi aigu que celui auquel on le compare ou le joint.

Par inconséquence, et faute de mots pour s'exprimer avec plus de justesse, on dit d'un ut♯, qui est posé sur le même degré que l'ut naturel auquel on le compare, qu'il forme avec cet ut naturel un *unisson superflu*; c'est un véritable tort que l'on a, et qui prouve qu'on ignore les vrais principes.

Il n'y a pas plus d'unissons *superflus* que d'octaves *superflues*. Ces deux intervalles n'étant pas Harmoniques, on ne doit jamais les comparer comme formant un ensemble, car les deux cordes qui composent chacun de ces deux intervalles sont absolument étrangères l'une à l'autre. Il en est de même de tous les intervalles que nous appelons *mélodiques*.

UNITÉ. L'*Unité* et la *Variété* sont les bases sur lesquelles cet ouvrage est assis. Ces bases sont aussi celles de tout ce qui est bien dans la nature, et particulièrement de tout ce qui y est agréable et harmonieux, car il y a une Harmonie des formes, une Harmonie des couleurs comme il y en a une des sons. Voyez le chap. XXXIII, et les pages 48, 55, 63 et les articles *Voie*, *Ton*, *Modes*, *Type* et *Gamme*.

UNIVOQUE. *Ptolomée* appelait ainsi l'octave et ses répliques, c'est-à-dire la double, la triple octave et toutes les autres octaves de l'octave, parce que les deux cordes qui forment chacune de ces consonnances, portent le même nom.

Dans ma nomenclature des Propositions, j'avais envie de distinguer les Propositions en *univoques*, en *bivoques*, en *trivoques* et en *quatrivoques*, selon qu'elles auraient renfermé une note de l'accord ou deux ou trois ou quatre, car chaque note d'un accord appartient fondamentalement à une voix différente; mais je m'en suis abstenu de peur d'effaroucher, par ce surcroît de termes nouveaux, une certaine classe de lecteurs qui voudrait tout savoir sans rien apprendre, et qui ignore qu'on ne peut communiquer les sciences si l'on manque de termes pour rendre les vérités dont elles se composent.

VOCAL, qui appartient aux Voix. On pourrait peut-être reprocher à la Musique de Chant d'*Haydn*, d'être par fois trop peu vocale. Celle de *Mozart* est un peu plus vocale, mais pas assez encore. Les locutions vocales et les locutions instrumentales sont aussi différentes les unes des autres que les voix sont différentes des instrumens. Les vrais tours de chant des instrumens à archet diffèrent même de ceux des instrumens à vent.

Pourquoi les Italiens, en général si beaux dans les scènes, sont-ils empruntés, mal à l'aise, dans les symphonies? Ce n'est pas seulement parce qu'ils sont trop peu savans dans l'art du Contre-point, mais c'est sur-tout parce qu'ils ne sont pas assez instrumentistes. Pourquoi le superbe *Oratorio* d'*Haydn*, intitulé *la Création du Monde*, a-t-il paru un peu étroit et resserré quand on l'a fait entendre à Paris, dans l'église de St.-Roch? C'est qu'il manque véritablement de cette largeur vocale sans laquelle on n'obtient point de grands effets dans un vaisseau un peu vaste, et point d'effets vocaux sur-tout.

VOIE MUSICALE. C'est la route que doit tenir une Partie. La *Voie Mélodique* a, pour limites, au grave comme à l'aigu, le *Triton* diatonique. Cette Voie est en *ut : sol la si ut re mi fa sol la.* Ajoutez un *si* après le *la* d'en haut, ou un *fa* après le *sol* d'en bas, c'est sortir de la *Voie.* Voyez la note de la page 68, et les pages 85, 150, 153. Voyez aussi les chap. XXXIII et XXXIV.

Une seconde *Voie* peut être ajoutée à la première, mais on ne peut pas n'ajouter qu'une seule *Note diatonique* à une première *Voie* ou voix.

VOIX. La voix n'est que l'air modifié et mis en jeu par la trachée artère. Elle est considérée dans la physique, comme un instrument à vent et à cordes, depuis que *M. Ferrein* a prouvé que le contour elliptique de la glotte est formé d'un faisceau de fibres susceptibles de différente tension. C'est le plus naturel et le plus expressif de tous les instrumens de Musique.

La voix d'homme se divise musicalement en quatre espèces. Savoir, en allant de la plus grave à la plus aiguë, en Basse-Contre, en Basse-Taille, en Taille et en Haute-Contre. Les voix de femmes se divisent en allant de la plus aiguë à la plus grave, en voix de Dessus, de second Dessus et de troisième Dessus ou Haute-Contre de femme. Voyez la page 145, et les *fig.* E et F, *pl.* B.

N. B. Nous n'avons pas fait entrer dans ce Dictionnaire les mots qui appartiennent exclusivement à la Musique des Grecs anciens, non plus que tous ceux qui ne sont plus en usage dans la Musique moderne.

TABLE RAISONNÉE

DES CHAPITRES.

L'auteur y dit d'abord que ce n'est que quand on est parvenu à avoir un nombre suffisant de modèles, qu'il convient de chercher à établir les règles d'un art quelconque, puisque ces règles doivent se tirer de ces modèles eux-mêmes. Il prouve ensuite que la Musique n'est pas plus sujète à la mode que la littérature et la Poésie, et en conséquence que les chefs-d'œuvre des *Mozart*, des *Haydn*, des *Gluck* et des *Sacchini*, et de beaucoup d'autres, ne vieilliront point; mais que cependant chacun pourra vieillir à l'égard de ces ouvrages, en les entendant trop répéter. Il forme ensuite une chaîne d'une partie des compositeurs les plus distingués pour faire connaître la marche des progrès de la Musique depuis le dix-septième siècle jusqu'à nos jours, où elle est arrivée à sa maturité, et il termine par l'exposition du plan de cet ouvrage.

---

(1) *N. B.* Les Numéros recommencent à ce chapitre et se suivent, sans recommencer, jusqu'à la fin du second volume où se termine le discours ou texte.

DEUXIEME VOLUME.

Nota. Pour avoir une idée de l'ensemble de cet ouvrage, il convient de lire ce dernier chapitre avant le premier, surtout si l'on a déjà étudié quelque traité d'Harmonie ou pris des leçons de Composition.

FIN.